Holistic Life

홀리스틱 라이프

생명, 삶 그리고 인생

양홍엽 지음

러빙터치

홀리스틱 라이프
H o l i s t i c L i f e

Korean version: copyright
© 2023, *by* Rev. PAUL Hong Yeop Yang
moderator of the session

Hoilstic Life

Jesus Loving Touch Press
Printed in Korea

Korean version published 06. 28. 2023
Publisher-Pae, Soo-Young (D.Miss. D.D.Theol)
Editorial and publication-Jesus Loving Touch Press

Publication registration
25100-2016-000073(2014.2.25)
17(#1709-203), Deongneung-ro 66-gil,
Dobong-gu, Seoul, Korea
010-3088-0191/ E-mail: pjesson02@naver.com

Requests for information should be addressed to:
Rev. PAUL Hong Yeop Yang (Th.M., M.P.A., D.Min-GA., Ph.D)
E-mail: yang0807@gmail.com

Holistic Life/ PAUL Hong Yeop Yang

말씀은 생명이 되고,

생명은 삶이 되어,

사명 인생을 이룬다

하나님이 주신 온전한 생명은

전인적인 삶의 변화를 가져와

전체 인생을 선교적인 삶이 되게 한다

신앙이 '생활화'되고 '생활화'된 신앙이
'선교적 사명'으로 자연스럽게 연결되었다

어제(2023년 5월 28일)는 현재 섬기고 있는 캐나다 워털루 새생명(화인) 교회 (Waterloo New Life Alliance Church)의 설립 5주년 감사예배를 드리는 주일이었습니다. 지난 5년 동안의 캐나다 화인 목회 사역과 17년의 북미 화인 선교 사역 그리고 40여 년의 신앙생활의 여정이 주마등처럼 떠오릅니다. 모든 것이 하나님의 절대 은혜라고 고백할 수밖에 없으며 모든 영광 하나님께 올려 드립니다. 특히 감사한 것은 같이 한전(현 한수원)에 입사하여 42년 동안 직장생활을 하고 올 말에 은퇴할 예정인 친구 부부가 캐나다 여행과 함께 우리 교회 설립 5주년 감사예배에 참석하여 한국인을 대표(?)하여 자리를 빛내 주었습니다.

[홀리스틱 라이프]는 개인적으로는 예수님을 만나고 그 안에서 살아보려는 저자 자신의 몸부림입니다. 한국과 중국, 미국과 캐나다 그리고 남미를 넘나들며 신앙이 "생활화"되고 "생활화"된 신앙이 "선교적 사명"으로 자연스럽게 연결되었습니다. 모든 것이 하나님이 함께 하신 발자취입니다. 더불어 이 시대를 살아가는 크리스천들을 향한 외침이기도 합니다. 크리스천의 삶은 홀리스틱 라이프로서 결과론적으로 '선교적인 삶'일 수밖에 없습니다. 모든 그리스도인의 삶의 영역은 각자가 다를 수밖에 없으나 하나님께서 공통으로 부여하신 사명은 선교적인 삶입니다. 특히 이 책에서는 하나님께서 저자에게 부여한 이 시대의 사명인 '화인목회 사역과 중화 선교사역'의 일부를 글로 남겼습니다.

특히 이 책이 나오도록 수고하신 모든 분에게 감사를 드립니다. 바쁘신 중에도 원고를 탈고해주신 박정현 사모, 추천서를 써주신 백귀현 목사, 이장헌 목사, 조병옥 교수, 박경철 목사, 최경진 목사님들에게 심심한 감사를 표합니다. 그리고 하나님의 나라를 위해 동역하며 교회를 세우는 가운데 동고동락하고 있는 캐나다 워털루 새생명교회의 성도님들에게도 감사를 표합니다. 변함없이 기도하고 지원해준 빌라델비아 선교회의 동역자들, 지난 3년간 전 세계화인고난주간 연합기도회를 준비하며 섬겼던 중어권 한인 선교사협회(KMAC)와 씽치파광(兴起发光) 동역자들에게도 감사를 드립니다. 마지막으로 이 책을 발행해 주신 도서출판 러빙터치 배수영 대표님께도 감사를 드립니다.

2023년 5월 29일
캐나다 워털루에서 저자 양홍엽

'그 사람은 언제나, 어디에서나,
어느 환경에서나 그 사람이다'

백귀현목사
새새명교회 담임, 빌라델비아 선교회 본부장

"그 사람은 언제나, 어디에서나, 어느 환경에서나 그 사람이다." 저는 누군가를 추천할 만한 위치에 있지 않습니다. 그럼에도 불구하고 양 선교사님은 저에게 추천사를 부탁하셨습니다. 이유는 단 하나, 한 때 직장 신우회 사역을 함께 했던 동역자였기 때문입니다. 선교사님은 사역을 주도하는 입장이었고 저는 동역하는 입장이었습니다. 그래서 가까이에서 지켜볼 수 있었습니다.

초두에 '그 사람은…, 그 사람이다'라는 말을 쓴 것은 양 선교사님은 그 때나 지금이나 그 사람이기 때문입니다. 그 때 했던 그 생각과 그 행동을 지금도 그대로 하고 있기 때문입니다. 단지 생각과 행동이 그동안 쌓은 지식과 경험과 문화와 인격과 영성으로 더 깊어지고 넓어지고 포괄적이 되었을 뿐입니다.

처음 선교사님을 만난 것은 성경공부 모임에서였습니다. CCC 출신이었던 선교사님은 신입 직원들 몇 사람을 모아서 성경공부를 시작했습니다. 그 사람 중 하나가 추천자인 저입니다. 예수 생명으로 충만한 선교사님은 이 복음을 전하고 나누기 위하여 성경공부 모임을 만들었습니다.

사역적으로 가까이하게 된 것은 신우회를 통해서입니다. 1979년도에 영광원자력발전소가 착공되면서 바로 회사 안에 신우회가 만들어졌습니다. 보통 직장 신우회는 구조상 한계를 벗어나기 힘들어서 상사가 회장이 되는 구조였습니다. 그런데 그런 문화를 깨뜨리고 믿음 좋은 사람이 회장을 하는 문화로 바꾸기 시작한 선구자가 바로 양 선교사님입니다.

그리고 신우회의 사역 방향과 목적도 바뀌기 시작했습니다. 회사 안에 머물러 있던 사역을 영광군 전체로 확대해 나가기 시작했습니다. 이 일을 위해 많은 동역자가 필요했는데 그 동역자들을 모으는 구심점 역할을 양 선교사님이 주도적으로 했습니다. 그러면서 저명한 강사들을 초빙하여 영광군 영성집회를 열고, 영광군 청소년 복음성가 경연대회를 비롯한 여러 가지 문화사역을 확대해 나갔습니다. 그리고 이웃돕기회를 결성하여 영광군 내에 3대 소외 계층인 독거노인, 소년소녀 가장, 그리고 방치된 장애인들을 찾아다니면서 돕는 사역을 펼쳤습니다.

기억나는 에피소드가 있습니다. 1993년 경으로 기억되는데, 양 선교사님이 어디를 함께 가자고 해서 따라나섰습니다. 간 곳은 시골에 쓰러져가는 초가집이었습니다. 그 집에는 일본인 할머니와 꼽추 아들이 함께 살고 있었습니다. 집 안으로 들어갔는데 천정이 얼마나 낮던지 머리가 닿을 것 같았습니다. 그런데 그 할머니께서 비가 샌다고 걱정을 하셨습니다. 그렇게 그 집을 방문한 후 저는 잊어버렸는데 선교사님은 할머니의 말이 머리를 떠나지 않았다고 합니다. 마음에 큰 부담이 생겼다고 합니다. 고민 끝에 집을 지어주기로 계획하고 근무하는 부서 직원들에게 사정을 이야기하고 7백만 원을 모금하여 그 집을 헐고 슬레이트 집을 새로 지어주었습니다.

하지만 그것으로 끝나지 않았습니다. 할머니가 돌아가시면 아들 혼자 어떻게 살아갈지가 또 고민되었다고 합니다. 그래서 기도하고 고민한 끝에 지금까지 돌보고 있던 불우한 이웃들을 한 집으로 모아 새로운 가족을 이루는 가족공동체를 계획하기에 이르렀고, 실제적으로 일을 진행시켰습니다. 1994년도에 모금을 시작하여 약 7천만원의 모금을 하였고 그 돈으로 새로 지어준 바로 그 옆에 1995년 1월 25일에 연건평 63평의 2층짜리 건물을 준공하고 준공식을 가졌습니다.

그 건물에는 '사랑의 집'이라는 명패를 붙였습니다. 흩어져 살던 독거 노인들과 소년 소녀 가장들을 한 집으로 모아 사랑의 가족공동체를 이루고자 하는 소망을 담은 이름이었습니다. 하지만 건물만 지어 놓았다고 해서 사역이 되는 건 아닙니다. 누군가 책임을 지고 그 일을 해야 했고, 그 당시 신우회장이었던 선교사님이 즉각 회사를 그만두고 가족들을 이끌고 사랑의 집에 1호로 입주하면서 사랑의 집 사역이 시작되었던 것입니다.

그렇게 시작된 사랑의 집 사역이 2년 6개월을 지날 무렵 식구들이 많이 늘어나서 아이들을 분리할 필요성이 대두되었고 장소를 물색하던 중 폐교된 지 약 2년쯤 되는 초등학교를 발견한 선교사님은 신우회에 이 내용을 알렸고 신우회는 폐교 구입 사역을 적극적으로 추진하였으며, 1997년 8월 13일에 폐교를 3억 2천만 원에 매입하여 교실을 방으로 개조하는 공사를 마치고 '사랑의 마을'이라고 명명한 후 1997년 10월 15일에 사랑의 집에서 이사를 하게 되었습니다. 그래서 사랑의 집은 노인 사역을, 사랑의 마을은 청소년 사역을 전담하게 되었습니다.

그러나 그게 끝이 아니었습니다. 청소년 사역을 시작했더니 장애인 청소년들이 들어오기 시작했고 그들을 위한 전문사역의 필요성이 대두되어 장애인을 위한

'기쁨홈'이라는 사역이 시작되었습니다. 양 선교사님은 청소년 사역을 다른 동역자에게 맡기고 장애인 사역을 위하여 또 다시 새로운 곳으로 자리를 옮겨 '기쁨홈스쿨'이라는 이름으로 장애인 전문 사역을 시작하게 되었습니다. 그리고 얼마 지나지 않아 2002년도에 CCC시절 하나님 앞에 서원하였던 중국 선교사로나가게 되었고 현재에 이르게 된 것입니다.

양 선교사님이 선교사로 나가기 전까지 가끔 밤을 새우면서 비전을 나누곤 했습니다. 선교사님은 복음의 정신을 사회 속에 실현하고자 꿈을 꾸고 꿈에 그치는 것이 아니라 현장에 실현시키기 위하여 직접 몸으로 뛰었고, 제일 앞장서서뛰었습니다. 언제나 선구자의 길은 수많은 시행착오와 고통을 겪어야 합니다. 양 선교사님은 그런 선구자의 고통을 두려워하지 않고 일단 직진하곤 했습니다. 그래서 다른 동역자들보다 훨씬 더 많은 고난을 감내했습니다.

또한 행동하지 않는 성도들을 그냥 두고 보지 않고 항상 도전하고 의식을 깨워서 함께 동역자로 세우는 일을 지속했습니다. 그래서 항상 양 선교사님 주변에는 동역자들이 많았습니다. 주님의 영광을 위하여 무언가를 계획하고 그 일을현장에 실현하기 위하여 최선을 다한 결과들입니다. 그 과정에서 가까운 가족들은 엄청난 희생을 감수해야 했지만, 그 아픔을 감내하지 않으면 갈 수 없는 길이었기에 묵묵히 그 길을 걸어갔습니다.

이번 글을 읽어보면서 여전히 양 선교사님은 양 선교사님이라는 느낌을 받았습니다. 장르가 명확하지는 않습니다. 문학적으로 수려한 문체도 아닙니다. 그러나 신앙을 생활 속에 실현시키고자 하는 그 정신과 의식은 글 속에 그대로 녹아 있었습니다. 혼자가 아닌 함께 동역하고자 하는 동역자 의식, 신앙을 이 땅에 실현하고 다음 세대까지 계승되기를 바라는 역사 의식, 이 모든 일은 강력한 성령의 역사로만 가능하다는 영적 의식이 세월 속에서 쌓여진 지식과 경험 속에 녹아 있습니다.

이 글을 통해서 하나님께서 어떻게 한 사람의 선교사를 역사 속에서(시간과 공간) 어떻게 다듬어 내셨는지를 볼 수 있을 것입니다. 그런 면에서 그렇게 특별하지도, 그렇다고 그렇게 평범하지도 않은 이 책은 역사 속에 남겨둘 충분한 이유가 있다고 생각합니다. 하나님께서 섭리하신 역사이기 때문입니다.

위대한 부르심(The Great Calling)

조병옥 교수 한동대학교, 전 한수원 임원

양홍엽 목사님은 1990년대 최고의 직장으로 불리웠던 한국전력㈜를 사임하고 한국에서 교회와 소외된 자를 위한 교회와 돌봄센터를 개척한 후 크게 부흥된 후에 이를 또 뒤로 하고 어렵고 외로운 선교사의 길을 자청하여 중국, 미국을 거쳐 현재 캐나다에서 목회 활동을 하고 계십니다.

제가 양 목사님을 처음 만난 시기는 2000년 3월에 영광원자력발전소 방재환경 부장으로 취임한 지 얼마 되지 않아 발전소 사택 후문 앞에 위치한 사랑의교회에 가서 새벽예배를 드리기 시작한 때였습니다. 그 당시 작은 교회였지만 원자력발전소 직원과 지역주민 그리고 무의탁 어르신들과 장애우가 함께 하는 영적 공동체였습니다. 어느 날 목사님께서 저녁을 같이하자고 하셔서 교회 사택으로 들어가서 앉아있는데 음식을 준비하시는 분들이 걸음을 제대로 걷지 못하는 장애우였지만 얼굴이 한결같이 밝고 기쁜 표정이었습니다. 그런 분위기에 익숙하지 못한 제가 깜짝 놀라서 물어보니 그들이 목사님과 함께 조립식 사택에서 먹고 잔다고 하셨고 다리를 절면서도 웃으며 음식을 나르는 분은 얼마 전 같은 처지에 있는 장애우와 결혼해서 교회 별채에서 깨가 쏟아지는 신혼생활을 하며 즐거워한다고 했습니다. 그러고 나서 벽에 부착된 미술 작품들을 보라는 말씀에 벽을 쳐다보니 장애우들이 그렸다는 밝은 그림과 조각들을 볼 수 있었습니다.

사실 저는 그때 큰 충격을 받았습니다. 저보다 나이도 어린 목사님이 인근에 살고 있는 장애우들을 이렇게 집에서 먹고 자고 하면서 이 사람들의 믿음을 키워

주시고 함께 사랑하며 살아가는 것은 정말 그야말로 예수님의 사랑의 실천을 보는 것 같았던 그런 마음이었습니다. 그래서 제가 목사님께 '목사님 대단하십니다. 그 좋은 직장 한전을 그만두고 이렇게 조립식 사택에서 거하시면서 저는 도저히 할 수 없는 장애우들과의 먹고 자고 하는 생활을 하시면서 정말 어려운 자를 돕는 그 모습에 제가 크게 감동을 받았습니다'라고 말씀드리고 앞으로 영광원자력발전소 인근의 지역주민을 위해서 한전(나중에 원자력 분야는 한수원)도 사랑의 실천을 해야겠다고 다짐하게 되었습니다.

목사님께 '제가 부끄럽습니다. 지금까지 저는 이런 삶을 생각해 본 적이 없어서 정말 부끄럽습니다. 존경합니다'. 그랬더니 목사님께서는 "조병옥 부장님은 저보다 더 크게 사회적 기여하고 계십니다. 자부심을 가져야 됩니다. 원자력이라는 첨단 시설에서 국민의 안전을 지키면서 질 좋고 값싼 전기를 생산해서 국민에 공급함으로써 국가 경제를 살리고 값싼 원자력 전기를 생산해서 국민에게 돌려 사회공헌 활동을 하고 계신 거나 마찬가지입니다. 장애우, 무의탁 노인을 영적으로 사랑으로 돕는 일은 목회자인 저한테 맡겨놓고 조 부장님은 좋은 전기 값싼 전기 그리고 안전한 전기를 생산해서 국민에게 봉사해주시면 감사하겠습니다."

그리고 얼마 후에 목사님께서는 중국 선교사로 떠나신다는 말씀을 듣고 좋은 곳을 두고 선교지로서 위험한 중국으로 가시는 이유를 여쭤보니 "지금 이 교회와 돌봄센터는 어느 정도 안정이 돼 있고 돕는 분들이 있으니 저는 하나님의 부르심으로 중국으로 떠납니다"라고 하셨습니다. 저에게는 또 충격이 왔습니다. 한국전력을 떠나 개척교회 목회자로, 이제는 위험하다고 소문난 중국 선교사로

'이름도 없이 빛도 없는 선교사'로 기쁘게 떠나는 근원은 무엇일까? 그것은 목
사님이 말씀하신 하나님의 부르심, 위대한 부르심에 목숨 걸고 순종하는 믿음이
리라 확신합니다.

그 후 저는 한수원 본사의 초대 지역협력실장이 되어 회사 경영진에게 양 목사
님의 아름다운 이야기를 전했고 이 또한 작은 울림이 되어 창단된 한수원 사회
봉사단은 양 목사님의 떠난 자리에 계셨던 소외된 분들을 조직적으로 도왔습니
다. 이제 한수원 사회봉사단은 발전소 주변과 국내 및 해외까지 퍼지는 '세상에
빛을 이웃에 사랑을' 더하며 예수님의 사랑을 실천하고 있습니다. 모든 것이 주
님의 은혜입니다.

양 목사님은 그 뒤로 중국에서 선교활동을 하시다가 미국으로 가서서 중국인(화
인)을 대상으로 선교와 목회를 하시면서 틈틈히 공부하여 선교학 박사를 취득한
후 캐나다에서 역시 화인들을 주 대상으로 활발한 목회를 시작하셨습니다.

그후 목사님의 목회 활동이 궁금했는데 이번에 '홀리스틱 라이프'를 보면서 또
충격이 왔습니다. 양 목사님은 저서에서 말하십니다. "중국인(화인)교회 성도들
을 섬기며 이들에게 어떻게 예수님을 설명할까? 고민하다가 세족식을 거행하기
로 했다. 아내와 함께 성도들의 발을 씻어 주었다. 세족식을 하면서 감격하며
우는 성도들, 목사와 사모에게 발 씻김을 당해 어찌할 줄 몰라하는 성도들, 미
안해하며 긴장하는 성도들 참으로 다양한 반응이다. 전혀 예상치 못한 섬김에
자신들만의 이성과 지성의 아성이 무너짐을 본다. 예수님이 평소 보여주셨던 섬
김의 삶은 보통 사람이 추구한 삶과는 확실히 다르다 생명은 섬김으로 영향을
준다. 진정한 영적인 권위는 섬김에서 나온다. 지식인들에게 지식을 가지고 설

득하는 방법도 좋지만 전혀 예상치 못한 예수님의 도성인신의 섬김이 도리어 큰 강한 힘을 발휘한다." 아멘, 목사님은 여전히 위대한 부르심을 받은 낮은 자로서 사랑의 원자로를 가동하고 사랑의 원자탄을 뿌리고 다니시는 것 같습니다.

'홀리스틱 라이프'는 하나님의 위대한 부르심에 순종하며 40여 년간 광야 현장에서 쌓아 온 양 목사님께서 목회와 선교의 삶을 영적으로 풀어내면서 지어낸 모든 기독교인이 읽어볼 만한 매우 훌륭한 책입니다. 저는 양 목사께서 빌리그래함이 그랬던 것처럼 중국과 캐나다와 미국을 변화시키는 목회자가 되어 달라고 기도해 오고 있습니다. 이제 금년은 빌리그래함 서거 50주년이 되는 해입니다. 빌리 그래함은 말을 통하여 세계적인 복음전파 사역을 수행했지만 양 목사님은 그의 저서 '하이브리드 미션'과 '홀리스틱 라이프'를 통해서 미국과 캐나다와 중국을 포함해 전 세계에 사랑의 메시지와 함께 하나님의 복음이 전해지고 또 하나님께 영광을 올려드리는 '빌리그래함 양'이 되기를 저는 간절히 소망하고 기도합니다.

'홀리스틱 라이프'를 지켜내기 위해
부단히 노력하는 한 사람…

최경진 목사 토론토밀알교회 총괄 선임목사

양홍엽 목사님의 세 번째 책, '홀리스틱 라이프'(Holistic Life)의 출간을 진심으로 축하드리며, 가장 가까운 곳에서 함께 동역하는 한 사람으로 이 책을 추천합니다. 양 목사님은 이 책의 내용대로 '홀리스틱 라이프'를 지켜내기 위해 부단히 노력하는 한 사람입니다. 양 목사님을 처음 만났던 20년 전부터 지금까지 양 목사님의 삶은, 말씀+생명+신앙+삶의 모든 영역을 전인격적으로 지켜내기 위해 애쓰는 여정을 목격하게 되었습니다.

저는 2003년 봄, 중국 심양에 위치한 동북대학교에서 처음 목사님을 만나게 되었습니다. 중국어를 배우는 대학 안의 한 클래스에서 만난 양 목사님의 첫인상은, '모범생'이었습니다. 그러나 그 첫인상에는 한 가지 수식어가 붙어야 합니다. 바로 '나이 많은 모범생'입니다. 함께 공부하는 클래스 안에서 가장 나이가 많은 학생…, 그러나 항상 맨 앞자리에서 가장 열심히 공부하는 모범생…, 그리고 유학생 전체를 이끌어가는 '따거'(大哥, 큰형님)…, 이것이 당시 우리가 양 목사님을 부르는 호칭이었습니다. 그만큼 양 목사님은 어린 동생들과 학우들의 모범이 되는 훌륭한 학생이었습니다.

양 목사님의 삶은 학교에서만 열심히 끝나지 않았습니다. 중국 내 한인 기독교인들을 동원하여 '은혜 이슬'이라는 단체를 설립하고, 중국 자국민 중 그리스도인으로 성장할 수 있는 재원들을 후원하기 시작하였습니다. 이것은 본 책에서 주장하는 '말씀의 생명화'의 첫 시작이었습니다.

실제 중국 내 많은 현지 학생들이 '은혜 이슬'의 도움을 받아 비전을 세워갈 수 있었고, 이를 돕는 한인공동체는 실제적인 삶에서 예수 그리스도의 사랑을 실천할 수 있었습니다. 이것 또한, '홀리스틱 라이프'에서 강조하는 '신앙 생활화'의 일부분이었습니다.

저 개인의 자전적인 고백으로 본다면, 양 목사님은 그리스도와 멀어져 있던 한 사람을 목회자로 세우기까지 사명을 감당한 분이기도 합니다. 저는 목회자 가정에서 자라며 여러 가지 어려움을 견디지 못해 중국으로 도망친 학생이었습니다. 그러나 하나님의 전적인 은혜로 같은 반 '통슈에'(同学, 급우)인 양 목사님을 만났고, 목사님의 끝없는 기다림과 사랑으로 예수님을 인격적으로 만날 수 있었습니다.

그때가 아직도 생생하게 기억납니다. 학교 수업 후, 저와 친구들을 집에 초대하신 목사님은, 정성껏 점심을 준비하여 대접해 주셨고, 갑자기 우리들에게 이런 제안을 하셨습니다. "함께 말씀을 읽어보는 것은 어떨까요?" 당시 함께 방문한 친구들과 함께 요한복음 21장을 읽으면서, 저는 처음으로 인격적인 예수님을 만나게 되었고, 주님의 사랑을 회복할 수 있었습니다. 그러나 더욱 감사한 것이 있었습니다. 그때 그 영적인 사건이 일회성으로 끝나지 않았다는 것입니다. 그럴 수 있었던 이유는, 그 후로도 끝없이 저를 위해 기도하며 실제적인 케어를 멈추지 않으신 양 목사님의 사랑 때문이었습니다.

'홀리스틱 라이프'에서 전하고 있는 '일생의 사명화'…, 양 목사님은 자신의 신앙을 삶 속에서 선한 능력으로 전하였고, 죽어가던 저의 영혼을 살리는 역할을

끝까지 감당해 주신 분이십니다. 그 덕분에 지금 저는 그리스도 안에서 값어치
있는 사명자의 삶을 살아가고 있습니다.

저는 지금까지도 가장 가까운 곳에서 양 목사님과 사모님의 사랑을 받으며 살
아가고 있습니다. 그러므로 두 분의 삶이 어떠한지를 자신 있게 증언할 수 있습
니다. 이번에 발간되는 '홀리스틱 라이프'는 단지 문자적인 책이 아니라, 양 목
사님이 그동안 살아내신 전인격적인 삶을 그대로 옮겨 놓은 실천신앙의 결정체
입니다.

　세상 속에서의 삶과 신앙 사이에 간격을 두고 고민하는 분들이 계신다면, 이
책을 강력하게 추천합니다. '홀리스틱 라이프'를 통해 하나님의 말씀이 삶 속에
생명으로 들어와서, 독자들의 일생에 선한 영향력을 공급할 수 있기를 바랍니
다. 그래서 그동안 풀리지 않던 영적 숙제들이 해결되는 은혜가 있기를 간절히
바랍니다.

당연히 함께 일어날 수밖에 없는
온전한 '그리스도인 됨'과 '화인 선교'의 사명

박경철 목사 캘리포니아 베델한인교회 부목사

사랑하는 양홍엽 선교사님의 생생한 선교 사역의 경험과 한 사람의 그리스도인으로서의 몸부림이 담긴 새로운 책이 출간되어 얼마나 기쁜지 모릅니다. 하나님께 감사와 영광을 올려드립니다. 주님의 말씀을 따라 삶 속에서 치열하게 그대로 실천하며 사시는 모습을 옆에서 오랜 시간 지켜본 후배로서 온 맘 다해 이책을 추천합니다. 설교하시는 대로 살아오신 양목사님을 알기에 또, 주님 앞에서 그분의 온전한 제자가 되고자 하는 몸부림이 이 책에 고스란히 담겨있기에, 하나님의 나라가 임하길 열망하는 세계 화인 선교의 열정이 덧입혀져 있기에 그러합니다.

특별히 이 책은 양홍엽 선교사님의 스스로 하나님 앞에 온전한 그리스도인이 되고자 한 실제적인 고민이 편안하게 녹아져 있으나 이를 신학적인 근거로 뒷받침하고 있어 결코 가볍지 않으며, 온전한 그리스도인이 됨은 주님이 주신 사명을 감당하는 데까지 나아갈 수밖에 없다는 필연성을 내포하고 있어 통전적인 그리스도인을 소개하고 있습니다. 또한 본인이 실제적으로 오랜 시간 헌신하고 있는 화인 선교 중 한국인으로서 중국교회를 섬기는 '화인 목회'라는 새로운 형태로의 접근법과 전략을 잘 소개하며 앞으로 나아가야 할 방향도 제시하고 있어 아직도 중남미에 화인 목회 선교사를 통한 적극적 선교가 절실함을 시사하고 있습니다.

말씀 따라 살아가는 그리스도인은 생명을 담고 있기에 하나님 앞에서 성숙해져 가는 변화가 자연스럽게 발생하고 그분이 주신 사명인 영혼을 살리는 선교에까지 나아가는 '홀리스틱 라이프'를 살수 밖에 없다고 저자는 말하고 있습니다. 그리스도인의 삶과 사명이 각각 분리된 것이 아니라 서로 잇대어 있음을 깨닫게 합니다. 그러므로 생명의 말씀을 따라 살면 변화된 그리스도인의 삶, 그리고 일상의 삶이 사명이 되어 선교하는 인생이 당연히 함께 역동적으로 이뤄져 감을 이해하게 됩니다.

이 책에서는 이것을 단지 이론적으로 소개하는 데 그치지 않고, 그리스도인의 삶이 불확실한 중에 말씀의 인도함을 받아 한 걸음 한 걸음 걸어가게 되는 것임을 저자가 실제 겪고 살아낸 고민의 흔적이 신학적인 체계 안에 녹아져 있어 말씀을 붙들고 사는 그리스도인이라면 독자들의 실제적인 삶에서도 마땅히 일어나고, 지금 당장 경험하며 살아갈 수 있다는 실제적 모델도 소개합니다. 이러한 선순환은 내가 의지적으로 뭔가를 노력해서 일어나는 것이 아니라 하나님을 깊이 경험하고 사랑한다면 그분이 주신 생명과 말씀을 통해 당연히 성도의 삶속에 일어날 수밖에 없는 필연적인 것입니다.

오랜 시간 슬기로운 교회생활(?)을 해왔으나 아직도 이렇게 당연하게 일어날 수밖에 없는 그리스도인의 '홀리스틱 라이프'를 경험하지 못하였다면 이 책을 읽고 다시 그리스도의 생명 안으로 깊이 들어가시길 추천합니다. 누구보다 뜨거운 열정을 가지고 푯대를 향하여 달려가고 계신 존경하는 양 선교사님을 미국 캘리포니아에서 만나 캐나다까지의 여정을 옆에서 지켜본 후배로서 존경의 마음을 담아 이 책을 추천합니다.

'여태껏은 이제 부터를 위한 것'

이장헌 목사
광주송정소망교회 담임, 남광주노회(합동)
증경노회장, 전 빌립전도 전국회장

양홍엽 선교사님과의 만남은 광주개혁신학연구원(광신대학교)에서 목회학석사(M.Div)를 공부할 때였습니다. 저는 교회를 개척하고 있었기에 부득불 야간에 공부하게 되었습니다. 그때 양 선교사님 영광 원자력발전소에 근무하시면서 야간으로 신학공부를 하였습니다. 처음 양 선교사님을 보았을 때 좋은 직장을 다니면서 왜 신학을 공부하실까 궁금했으나, 점차 교제 중에 영혼 사랑에 대한 불타는 사명자 임을 알게 되었습니다. 신학교 시절에 열정과 헌신하는 마음, 특히 사람의 마음으로 상대를 끄는 예수님의 폭 넓으신 사랑이 충만함을 발견하였습니다.

조립식으로 된 집을 구입하여 소외된 사람들과 함께 살아가는 공동체 생활 현장은 저를 많이 부끄럽게 했습니다. 이것이 예수님께서 원하시는 사역임을 알고 있었기 때문입니다. 양 선교사님은 이러한 긍휼공동체를 섬김과 더불어 교회를 설립하였습니다. 예배당 신축 부지에서 하나님께 간절히 기도 했던 때가 생각이 납니다. 새롭게 지어지는 예배당을 통해 이 교회가 차고 넘치게 부흥되어 양 선교사님 사역에 힘을 더할 수 있도록 기도했습니다.

주님의 은혜로 새롭게 신축된 교회당에 입당한 지 얼마 안 되어 헌당 예배를 드렸습니다. 그리고 공동체 사역인 '기쁨 홈스쿨'도 안정적으로 잘 운영될 때였습니다. 갑자가 양 선교사님은 모든 사역을 뒤로하고 중국 선교사로 나가시기로 결정했습니다. 중국 선교사로 가신다는 양 선교사님께 부탁을 드렸습니다. 더 건강한 교회를 세워 교회를 통해 선교사역을 하시면 어떨까요? 양 선교사님은 서슴지 아니하시고 '선교는 하나님께 약속한 일입니다'. 교회가 더 커지면 사람의 욕심이 생겨서 선교 사명을 잊을 수도 있다는 것이었습니다.

시간이 흘러 중국을 가는 길에 양 선교사님의 선교지를 방문하게 되었습니다. 현지에서 보았을 때도 선교에 대한 열정으로 한 영혼에 대한 사랑은 여전했습니다. 양 선교사님께 양육 받고 있던 한 성도의 직장(화랑)에서 축복 기도를 부탁하시기에 믿음으로 마음껏 그 성도를 축복하며 기도해드렸습니다.

중국에 사스(SARS)가 한창일 때 많은 선교사가 고국으로 돌아왔습니다. 그때 양 선교사님은 한국으로 돌아가지 않고 그들 곁에 계셨습니다. 그로인해 현지인들로부터 더 큰 신뢰를 얻어 그 후 선교 사명을 감당하는데 사스 감염병이 오히려 유익이 되었다고 하셨습니다. 중국에서 양 선교사님을 사용하신 하나님께서는 그의 지경을 넓히셨습니다. 중국에서 미국으로 선교지를 옮겨 여전히 중국인을 사랑하며 화인교회를 섬기셨습니다. 그리고 하나님의 때가 되어 2018년에 캐나다로 부르셔서 여전히 중국인 선교의 일을 하게 하셨습니다.

중국의 정치 상황과 코로나 감염병으로 인해 중국선교가 어려워지게 되었습니다. 이때 양 선교사님은 위기를 기회로 삼았습니다. 중국에서 자발적/비자발적으로 철수한 중어권 한인 선교사님들이 세계 각지로 흩어지게 되었습니다. 전 세계로 흩어진 중어권 한인 동역자들과 함께 전 세계 화인 고난주간 온라인 연합기도회를 개최하였습니다. 그 중심에 하나님께서 양 선교사님을 사용하시고 지금까지 이끄셨습니다.

앞으로 펼쳐질 모든 일은 하나님만이 아십니다. 지금까지 경험한 수많은 훈련과 고난은 이제부터 더 큰 선교 사명을 위한 하나님의 특별하신 섭리인 것 같습니다. 저는 새벽마다 현재 양 선교사님이 섬기시는 캐나다 중국인 교회가 부흥되고 앞으로 계획하시는 중남미 화인 선교사역이 잘 이루어지길 쉬지 않고 기도하고 있습니다.

이번에 출간되는 양 선교사님의 책, '홀리스틱 라이프'에는 일상적인 생할 중에 신앙인들이 놓치기 쉬운 믿음의 가치관들이 이해하기 쉽게 기록되어 있습니다. 그간 양 선교사님의 삶과 사역을 통해 주신 은혜와 그동안 배운 지식을 생각이나 말로만이 아닌 실제적인 실천과 경험을 통해 흘러나오는 피와 땀을 책에 담은 것 같습니다.

하나님과 깊이 있는 동행을 원하시는 분들에게 이 책을 강력하게 추천하며 귀중한 생활의 양식이 될 것을 확신합니다. 바쁜 현대의 삶 속에서 소제목(잡초의 생명력, 인간관계와 인복, 그 목사와 그 장로 등)만 보아도 그리 부담 없이 시간 가는 줄 모르고 계속 읽고 싶은 마음이 드는 이 책을 기쁨으로 필독(必讀)을 권합니다.

■
■
■
■
■

홀리스틱 라이프
HolisticLife

책 앞에 다는 글····*4*
추천사-1····*6* / 추천사-2····*11* / 추천사-3····*15* /
추천사-4····*18* / 추천사-5····*20*
들어가면서: 홀리스틱 라이프····*28*

제 1 부 온전한 생명····*33*

1. 온전한 생명····*35* / 2. 성경과 생명····*39* / 3. 인간의 생명····*42*
/ 4. 생명 나라····*46* / 5. 말씀 사랑····*50* / 6. 신구약 66권····*54*
/ 7. 생명 동산····*57* / 8. 생명의 성전····*62* / 9. 생명의 특징····*66*
/ 10. 자유의 생명····*70* / 11. 사랑의 생명····*76* / 12. 필라델피아····
79 / 13. 건강한 생명····*84* / 14. 생명의 떡····*88* / 15. C의 생명····
95 / 16. 인생의 변곡점····*100* / 17. 생명의 삶··*104* / 18. 잡초의
생명력····*109* / 19. 베드로와 '3'····*112* / 20. 초심 유지····*115*
/ 21. 새 인생은 60부터····*118*

제 2 부 전인적인 삶 ····*123*

22. 빛과 어두움····*125* / 23. 우리는 너무 쉽게 답을····*131* / 24.
이해할 수 없는 아픔 속에····*137* / 25. 산 넘고 산을 넘어····*142* /
26. 인간관계와 인복····*147* / 27. 마음을 넓혀라····*151* / 28. 영적인
실력····*154* / 29. 메시아 콤플렉스····*161* / 30. 사람다운 사람····
164 / 31. 말의 위력····*168* / 32. 인생의 풍랑····*172* / 33. 최고의
상담가····*176* / 34. 가치 있는 근심····*181* / 35. 아담-가인-라멕····
185 / 36. 소문이 온 땅에····*188* / 37. 종 된 자유인····*191* / 38. 한
(恨)+한(限)=한(韓)····*195* / 39. 그 목사에 그 장로····*198* / 40. 한
국교회 방조죄····*201* / 41. 한민족의 선교 DNA····*205*

제 3 부 선교적 인생····*209*

42. 통섭과 융합의 시대····*211* / 43. 인공지능(AI)과 성령····*215* / 44. 교회와 선교····*219* / 45. 중어권 한인 선교사 협회····*222* / 46. 일 보 후퇴····*227* / 47. 마가와 누가····*230* / 48. 이쪽이 닫히면····*235* / 49. 중남미 화인을 향해····*238* / 50. 나 아파요!····*245* / 51. 주책 선교사····*248* / 52. 우리의 장막 집····*252* / 53. 자식 농사?····*256* / 54. 머니해도 머니?····*261* / 55. 화인교회 목회선교사 ····*265* / 56. 화인 목회 사역과 동역····*269* / 57. 다름이 좋아?····*273* / 58. 길을 내는 자····*278* / 59. 다양함과 온유함····*281* / 60. 저평가 우량주····*284* / 61. 한자(漢字) 한 자로 인해····*288* / 62. 부흥을 갈망····*292* / 63. 망중한(忙中閑)····*295*

글을 맺으면서: 홀리스틱 라이프의 모델····*300*

_도표 목차(Table List)

<Table-1> 홀리스틱 라이프의 그리스도 3중직····*31*
<Table-2> 성숙한 그리스도인····*59*
<Table-3> 단순 하지만 명쾌한 논리····*182*
<Table-4> 다름이 좋아?····*274*
<Table-5> 우리가 살아가는 인생의 한 점····*305*
<Table-6> 홀리스틱 라이프의 3단계····*306*

들어 가는 글

Holistic Life

홀리스틱 라이프
(Holistic Life)

Holistic Life

영어 단어, '홀리스틱'(holistic)에 해당되는 헬라어 어원은 '올리스티키'(ολ ιστική)이다. 헬라어 '올리스티키'는 영어 단어 whole(전체, 모든, 전부 등), health(건강), heal(치유하다), holy(거룩한) 등의 어원이다. '올리스티키'의 전체를 이루는 각 요소는 서로 간에 유기적 관계를 이루며, 모두 내면적으로 연결되어 있다는 의미를 내포하고 있다. 쉽게 말하면 '올리스티키'는 '연관성'과 '통일성'이 강조된다. 올리스티키의 영어 단어 Holistic(홀리스틱)을 한글로 번역하면 '전반적인, 전체적인, 총체적인, 포괄적인, 전인적인, 완전한, 온전한' 등이 되며, 중국어로는 '정취엔더(整全的)', '완정더(完整的)', '췐미엔더(全面的)'가 된다.

'홀리스틱'(holistic)이라는 단어와 함께 사용되는 용어들이 많다. 'holistic health'는 '전인적인 건강', 'holistic healing'은 '전인 치유', 또한 'holistic education'은 '전인 교육'으로 번역할 수 있다. 그리고 'holistic thinking'은 '총체적인 사고', 'holistic Data'는 '포괄적 데이터'로, 'Holistic way'는 '전체론적 방법', 'holistic view'는 '전반적인 시각' 혹은 '총제적인 시각'으로 번역된다.

우리가 잘 아는 영어 단어 라이프(Life)는 생명(生命), 삶 혹은 생활(生活), 인생(人生), 수명(壽命) 혹은 목숨(性命), 일생(一生)등 다양한 의미로 번역할 수 있다. 따라서 이 책의 제목인 '홀리스틱 라이프'(Holistic life)는 '온전한 생명, 전인적인 삶, 전체 인생' 등으로 번역할 수 있다. 우리가 예수를 믿고 나서 소유한 생명은 온전한 생명(holistic life)이며, 이 온전한 생명을 소유한 사람은 전인적인 삶(holistic life)의 변화를 가져온다. 전인적인 삶의 변화가 이루어지는 사람의 전체 인생(holistic life)은 한 마디로 사명을 이루는 인생(missional life)을 살아간다. 사명을 따라가는 인생은 개인의 삶은 물론 가정과 교회 그리고 직장과 사회 및 국가 공동체까지 하나님의 선한 영향을 끼치는 선교적인 삶(missional life)이라 말 할 수 있다.

우리들의 홀리스틱한 신앙은 '생명' 따로 '삶'의 변화 따로 '인생'이 별개가 아닌 서로 연결되어 하나를 이룬다. 홀리스틱(holistic)의 어원인 헬라어 '올리스티키'가 전체를 이루는 각 요소는 서로 간에 유기적 관계를 이루며, 모두가 내면적으로 이어져 있기 때문이다. 한글의 의미가 각각 분리되어 있지만 영어 단어로는 온전한 생명, 전인적인 삶, 전체 인생은 분리가 아닌 모두 동일하게 하나의 영어 단어 홀리스틱 라이프(holistic life)를 사용할 수 있다. 그래서 저자는 상기 모든 내용을 한꺼번에 담을 수 있는 영어 단어, '홀리스틱 라이프'(holistic life)를 책 제목으로 정했다.

우리의 믿음은 단지 종교가 아닌 생명(Life)이다. 더불어 우리의 신앙은 일상을 살아가는 삶, 즉 생활(Life)이다. 정리하자면 기독교 신앙은 종교가 아니고 생명이고 생활이기에 더욱이 우리가 살고 있는 공동체와 분리되어서는 안 된다. 우리가 예수 그리스도를 믿음으로 인하여 얻은 '라이프'(Life, 생명, 生命)는 우리의 라이프(Life, 삶, 생활) 스타일을 바꾸며, 궁극적으로 우리들의 라이프(Life, 인생)를 가치 있는 라이프(Life, 일생)가 되게 한다. 이러한 라이프(생명+생활+인생+일생)는 개인의 라이프(Life, 삶)로 끝나지 않고 가정과 교회 그리고 사회와 연결되며 나아가 국가와 지구촌 공동체에 영향력을 미치는 '홀리스틱 라이프(Holistic Life)'가 된다.

홀리스틱 라이프(Holistic Life)는 중국어로 '得救'(더지우)-'得胜'(더성)-'得荣'(더롱)의 '三得'(삼더)단계로 설명할 수 있다. 예수님을 인격적으로 개인적인 구주(Savior)와 주님(Lord)으로 영접할 때 주님의 주신 풍성하고 영원한 생명(Life)을 소유하게 된다. 그 생명을 소유하게 된 것을 전통적인 신학 표현으로 구원받았다고 말할 수 있으며 중국어로 '得救'라고 표현한다. 구원받은 생명이 주님을 의지하며 일상 속에서 세상을 이기는 승리하는 생활이라고 말할 수 있으며, 이를 중국어로 '得胜'이라고 표현한다. 우리가 인생을 살아가면서 연약하여 때로는 실패하며 넘어지기도 하지만 결국은 승리하며, 점진적으로 성화되며 성숙된 삶을 살다가 주님 품에 안긴다. 이를 중국어로 우리의 일생이 영광을 얻었다는 의미로 '得荣'이라고 표현할 수 있다. 得救(더지우)는 得胜(더성)을 낳고, 得胜(더성)은 得荣(더롱)을 낳는다.

랄프 왈도 에머슨(Ralph Waldo Emerson)은 다음과 같은 유명한 격언을 남겼다. 'Sow a thought and you reap an action; sow an act and you reap a habit; sow a habit and you reap a character; sow a character and you reap a destiny.' '생각을 바꾸면 행동이 바뀌고, 행동을 바꾸면 습관이 바뀌고, 습관을 바꾸면 인격이 바뀌고, 인격을 바꾸면 운명이 바뀐다.' 계속해서 좋은 생각을 하면 좋은 생각이 의식화된다.

그리하여 의식화된 생각이 좋은 행동과 습관 그리고 인격을 형성시키는 생활화가 이루어진다. 그리하여 선한 영향력을 나타내며 사명화된 가치 있는 인생을 살아간다. 가장 좋은 생각은 하나님의 말씀을 묵상하는 것이다. 하나님의 말씀을 묵상하고 실천하며 생활화할 때 우리의 인생이 송두리째 바뀐다. 말씀의 의식화는 생명의 삶 즉 신앙의 생활화를 이루고 신앙의 생활화는 일생의 사명화를 가져온다.

성경의 중심인물은 예수 그리스도이다. 예수님은 자신이 성경의 중심이라고 친히 말씀하신다. "너희가 성경에서 영생을 얻는 줄 생각하고 성경을 연구하거니와 이 성경이 곧 내게 대하여 증언하는 것이니라"(요5:39). 성경의 중심 인물인 예수 안에 생명이 있다. "그 안에 생명이 있었으니 이 생명은 사람들의 빛이라"(요1:4). "아버지께서 자기 속에 생명이 있음같이 아들에게도 생명을 주어 그 속에 있게 하셨고"(요5:2). "예수께서 이르시되 내가 곧 길이요 진리요 생명이니, 나로 말미암지 않고는 아버지께로 올 자가 없느니라"(요14:6).

'홀리스틱 라이프'의 그리스도를 중심한 3중직 개념은 다음과 같다.

1. **Knowing** ······ 말씀의 생명화 - 그리스도를 **아는 것**
2. **Experiencing** ······ 신앙의 생명화 - 그리스도를 **경험하는 것**
3. **Testifing** ······ 일생의 생명화 - 그리스도를 **증거하는 것**

"또 증거는 이것이니 하나님이 우리에게 영생을 주신 것과 이 생명이 그의 아들 안에 있는 그것이니라 아들이 있는 자에게는 생명이 있고 하나님의 아들이 없는 자에게는 생명이 없느니라"(요일5:11-12).

〈Table-1〉 홀리스틱 라이프의 그리스도 3중직

정리하자면 홀리스틱 라이프의 출발점은 성경이다. 성경은 하나님의 감동으로 쓰여졌다. 성경을 통한 홀리스틱 라이프의 첫 번째 단계는 '말씀의 생명화'(Knowing Life)이다. 영원한 진리 되신 성경, 즉 하나님의 말씀을 통하여 하나님의 선하고 올바른 뜻을 분별할 수 있다. 성경은 우리를 교훈하고 때로는 책망하며 바르게 하고 올바르게 살아가도록 교육한다. 매일 성경 말씀을 읽고 묵상하며 연구할 때, 말씀의 의식화가 이루어진다.

홀리스틱 라이프의 두 번째 단계는 '신앙의 생활화'(Being Life)이다. 말씀의 의식화는 말씀이 머리 속의 지식으로만 끝나지 않고 반드시 신앙의 생활화로 연결되어야만 한다. 머리 속으로 습득한 지식이 자신의 것으로 소화되어 가슴으로 체득되었을 때 비로소 말씀의 의식화로 이루어진 생명이 온전한 생활신앙으로 바뀐다. 쉽게 말하면 말씀이 생활화되어 하나님의 사람으로 온전케 된다.

홀리스틱 라이프 세 번째 단계는 '일생의 사명화'(Doing Life)이다. 생활화 된 신앙이 능력이 있으며 선한 역향력을 발휘할 수 있다. 그리하여 우리가 값어치 있는 사명자의 삶을 살게 한다. 우리의 일생이 사명화될 때 개인의 전인적인 삶은 물론 가정, 교회 그리고 직장과 전반적인 삶의 영역을 변화시키는 생명의 영향력을 가지게 된다.

저자는 지난번에 출간한 '하이브리드 미션'(Hybrid Mission)에 이어 그간의 신앙생활과 목회와 선교사역을 하면서 고민하고 체득하였던 내용을 바탕으로 1권에 담지 못한 내용을 '홀리스틱 라이프'(Holistic Life)라는 제목으로 두 번째 책에 담았다.

1부에서는 '말씀의 생명화'(Knowing Life)부분으로 하나님의 말씀은 살아있고 운동력이 있는 '온전한 생명'을 다루었다. 2부에서는 '신앙의 생활화' Being Life) 부분으로 우리가 얻은 온전한 생명은 많은 아픔과 연단 속에서 인격화되어 '전인적인 삶'의 변화로 나타난다. 마지막으로 3부에서는 '일생의 사명화'(Doing Life)부분으로 우리의 전인적인 삶의 변화가 우리의 일생을 사명에 가득 찬 영광스러운 인생으로 변모시킨다. 저자가 중국인(화인) 목회와 선교사역을 수행하면서 직간접적으로 체험한 선교적 사명의 인생을 다루었다.

제1부 / 온전한 생명
The Word Became Life

1. 온전한 생명····*35* / 2. 성경과 생명····*39* / 3. 인간의 생명····*42* / 4. 생명 나라····*46* / 5. 말씀 사랑····*50* / 6. 신구약 66권····*54* / 7. 생명 동산····*57* / 8. 생명의 성전····*62* / 9. 생명의 특징····*66* / 10. 자유의 생명····*70* / 11. 사랑의 생명····*76* / 12. 필라델피아····*79* / 13. 건강한 생명····*84* / 14. 생명의 떡··*88* / 15. C의 생명····*95* / 16. 인생의 변곡점····*100* / 17. 생명의 삶··*104* / 18. 잡초의 생명력 ····*109* / 19. 베드로와 '3'····*112* / 20. 초심 유지····*115* / 21. 새 인생은 60부터····*118*

이 땅에서 완전하게 헤세드와 에메트를 이룬 성숙한 사람은 없다.
그래서 우리에게 에메트 100%와 헤세드 100%인
예수 그리스도가 필요하다〈1부 1장 '온전한 생명'에서〉

온전한 생명

Holistic Life   **1**

    하나님은 어떤 분이신가? 한마디로 표현하기 어렵다. 하나님을 인간의 언어로 완벽하게 표현한다는 것 자체가 무리이다. 만약 완벽하게 표현된다면, 그분은 이미 인간보다 못한 존재가 된다. 어떤 의미에서 보면 인간의 말로 완벽하게 설명할 수 없기 때문에 하나님은 인간보다 우월한 존재이다. 구약성경은 원래 히브리 말로 기록되었다(일부는 아람어로 기록). 구약에 나타난 하나님의 속성 중에 가장 대표적인 속성이 '헤세드'와 '에메트'이다. 하나님에게 생명을 부여받고 그에 관한 온전한 생명의 가장 중요한 특성을 말하는 것이 바로 '헤세드'와 '에메트'이다.

    히브리 말 '헤세드'(חסד: Chesed)는 은총, 인자, 인애, 자비, 긍휼, 은혜로 번역되는 언약적인 사랑(Covenant love)을 의미한다. 언약을 맺은 상대방을 향하여 무조건이며, 영원하고 불변하는 하나님의 우리를 향한 영원한 사랑 (Everlasting love)을 주로 말하고 있다. 헤세드는 구약성경에 246번 언급이 되고 있으며 절반 이상이 시편에 나온다. 성경의 가장 큰 주제 중에 하나가 바로 헤세드의 언약적 사랑이다. 왜냐하면 하나님은 사랑(요일4:8) 자체이시기 때문이다.

히브리 말 에메트(אמת :Emet)는 진실, 진리, 공의, 신실, 성실, 참되심으로 번역된다. '에메트'는 '하나님이 사랑과 은혜로 그 자녀를 품에 안고 양육하신 다' 혹은 '떠받치다'는 뜻의 '아만(אמן)'에서 나왔다. '에메트'의 부사형은 '아 멘'인데 '참으로, 진실로'의 뜻으로 기도와 찬송에 대한 화답으로 '그렇게 되 기를 바란다'는 뜻이다. '에메트'는 주로 약속하시는 것을 반드시 성취하시는 하나님의 신실하심(Faithfulness)에 대한 성품을 나타낸다. 에메트는 진리되시 는 하나님의 속성에 대하여 확실한 표현이다. 성령은 진리의 영이다(요 14:16-17;15:26;16:13). 우리가 성령으로 충만하면 진리 가운데로 인도함을 받는다.

구약성경에서 나타난 '에메트'는 빈번하게 '하나님의 사랑과 은혜'를 뜻하 는 '헤세드'와 함께 사용된다. '에메트'와 '헤세드'는 마치 짝을 이루듯이 함께 쓰이는데, 이는 우리를 구원하시는 하나님의 언약이 '헤세드'와 '에메트'에 근 거하기 때문이다. 하나님의 사랑과 은혜가 없이 하나님이 성실하게 자신이 하신 약속을 지켜나가실 수 있을까? 반대로 하나님이 신실하게 약속을 지키 지 않는 상태에서 하나님의 사랑을 말할 수 있을까? 헤세드 없는 에메트, 에 메트 없는 헤세드는 전적으로 타락한 인간을 구원할 수 없다.

'헤세드와 에메트'는 바로 하나님의 속성인 동시에 성품이다. '하나님의 영광'을 보았다(요1:14)는 것은 하나님의 성품을 올바르게 깨닫게 되었음을 의미한다. 일반적으로 하나님의 성품인 '헤세드와 에메트'는 구약성경에서 (1) 인자와 성실, (2) 인애와 성심, (3) 은총과 진리, (4) 인자와 진실, (5) 인애와 진실, (6) 인자와 진리, (7) 은혜와 진리, (8) 긍휼과 진리로 짝을 이루어 번 역되어 표현된다. 신약성경 요한복음에서는 성육신하신 예수님에 대해 '은혜 와 진리'(요1:14,17)로 표현하고 있다.

하나님의 성품인 '헤세드와 에메트'는 하나님을 본 받기 원하는 우리들에게 가장 필요한 덕목이다. 헤세드(은혜)없는 진리는 우리의 신앙을 건조하고 비판적이며, 율법적으로 만든다. 반대로 에메트(진리)가 결여된 은혜는 하나님의 표준에 이르지 못하는 단지 감상적인 동정에 불과한 휴머니즘적인 삶을 살게 할 뿐이다. 우리 인간이 아무리 노력해도 이룰 수 없는 균형 잡힌 헤세드와 에메트는 성육신하여 우리와 함께 하신 예수님이 이루셨다. 오직 예수님 만이 은혜와 진리에 충만하신 분이다(요1:14).

교회에서 종종 발생하는 문제 중의 하나는 신앙생활 중에 추구하는 바나 지향하는 바가 달라서 발생한다. 한 부류는 유별나게 '헤세드'를 강조한다. 그들의 주장은 하나님 앞에 인간은 다 죄인이다. 다 품고 용납하고 사랑으로 해결해야 한다고 목소리를 높인다. 틀린 말은 아니다. 그러나 표준인 진리가 없으면 교회가 원칙이나 거룩함이 결여된 사교단체가 될 가능성이 있다.

반대로 '에메트'를 강조하며 말씀만이 최고의 법이라고 하는 부류도 있다. 당연히 말씀에 따라 다스려지고 말씀에 어긋나는 것은 배제해야 한다. 이러한 그들의 주장 또한 맞는 말이다. 그러나 '헤세드' 없는 '에메트'는 냉냉하고 살벌한 교회의 분위기가 되게 하며, 에메트를 주장하는 사람 또한 정죄 당하고 비판 당하며 교회가 분열되기 쉽다. 종국은 자신 또한 그 교회에서 쫓겨날 가능성도 존재한다. 한국과 중국 그리고 북미에서 선교와 목회를 할 때 종종 목격하였다.

교회는 지도자 혹은 목회자의 건강한 리더십을 요구한다. 두 부류의 주장이 다 성경에 있는 내용이며 틀리지 않으니 말이다. 목회를 하면서 깨달은 것은, 하나님은 예수님을 통해 헤세드(은혜)와 에메트(진리)를 통째로 우리에게 주셨다. 이 둘을 분리해서 생각하는 순간 문제가 발생할 수 있다. 인간의 문제, 특히 교회에서 발생한 문제에 대한 해결책은 복음(예수 그리스도) 외에는 없다. 은혜와 진리가 충만한 예수 그리스도만이 해답이다.

에메트를 강조한 사람들은 다른 사람의 틀림 혹은 다름에 대해 못 견뎌 한다. 반면, 헤세드를 강조한 사람들은 우리 모두 연약한데 잘못한 사람들에 대해 그냥 덮고 가자고 한다. 그러나 우리에게 헤세드와 에메트 둘 다 필요 하다. 이 땅에 완전하게 헤세드와 에메트를 이룬 성숙한 사람은 없다. 그래서 우리에게 에메트 100%와 헤세드 100%인 예수가 필요하다. 우리는 이 땅에 서 사는 동안 '성숙하는 과정'(under construction) 속에 있다.

성경과 생명

Holistic Life 2

생명이란 무엇일까? 위키백과는 생명을 다음과 같이 정의한다. "생명이란 자체 신호를 가지고 스스로를 유지할 수 있는 물체를, 그러한 기능이 종료되었거나 (죽음) 또는 그러한 기능이 없어 비활성체로 분류되었거나를 막론하고 그렇지 않은 것과를 구별 짓는 특성이다. 생물학적인 관점으로 볼 때, 생명체는 생장하고, 물질대사를 하며, 움직이며 외부 자극에 반응하고, 자신과 닮은 개체를 생산해 내는 생식기능이 있다". 쉽게 말하면 살았다고 할 때 생명이 있다고 말할 수 있다. 그러나 생명은 생물학적으로만 정의할 수 없다.

성경에 나오는 생명의 종류는 크게 다음의 다섯 가지로 분류할 수 있다.

첫 번째는 자연계에 존재하는 동식물의 생명이다. 구약성경 창세기 1장에 보면, 하나님이 인간을 만들기 전에 동식물을 먼저 창조하였다. 동식물 또한 생명을 가지고 있으나 인간의 생명과는 다른 생명이다. 인류의 구속사를 주로 담은 성경에는 동식물에 대해 그리 자세하게 말하고 있지 않다. 그러나 분명한 사실은 이 땅에 존재하는 모든 동식물은 하나님이 친히 창조하였다는 것이다. 그리고 다시 회복되는 하나님의 나라에도 동식물은 존재한다. 주일학교 때부터 많이 불렀던 복음성가 가사(사35장)를 보면 확실히 알 수 있다.

"주님이 다스리는 그 나라가 되면은 사막이 꽃 동산되리.
사자들이 어린 양과 뛰놀고 어린이들 함께 뒹구는
참사랑과 기쁨의 그 나라가 이제 속히 오리라".

두 번째는 마귀(귀신을 포함)의 생명이다. 마귀는 원래 하나님을 찬양하기 위해 창조된 천사들이다. 후에 하나님을 배반하여 타락하였다. 아침의 아들 계명성(사14:12)과 기름 부음을 받고 지키는 그룹(겔28:14)으로 묘사된 사탄(혹은 마귀)은 하나님이 자연 만물과 인간을 창조하기 전에 영적인 존재(spiritual being) 창조 된 것으로 볼 수 있다. 뱀이 아담과 하와를 유혹하기 전에 타락한 것이 분명하다. 비록 많은 논란이 있지만 에스겔서28:11-17과 이사야서14:12-15은 사탄의 창조와 타락에 대해 언급한 본문으로 알려지고 있다. 성경에 보면 마귀를 사탄이라고도 하며 세상의 통치자이며(엡2:2), 공중 권세 잡은 자로 표현한다. 마귀는 천사장 미가엘과 다투기도 했으며, 다니엘의 기도 응답을 들고 오는 천사 가브리엘을 21일간 막기도 했다. 마귀는 성도들을 대적하며, 삼키려 하며, 범죄하게 하며, 하나님을 불신하게 한다. 하나님께서 성령을 통해서 일하시는 것처럼 마귀는 악령을 통해서 일하고 있다. 지금도 마귀는 불순종하는 자녀들 안에서 활동하고 있다(엡2:2).

세 번째 하나님의 생명이다. 하나님은 모든 생명의 원천이다. 하나님은 누군가에 의해 피조 된 생명이 아니라 영원 전부터 스스로 계신 분이다(출3:14). 하나님은 영원 전부터 삼위일체 하나님으로 존재하신다. 하나님의 생명은 삼위(三位)가 일체(一体)인 관계성 속에 존재하시는 생명이다. 하나님 생명의 주요 특징은 사랑, 공의, 거룩, 진리, 영원 등의 속성을 가지고 계신다. 하나님으로부터 피조 된 인간은 하나님의 생명에 대하여 인간의 이성으로 완벽하게 이해할 수 없다. 인간이 완벽하게 하나님을 이해한다고 하는 순간, 그 하나님은 인간보다 못한 존재가 된다. 범죄로 인해 하나님을 떠난 인간은 오직 예수 그리스도를 통해서만이 하나님과의 관계가 회복되며 하나님이 주신 생명을 얻을 수 있다.

네 번째는 인간의 생명이다. 생명이란 단어는 성경에 가득 차 있다고 해도 과언이 아니다. 그중에 하나님의 형상대로 창조된 인간의 생명이 모든 생명의 중심이다. 하나님이 인간을 창조하신 후에 보시기에 참으로 좋았다고 말씀한다(창1:31). 그러나 인류의 조상인 아담과 하와가 범죄 한 후 하나님과의 교통이 단절 된 인간의 생명은 죄악으로 점철되었다.

마지막으로 예수 안에서 얻을 수 있는 인간의 새생명이다. 이 생명은 요한복음을 통하여 우리에게 분명히 말씀하고 있다. "태초에 말씀이 계시니라. 이 말씀이 하나님과 함께 계셨으니 이 말씀은 곧 하나님이시니라. 그가 태초에 하나님과 함께 계셨고, 만물이 그로 말미암아 지은 바 되었으니 지은 것이 하나도 그가 없이는 된 것이 없느니라. 그 안에 생명이 있었으니 이 생명은 사람들의 빛이라"(요1:1-4). 말씀으로 계신 하나님 안에 있는 생명이 있었다. 이 말씀이 육신이 되어 우리 가운데 오셨다. "말씀이 육신이 되어 우리 가운데 거하시매 우리가 그의 영광을 보니 아버지의 독생자의 영광이요 은혜와 진리가 충만하더라."(요1:14).

제**1**부

인간의 생명

Holistic Life **3**

구약에서 생명을 나타내는 용어는 히브리어로 하임(chayyim)과 네페쉬 (nephesh)이다. '하임'은 죽은 상태의 반대되는 개념으로 살아있는 존재의 상 태를 의미하는 것으로 쓰였다(신28:66;잠15:24). 구약에서 대부분 생명이라 는 단어는 '하임'이다. '생명'이라는 단어는 하이(חַי)인데 이는 단수명사이다. 이 단수명사는 창42:15의 '바로의 생명'(חֵי פַרְעֹה 헤이 파르오)이란 어구에 처 음으로 사용된다. 이어 연거푸 창세기에 네 차례(창12:16; 창43:7; 창43:27) 만 나온다. 그리고 나머지는 대부분 복수명사로 חַיִּים(하임)이 사용된다.

구약에 하임과 함께 생명으로 사용되는 또 다른 용어는 '네페쉬'이다(창 2:7). 본디 '네피쉬'는 '목'이나 '목구멍'을 가리키는 명사로 목구멍은 '하나님 의 숨'(히브리어 '너샤마')이 들락날락하는 통로이다. '숨'(너샤마)을 개역성경 에서는 '생기'로, 새 번역은 '생명의 기운'으로, 공동번역은 '입김'으로, '카톨 릭역은 '생명의 숨'으로 번역하여 사용한다. '네페쉬'는 영혼이라는 의미보다 는 생명의 중심인 피와 밀접하게 사용되었다. 이는 각 생명체의 개별적인 생 명을 가리키는 말로 주로 쓰였다(레17:11-14).

창세기 1-2장의 창조 이야기에서 매우 돋보이는 주제는 '생명'(Life)이다. 하나님께서 생명을 창조하셨다는 사상이 성경의 창조신앙에 있어서 독특한

점이다. 오경에서는 신명기에 18회 나오는데, 또한 레위기에도 24회나 언급된다. '생명 사상'은 신명기 사가(史家)의 중심주제이다. 예언서(이사야서, 예레미아서, 에스겔서)에 생명(하이)이란 단어가 많이 나온다. '생명 사상'은 성경의 근간을 이루며, 창조신앙과 구원신앙에 바탕을 이루는 기초가 된다. 이 생명은 예수를 통하여 영원한 '온전한 생명'으로 나타난다.

신약에서 사용된 생명(Life)이란 단어는 헬라어 '조에'(zoe), '비오스'(bios), '프쉬케'(psyche)이다. '조에'는 생명의 성질과 관련하여 신자들에게 주어지는 생명의 영적, 도덕적인 성질에 관련하여 사용되었다. 이는 히브리어 '하임'에 대응하는 말로 죽음과 반대되는 생명(눅16:26; 롬8:38; 약4:14)이다. 이는 그리스도 안에서 누리는 성도의 생명(고후2:15;엡4:18), 영생(요일5:20)을 말할 때 사용되었다. '비오스'는 사람들의 지상생활의 조건들과 관련되어 쓰였다(이생, 눅8:14; 생활, 딤전2:2). 마지막으로 '프쉬케'는 특별한 개인의 생명(목숨)을 표현할 때 쓰였다(마2:20; 10:39; 마10:45).

하나님이 천지만물과 자연계의 동식물을 창조하시고 마지막 날인 여섯째 날에 자신(삼위일체 하나님)의 형상(히브리어 첼렘)과 모양(히브리어 데무트)대로 인간을 창조하셨다(창1:26-27). 인간 창조는 두 단계에 걸쳐 창조되었다. 땅의 흙으로 먼저 인간의 육체를 만들고 나서 그 코에 생기(네피쉬)를 불어넣으니 사람이 되었더라(창2:7)고 성경은 기록하고 있다. 히브리어로 쓰여진 구약에서는 인간을 영혼과 육체로 구성된 이분법으로 주로 설명한다. 헬라어로 쓰여진 신약에서는 영, 혼, 육의 3분법을 사용하기도 한다. 심리학에서는 영, 혼(지,정,의) 육의 5분법을 사용하여 인간의 생명을 설명하기도 한다. 인간의 생명은 확실히 동식물의 생명과는 다르다.

인간은 하나님의 형상대로 창조되었다. 하나님의 형상에 대한 신학자들의 많은 의견과 주장이 있다. 그 중에 대표적인 세 가지 관점이 제시된다. 바로 실체론과 관계론 그리고 기능론이다. 이 세 관점 모두 나름대로의 성경적인 근거를 가지고 있다.

첫 번째로 실체론이다. 실체론(the substantive view)은 인간이 실체적으로 소유하고 있는 요소들(인간의 영혼, 이성, 자유의지, 사랑, 의, 지식 등)이 하나님의 형상이라고 보는 관점이다. 실체론은 어거스틴, 루터, 칼빈, 에드워즈와 같은 고전적인 신학자들에 의해 주장되었다. 이 관점에 따르면 인간이 가지고 있는 영혼과 이성과 자유의지와 여타 속성들은 인간에게 부여된 하나님의 형상일 뿐 아니라, 인간과 동물을 구별할 수 있는 표지이다.

두 번째는 관계론이다. 관계론(the relational view)은 하나님의 형상을 인간이 다른 인간과 관계를 맺으며 살아가려는 성향(relational inclination) 또는 관계를 맺으며 살아갈 수 있는 능력(relational capacity)이라고 보는 관점이다. 관계론은 칼 바르트(Karl Barth), 에밀 브루너(Emil Brunner) 등에 의해 주창되었다. 바르트는 하나님이 창조한 남성과 여성 사이의 관계성이 하나님의 형상의 핵심이며, 브루너는 인간이 하나님에 대하여 가지는 관계성 또는 인간이 인간에 대하여 가지는 관계성이 하나님의 형상의 핵심이라고 보았다.

세 번째는 기능론이다. 기능론(the functional view)은 하나님이 사람에게 부여하신 기능, 특별히 피조물을 다스리고 통치하는 기능이 바로 하나님의 형상의 본질이라는 것이다. 사람은 하나님의 대리 통치자로서 세상을 다스리고 또 관리하는 책임을 부여받았다. 바로 그 점에서 사람은 모든 다른 피조물과 구별되는 독특성을 가진다. 하나님이 인간에게 허락한 통치권은 피조물을 착취하고 학대하고, 악용할 수 있는 권한이 아닌 피조물을 잘 관리하고,

돌보고, 지키는 권한 즉 청지기적 통치권을 말한다.

이렇게 창조된 인간은 아담과 하와가 범죄한 후에 또 다른 생명으로 심각하게 변질되었다. 인간적인 표현으로 살아있다고 하나 실상은 영적으로 죽은 자(活的死人)가 되었다. 범죄한 아담과 하와의 후손인 모든 인류는 하나님으로부터 분리되었다. 성경은 범죄한 인간의 상태를 다음과 같이 말하고 있다. "모든 사람이 죄를 범하였으매 하나님의 영광에 이르지 못하더니"(롬3:23). "어리석은 자는 그의 마음에 이르기를 하나님이 없다 하는도다 그들은 부패하고 그 행실이 가증하니 선을 행하는 자가 없도다"(시14:1). 하나님의 형상대로 창조된 인간의 생명은 새로운 하나님의 생명이 접붙임되지 않고는 소망이 없는 상태가 되었다.

소망이 없는 인간에게 누구든지 예수를 믿기만 하면 새로운 생명(영생)을 얻게 되고(요3:16), 하나님의 자녀가 되는 특권을 누리게 된다(요1:1). 바로 말씀이 육신이 된 예수님이 길이고 진리이고 생명이다(요14:6).

이 책을 통하여 저자가 주로 말하고자 하는 생명은 예수를 통하여 얻게 되는 새생명이다. 이 생명을 얻으면 새롭게 된다. 바울은 예수 안에서 얻은 새생명을 다음과 같이 표현하고 있다. "그런즉 누구든지 그리스도 안에 있으면 새로운 피조물이라 이전 것은 지나갔으니 보라 새 것이 되었도다"(고후5:17). 이 생명은 우리의 모든 삶의 영역을 비롯하여 우주에 영향을 미치는 '홀리스틱 라이프'이다.

생명 나라

Holistic Life   **4**

사도 요한은 그가 쓴 요한복음에서 생명의 근원을 말씀이라고 기록하고 있다. "태초에 말씀이 계시니라. 이 말씀이 하나님과 함께 계셨으며 이 말씀은 곧 하나님이며, 그 안에 생명이 있다"(요1:1-4)고 분명하게 말하고 있다. 말씀과 생명은 분리될 수 없다. 생명의 근원이 곧 말씀이다. '생명'이라는 단어는 신약성경에 67회 출현한다. 그중에 요한이 쓴 복음서, 서신서, 계시록에 40회 이상 등장한다. 특히 요한은 바울이 주로 말한 하나님의 나라의 개념을 생명(영생)으로 표시한다. 사도 요한이 요한복음을 기록한 목적은 우리로 하여금 예수께서 하나님의 아들 그리스도임을 믿게 하고 그 이름을 힘입어 생명을 얻게 하려 하심이라(요20:31)고 말하고 있다.

신약성경에 나타난 '생명'은 모두 동사적 개념(to live)으로 사용되었다. 이 의미는 단회적인 명사의 의미가 아닌, '현재 진행형'으로 예수를 통하여 생명을 얻게 되면 그 생명은 살아있으며 생명적 현상이 계속된다는 의미이다. 요한이 말하는 생명은 삼위 하나님의 관계성 속의 생명이다. 삼위일체 하나님의 속에 그 의미가 잘 나타난다. 인간의 이성으로 이해할 수 없는 삼위일체 하나님은 '삼위'이면서도 '일체'로 표현된다.

영원 전 하늘에서 삼위 하나님으로 일체를 이루시며 말씀으로 계신 제2위 성자 하나님이 육신의 몸을 입고 이 땅에 오셨다(요1:14). 이 땅에 육신의 몸을 입으셨던 성자 예수님이 여전히 하늘에 계실 때와 마찬가지로 성부 하나님과 관계를 가지며 친밀하게 교제를 하셨다. 그리고 이 땅에 사셨던 성자 예수님이 구속을 이루시고 승천하여 지금은 하늘 보좌 우편에 앉아계시며 우리를 위해 기도하고 계신다. 우리가 얻은 생명은 성자 예수님으로 인하여 성부 하나님께로 부터 와서 성령으로 계속 유지되는 하나님께 속한 영적(靈的)인 생명이다.

삼위일체 하나님(God of the Trinity)이 자신의 영광을 실현하기 위해 이 땅에 세우신 두 개의 공동체가 있다. 하나는 구약 창세기에 에덴동산에서 하나님이 친히 설립하신 '가정 공동체'이다. 또 하나는 예수님이 십자가에 죽으시고 부활하시고 나서 승천하신 후에 성령 강림으로 시작된 '교회 공동체'이다. 가정은 소교회 공동체이며, 교회는 대가정 공동체이다. 마치 브레이크 없이 종말을 향해 질주하는 현시대에 사단은 하나님이 친히 만드신 가정과 교회 공동체를 수단과 방법을 가리지 않고 공격하고 파괴하고 있다. 그럼에도 불구하고 하나님의 나라는 거침없이 전파되며 종국에는 예수님이 다시 오심으로 하나님의 나라가 완성될 것이다.

가정의 기본 단위인 부부는 둘이지만 결혼을 통하여 하나를 이룬다. 즉 이위(二位)가 일체(一體)를 이룸을 목적으로 한다(창2:24). 결혼과 가정생활을 통하여 삼위일체 하나님을 깊이 이해하고 체험할 수 있다. 또한 교회 공동체는 많은 지체가 있지만 예수 그리스도를 머리로 하는 유기적 공동체이다. 머리와 지체는 분리할 수 없으며, 지체들이 연합하여 한 몸을 이룬다. 교회 공동체를 통하여 삼위 하나님을 알 수 있고 체험할 수 있다.

팀 켈러는 그의 책, '센터 처치'에서 하나님의 나라와 생명에 대해서 다음과 같이 말하고 있다. 공관복음의 저자들은 복음에 대해 말할 때, 그들은 항상 '나라'(kingdom)라는 개념을 사용한다. 그러나 이 개념은 요한복음에서 나라 대신에 '생명' 혹은 '영생'에 대하여 더 강조한다. 이러한 차이는 모순이 아니라 마태복음25:31-46과 마가복음10:17-31과 비교해 보면, 하나님 나라에 들어가는 것이 영생을 얻는 것과 사실상 동일한 의미를 지니고 있다. 마태복음 18:3, 마가복음 10:15, 요한복음 3:3-6을 보면 회심, 거듭남, 어린아이처럼 하나님 나라를 영접하는 것이 기본적으로 동일함을 알 수 있다.

그러나 '영생'과 '나라'는 단순한 동의어가 아니다. 공관복음에서 '나라'의 개념을 자주 사용하는데 그것은 미래지향적이기 때문이다. 이 용어들은 구원의 여러 가지 측면을 제시한다. 사도 요한은 하나님 나라 안에서 존재의 개별적이고 내적인 측면을 강조한다. 사도 요한은 그 나라가 지상의 사회, 정치적 질서는 아니라고 본다(요18:36).

다른 한 편 공관복음 기자들이 '나라'에 대해 말할 때, 보다 외적이고 공동체적인 성격을 강조한다. 하나님 나라는 공동체적 모습을 분명히 가지고 있다. 그리고 '우리가 어떻게 살아야 하는지?'에 대한 질문에도 분명하게 말해주고 있다. 하나님 나라는 만물들의 새로운 질서이다. 재물이 더 이상 우상이 아니며(막10:17-31), 배고프고 헐벗고 집 없는 사람들이 돌봄을 받는 곳이다(마25:31-46). 요한복음과 공관복음을 보면 보완적인 성격으로 구원의 개인적인 차원과 공동체적 차원들을 볼 수 있다.

다시 말해서 그들은 복음을 다른 방법으로 제시한다. 바울에 이르면 또 다른 강조점들이 등장한다. 바울은 '나라'와 '생명'이라는 단어를 사용했지만, 그의 강조점은 '칭의'(justification)라는 개념이다. 그렇다면 그것은 다른 복음인가? 그렇지 않다. 바울은 '법정'이라는 성경 주제를 부가했다. 예수님은 죄에 대한 법적 형벌인 율법의 저주를 받으셨고 우리는 그리스도의 순종으로 축복을 누리게 되었다(갈3:13-14).

사이만 게이콜은 공관복음, 요한, 바울 사이에 실제로 아무런 모순이 없음을 보여주었다. 예수님 안에서 하나님은 우리를 위하여 우리를 대신해서, 채무를 해결하셨다(막10:45; 요12:20-36; 딤전2:6). 그리고 악의 권세를 이기셨다(골2:15; 요일3:8). 죄의 저주와 하나님의 심판도 담당하셨다(마27:45; 갈3:13; 요일2:2,4:10). 우리를 위해, 우리의 성취나 공로에 의해서가 아니라 오직 은혜에 의해 구원을 확보하셨다(엡2:8-9; 딤후1:9). 그리고 우리를 위한 모본이 되셨다(딤전1:16; 히12:2; 벧전2:21). 모든 성경 기자(記者)들의 신학적인 핵심은 대속(Redemption)으로 얻는 구속을 말하고 있다. 말씀이 생명이 되어 우리를 죄로부터 구원하시며 악의 권세를 무너뜨리고 하나님의 나라를 실현시킨다.

제1부

말씀 사랑

Holistic Life 5

생명의 근원은 하나님의 말씀이다. 하나님의 말씀이 성문화된 책이 성경이다. 성경의 중심은 예수 그리스도이다. 성경을 통해 하나님을 알고 예수 그리스도를 통해 새 생명을 얻을 수 있다. 성경은 영어로 BIBLE이다. 인간이 이 세상을 떠나기 전에 알아야 할 가장 기본적인 매뉴얼이 바로 성경이다 (Basic Instructions Before Leaving Earth). 우리는 성경을 통해 힘써 하나님을 알아야 한다. 구약의 호세야 선지자는 말한다. "우리가 여호와를 알자! 힘써 여호와를 알자!"(호6:3). 우리는 이 세상의 무엇보다도 성경을 사랑하고 성경을 알아야 한다.

무신론(유물론) 특히 진화론의 배경에서 살아 온 중국인들이 캐나다로 이민을 많이 오고 있다. 유학생과 방문학자로 오는 경우도 적지 않다. 생소한 캐나다의 문화를 이해하기 위해 교회에 자연스럽게 한 두 번 나오기도 한다. 기독교 문화를 이해하기 위해 모임에 참석하면서 성경을 접하게 된다. 성경 공부를 하다가 예수님을 영접하며 새로운 삶을 사는 자들도 적지 않다. 하나님의 말씀은 살아있다. 어떠한 이유에서든지 하나님의 말씀을 사랑하는 자는 복을 받는다.

세상의 어느 민족보다 말씀을 사랑하는 민족은 유대인이다. 유대인의 말씀(구약) 사랑은 유별나다. 사도 바울은 유대인의 위대한 점 중에 첫째가 하나님의 말씀을 맡았기 때문이라고 말한다(롬3:1-2). 그들이 성경을 중요하게 여기고, 성경을 오류 없이 필사하여 후손에게 전수하였기에 오늘날 우리 손에도 구약성경이 들려지게 되었다. 하나님의 때가 되면 유대인들이 예수님을 메시야로 믿을 것이다. 아니, 현재 갈수록 예수를 믿는 유대인들(Messianic Jews)이 많아지고 있다.

유대인은 그들의 성경을 '타나크'(TANAKH)라 부른다. 이는 Torah (율법), Neviim(예언서), Ketubim(성문서)의 첫 문자를 떼어 만든 이름이다. 토라에 실린 율법의 수는 십계명을 포함하여 613개 조항이다. 이 가운데 '하지 마라'는 조항이 365개로 일 년의 날 수와 같다. '하라'는 조항은 248개로 인간의 뼈와 모든 장기의 수와 같다.

토라는 특별하게 규제하는 것이 없으면 할 수 있도록 허락되어 있다. 율법은 '하라'고 적혀 있기도 하지만 그보다는 '하지 마라'고 밝히고 있기 때문으로 규제를 최소화하는 '네가티브 시스템'(negative system)이다. 성문 율법으로 '토라'와 구전으로 내려오는 율법을 정리한 '미쉬나'가 있다. 그리고 이를 보충 설명한 '게마라'와 이 두 가지를 합하여 '탈무드'라 칭한다. 탈무드의 분량은 63권으로 무게가 73kg이다.

유대인의 성경 필사법은 눈물이 날 정도로 충성스럽고 정성이 가득하다. 필사를 위한 양피지는 정결한 짐승의 가죽을 사용해야 한다. 두루마리의 각 난에는 60줄 이하로 제한하고, 글자 형태, 간격, 양피지 색깔 등에서도 엄격한 규례를 따른다. 잉크는 반드시 검은색이어야 하고, 특별한 방법으로 제조해야만 한다. 어떤 단어나 글자도 머리로 외워 적어서는 안 된다. 기록하기 전에 먼저 각 단어를 큰 소리로 읽고 발음해야 한다. 그들은 말씀을 기록하기 전에 반드시 두려운 마음(경외하는 마음)으로 펜을 닦아야 하며, 여호와라는 이름을 적기 전에는 그 거룩한 이름을 위하여 반드시 온몸을 씻어야 한다.

서기관(필사자)들은 성경을 필사하던 중 '여호와'라는 부분을 쓸 때는 왕이 들어와도 일어서지 않는다. 그 이유는 왕보다 하나님을 더 존귀한 분으로 인정하는 고백이기 때문이다. 구약에 '여호와'는 6,800번이나 나온다. 또한 그들은 한 장에 단 한 개의 실수라도 있으면 그 장은 버린다. 전체 필사본에서 세 개의 실수가 발견되면 전체를 버린다. 글자와 단어 수를 세었으며, 만일 글자가 삭제 혹은 첨가되었으면 사본 전체를 버린다.

내 손에 성경이 들려지기까지 유대인의 이러한 필사 과정을 비롯한 수많은 사람의 헌신(번역과정 등)을 통하여 하나님은 철저히 성경을 보호하고 보존하셨다. 우리도 성경을 사랑해야 한다. 오늘날 내가 읽는 성경이 있기까지 수고한 사람들의 헌신을 생각하면 성경을 대하는 태도가 달라진다. 성경이 가는 곳에 역사가 일어난다.

R.A 토레이는 말한다. '성경을 번역하는 방법이 많이 있다. 하지만 가장 위대한 성경 번역은 내 삶으로 성경을 번역하는 것이다'. 그렇다. 하나님의 절대적인 은혜와 철저한 보호하심으로 손에 쥔 성경을 성령을 의지하며 주신 말씀대로 살아가는 것이 우리들의 할 일이다.

지난 미국의 역사에 두 명의 유명한 대통령이 있었다. 바로 16대 링컨 대통령과 35대 케네디 대통령이다. 사람들이 볼 때, 두 명 다 유명하지만 영적인 관점으로 볼 때, 두 사람의 차이는 하늘과 땅보다 더 크다. 링컨은 누구보다도 더 성경을 사랑하였다. 성경을 사랑한 그는 1863년 노예 해방을 선언하였다. "성경은 하나님이 주신 최고의 선물이다"라고 그는 말했다. 그리고 대통령 집무실에 기도실을 따로 두었다.

반면 케네디 대통령은 1962년 미국의 공립학교에서 성경교육과 주기도문 암송을 금지하는 특명을 내렸다. 그때부터 미국은 영적으로 서서히 내리막길을 걷게 된다. 정치 명문가라고 부르는 케네디가(家)의 끝없이 이어지는 비운은 어떻게 설명해야 할까? 주여! 저와 저의 가정이 성경을 사랑하게 하소서! 제가 섬기는 교회와 성도들이 말씀을 기초(Bible-based)로 하는 신앙으로 살게 하소서! 한국교회와 성도들이 말씀으로 돌아가게(Back to Bible) 하소서!

"하나님의 말씀은 살아있고 활력이 있어 좌우에 날 선 어떤 검보다도 예리하여 혼과 영과 및 관절과 골수를 찔러 쪼개기까지 하며 또 마음의 생각과 뜻을 판단하나니 지으신 것이 하나도 그 앞에 나타나지 않음이 없고 우리의 결산을 받으실 이의 눈앞에 만물이 벌거벗은 것 같이 드러나느니라"(히 4:12-13).

신구약 66권

Holistic Life 6

우리가 사용하고 있는 성경을 정경이라고 한다. 정경을 영어로 캐논 (Canon)이라고 한다. 캐논의 의미는 '재는 자', '척도', 혹은 '생활의 기준이 되는 법칙'이다. 그래서 정경이란 말은 계시 된 하나님 말씀들이 신앙 공동체의 삶의 필요성과 요청에 따라 삶의 표준이 되는 법칙이다. 정경은 시공간 속에서 영감과 권위의 책으로 채택된 하나님의 말씀이라는 뜻이다. 현재 우리 개역성경에 포함된 정경은 구약 39권, 신약 27권으로 66권이다. 신약과 구약의 명칭은 하나님과 그의 백성이 맺은 두 개의 큰 언약이다. 모세의 언약(출24:8)은 구약이다. 예수님이 오심으로 맺은 새 언약(눅22:20)은 신약이다. 2세기 말부터 그렇게 부르기 시작하였다.

구약의 정경 형성 과정은 다음과 같다. 구약은 하나님의 영감에 의해 기자들에 의해 언어로 기록된 하나님의 말씀이다. 정경에 속한 문서는 옛적에 하나님이 선지자들에게 하신 말씀으로써 히브리어나 아람어로 기록된 성스러운 문서이다. AD 1세기 말의 역사가 요세푸스에 의하면 선지자의 활동은 모세로부터 시작하여 에스라 시대 혹은 아닥사스다 1세(BC 4세기 중엽) 시대에 끝난 것으로 이해되었다. 그러므로 모세 이전의 작품이나 에스라 이후의 작품은 정경에서 제외되었다. 또한 하나님의 말씀으로 왕의 신뢰와 선포를 통해 정경이 형성되었다. 왕은 온 국민 앞에서 하나님의 말씀을 공포하고, 백성들이 하나님의 언약 책에 기록된 대로 규례와 율법을 준수할 것을 다짐함으로써 정경화시킨 것을 알 수 있다.

또한 구약성경은 예배 시에 예전용으로 공인되었다. 정경에 편입된 책들은 대중 예배 시에 사용된 문서로써, 특히 신약에 인용된 책들은 정경으로 인정을 받고 구원의 책이 되었다. 신약성경에 구약 중 33권이 인용되었고 6권이 인용되지 않았다. 아가서, 룻기, 예레미야 애가, 전도서, 에스더서, 에스라서는 신약성경에 한 번도 인용되지 않았다. 39권의 정경으로서 구약성경이 완성된 것은 AD 2세기 이후이다. 현재 사용하고 있는 구약성경 39권을 정경으로 결정하는 회의는 AD 90년 얌니야 랍비회의 때이다.

구약의 정경에 채택되지 않은 외경은 주로 BC 200년부터 AD 100년 사이에 기록된 문서들이다. 대부분의 기록이 묵시문학서, 역사서, 지혜서의 성격을 갖고 있다. 정경과 외경에서 제외된 책들로 위경이 있는데 이는 BC200년에서 AD200년 사이에 익명으로 기록된 히브리어, 아람어, 헬라어 문학 작품들이다.

신약은 새로운 언약('해 카이네 디아데케'고전11:25, 고후3:6)이란 말에서 유래한 것으로 신약(New Testament, New Covenant)이다. 예수로 말미암아 새롭게 성립된 새 계약이란 뜻이다. 신약성경의 정경 결정의 원리는 다음의 3가지이다. 첫 번째로 사도성이다. 사도들의 신앙원리를 담고 계승해야 한다. 두 번째는 보편성이다. 당시 교회에서 하나님의 말씀으로 인정을 받았다는 점이다. 세 번째로 교회의 일관성이다. 1600년 동안 여러 가지 환경에 기록된 성경이 서로 모순 없이 일관성 있는 교리를 담아야 한다. 그로마키에 의한 신구약의 관계는 반드시 신약은 구약에 포함되어 있고 구약은 신약에서 계시된다. 신약 27권이 정경으로 채택된 회의는 AD 397년 카르타고 회의에서 이다.

이렇게 형성된 정경 즉 성경의 주제는 예수 그리스도이다. 구약은 오실 메시야 예수 그리스도에 대해서, 신약은 오신 메시야 예수 그리스도에 관한 기록이다. 구약 없는 신약 없고 신약 없는 구약 없다. 구약은 신약으로 완성되며 구약은 신약의 기초가 된다.

> "너희가 성경에서 영생을 얻는 줄 생각하고 성경을 상고하고니와 이 성경이 곧 내게 대하여 증거하는 것이로다"(요5:39).

생명 동산

Holistic Life **7**

구약성경 창세기에 보면 에덴동산 중앙에 두 나무가 있다. 한 나무는 '생명나무'이고 또 다른 나무는 '지식나무'이다. 지식나무의 열매를 선악과라 한다. 선악과는 선과 악에 대해 지식을 얻게 하는 나무의 실과(fruit of the tree of the knowledge of good and evil)이다. 하나님이 금하신 열매(forbidden fruit), 즉 선악과를 먹으면 선과 악에 대한 지식과 판단력이 생긴다. 원래 아담은 악을 몰랐지만(하나님이 지으신 모든 것이 다 선함), 선악과를 먹고 나서 자신이 표준이 되어 선악을 분별하는 능력이 생겼다. 인간은 지식나무의 열매를 따 먹고 결국에는 하나님의 말씀대로 저주와 재앙과 죽음의 노예가 되었다(창2:17).

예수 믿고 교회를 다니면서 신앙생활을 하지만 여전히 구습(舊習)에 따라 선악과를 따먹는 사람들도 있다. '선악과를 따먹는다는 것'은 하나님의 자녀가 되어 거듭 났지만 사탄의 원리에 따라 사는 것을 말한다. 사탄의 유혹을 따라 옛사람으로 살고 여전히 자신이 표준이 되어 선악을 판단한다. 구원을 받았지만 옛사람의 성품으로 산다. 삶의 주인은 '나'라는 옛사람이다. 자신을 십자가에 폐기 처분하지 않고 자신이 여전히 왕노릇하면ㅣ 살아간다. 하나님의 말씀이 삶의 표준이 아닌 자신이 선악의 표준이 되어 선악을 추구하고 판단하는 삶을 살아간다.

이러한 사람은 이론적으로는 하나님을 믿는다고 하나 실제적으로 하나님보다 자기 주관이나 경험을 의지하고 자신의 신념이나 이념을 더 믿는다. 그러니 신앙생활을 할 때 선악의 판단에 집중하고 부정적이며 비판적이며 공격적이다. 하나님까지도 선악의 대상으로 삼고 원망한다. 자신의 생각에 맞지 않으면 불순종한다. 가차 없이 정죄하고 비판하고 공격한다. 자신이 알고 있는 불완전한 성경지식과 경험을 선악의 표준으로 삼는다. 때로는 알고 있는 성경지식을 자신의 생각과 신념을 설파하고 변호하는데 사용하기도 한다. 이러한 삶을 한마디로 말하면 여전히 지식나무의 실과를 먹고 있다고 말할 수 있다.

반면 생명나무의 실과인 생명과를 먹으면 선악보다는 생명을 살리는 일에 더 관심이 많다. 생명 나무의 실과를 먹으면 죄나 죽음이나 저주를 모르고 생명만을 안다. 하나님은 선악과를 따먹은 아담과 하와가 생명나무의 실과를 따먹고 영생할까 봐 에덴동산에서 쫓아 냈다. 이는 인간에 대한 하나님이 사랑이다. 선악과를 따먹은 죄인이 이어 생명나무 실과를 먹고 죄가 있는 상태로 살아가면 영벌(永罰)이 되기 때문이다(창3:22). 하나님은 구원의 길을 예비하셨으며 회개하고 죄 용서함을 받은 후 그 실과를 먹게 하셨다. 그 생명나무의 실과는 바로 예수 그리스도이다. 그래서 생명나무 실과를 선택하고 먹는다는 것은 구원을 받고 계속해서 예수님의 원리와 정신을 따르는 것이다. 그러니 새사람의 본성으로 신앙생활을 한다(고후5:17).

옛사람이 폐기되고 하나님을 주인으로 모시며 생명을 추구한다. 원망과 불순종은 없다. 온 마음을 다해 주님을 사랑한다. 그래서 주님의 인도와 가르침을 따라 산다. 나는 없고 주님이 내 안에 살며, 껍데기는 나지만 속은 주님의 생명으로 살아간다(갈2:20). 은혜와 능력으로 살아간다. 그곳에는 언제나 생명이 있다. 신앙생활의 주체가 내 안에 계신 주님이시다. 늘 주님의 감동과 인도와 성경의 가르치심과 말씀의 인도를 따라간다. 생명을 선택하고, 은혜를 선택하고, 하나님과 하나님의 나라를 선택한다. 손해와 불이익이 닥쳐도 주님의 기쁘신 뜻이라면 그 길을 선택한다. 내 자아를 십자가에 폐기 처분하고 내 안의 예수 그리스도를 새로운 주인으로 모시는 '로드십 신앙'(the Lordship faith)과 '킹십 신앙(the Kingship faith)으로 신앙생활하는 것이 생명나무 신앙인이고 생활 신앙인이다.

⟨Table-2⟩ 성숙한 그리스도인

우리 모두는 하나님에 대해 올바른 지식을 가져야 한다. 그러나 성숙한 그리스도인은 알고 있는 지식의 실천이나 권리 행사를 하나님의 영광과 다른 사람의 유익을 위해 스스로 제한하기도 한다. 자신이 지식을 가지고 있다고 해서 그 지식을 근거로 권리를 마음대로 행사하지는 않는다. 왜냐하면 그 권리를 다른 사람을 배려하면서 사용하기 때문이다. 지식만 있고 영적으로 성숙하지 않으면 그 지식은 사람을 교만하게 만든다. 그러나 영적으로 성숙한 사람은 그 지식을 사랑으로 녹여 모두를 이롭게 하는데 사용한다(고전8:1). 누구든지 무엇을 안다고 자만하면 아직도 마땅히 알아야 할 것을 알지 못하는 사람이며(고전8:2), 지식은 유한하고 생명에서 흘러나오는 사랑은 무한하다(고

성숙한 그리스도인

주변을 이롭게 함

① 하나님에 대한 올바른 지식을 지니고 있음
② 타인을 위하여 지식을 마음대로 행사 하지 않음
③ 타인을 배려하고 권리를 옳게 시용 함
④ 모두를 이롭게 하고 유익하게 함

"지혜로운 자의 마음은 그의 입을 슬기롭게 하고 또 그의 입술에 지식을 더하느니라"(잠16:23).
"인자한 자는 자기의 영혼을 이롭게 하고 잔인한 자는 자기의 몸을 해롭게 하느니라"(잠11:17).
"아침에 나로 하여금 주의 인자한 말씀을 듣게 하소서 내가 주를 의뢰함이니이다 내가 다닐 길을 알게 하소서 내가 내 영혼을 주께 드림이니이다"(시143:8).

전8:3). 지식이 생명 안에서 녹아져 사랑으로 흘러나올 때 그 사랑이 사람을 살릴 수 있다. 지식을 넘어선 생명은 예수 안에 있고 그 생명에서 진정한 사랑이 흘러나온다.

우리는 지식 즉 선악의 노예로 살지 말고 언제나 행동판단의 기로에서 판단의 기준을 생명의 관점에서 생명나무를 선택하므로 풍성한 은혜를 누리고 덕을 세우는 삶을 살아야 한다. 그래야 생명을 살리는 삶을 살 수 있다. 우리는 선악을 알게 하는 지식나무의 열매를 먹지 말고 영원한 생명과 풍성한 삶의 원동력이 되는 생명나무의 실과를 먹어야 한다. 우리는 생명나무의 실과이며 생명의 떡인 예수를 매일 매일 먹어야 한다.

> "예수께서 가라사대 내가 곧 길이요 진리요 생명이니 나로 말미암지 않고는 아버지께로 올 자가 없느니라"(요14:6).
> "진실로 진실로 너희에게 이르노니 믿는 자는 영생을 가졌나니 내가 곧 생명이 떡이라"(요6:47-48).
> "나는 하늘에서 내려오는 떡이니 사람이 이 떡을 먹으면 영생하리라. 내가 줄 떡은 곧 세상의 생명을 위한 내 살이니라 하시니라"(요6:51).

보통 많은 계곡의 물이 모여 강의 지류를 형성하고 이런 지류들이 모여 하나의 강을 이루어 흐른다. 강의 원천을 이루는 여러 계곡과 지류가 먼저 있기 마련이다. 그러나 에덴동산에 있는 네 개의 강들은 그 원천이 여러 지류의 강이 아니라 하나의 강이다. 즉 여러 개의 지류가 모여 하나의 강을 이루는 모습이 아니라 하나의 강이 네 개의 거대한 강을 만들고 있다. '에덴'은 아담과 하와가 살았던 '에덴동산'보다는 넓은 지역이다. 에덴동산은 아담과 하와를 위한 특별한 장소로 에덴 안에 있는 특정한 지역으로써의 동산이다.

아담과 하와가 살 수 있도록 창설된 에덴동산에는 각종 과실들이 열리는

우리가 만든 주일학교 교재는 성경적 세계관의 틀과 문화를 도구로 합니다.

왜 '성경적 세계관의 틀'인가?

진리가 하나의 견해로 전락한 시대에, 진리의 관점에서 세상의 견해를 분별하기 위해서
◇ 성경적 세계관의 틀은 성경적 시각으로 우리의 삶을 보게 만드는 원리입니다.
◇ 이 교재는 성경적 세계관의 틀로 현상을 보는 시각을 길러줍니다.

왜 '문화를 도구'로 하는가?

어린이, 청소년, 청년들의 삶에 가장 큰 영향을 끼치는 것이 문화이기 때문에
◇ 문화를 도구로 하는 이유는 우리의 자녀들이 문화 현상 속에 젖어 살고, 그 문화의 기초가 되는 사상(이론)을 자신도 모르게 이미 받아들이고 있기 때문입니다.
◇ 공부하는 학생들의 삶의 현장으로 들어갑니다(이원론 극복).

✦ 다른 세대가 아닌 다음 세대 양육

자기 생각에 옳은 대로 하는 포스트모던적인 사고의 틀을 벗어나, 하나님의 말씀에 기초해서 생각하고 행동하는 성경적 세계관(창조, 타락, 구속)의 틀로 시대를 읽고 살아가는 "믿음의 다음 세대"를 세울 구체적인 지침서!

✦ 가정에서 실질적인 쉐마 교육 가능

각 부서별(유년, 초등, 중등, 고등)의 눈높이에 맞게 집필하면서 모든 부서가 "동일한 주제의 다른 본문"으로 공부하도록 함으로써, 가정에서 부모와 자녀가 함께 성경에 대한 유대인들의 학습법인 하브루타식의 토론이 가능!

✦ 원하는 주제에 따라서 권별로 주제별 성경공부 가능

성경말씀, 조직신학, 예수님의 생애, 제자도 등등

✦ 3년 교육 주기로 성경과 교리에 대한 기본적인 이해가 가능하도록 구성(삶이 있는 신앙)

- 1년차 : 성경말씀의 관점으로 본 창조 / 타락 / 구속
- 2년차 : 구속사의 관점으로 본 창조 / 타락 / 구속
- 3년차 : 하나님 나라의 관점으로 본 창조 / 타락 / 구속

"토론식 공과는 교사용과 학생용이 동일합니다!" (교사 자료는 "삶이있는신앙" 홈페이지에 있습니다)

1 목적

부지불식간(不知不識間)에 대중문화와 또래문화에 오염된 어린이들의 생각을 공과교육을 통해서 성경적 세계관으로 전환시킨다. 이를 위해 현실 세계를 분명하게 직시함과 동시에 그 현실을 믿음(성경적 세계관)으로 바라보며, 말씀의 빛을 따라 살아가도록 지도한다(이원론 극복).

2 구성

쉐 마 분명한 성경적 원리의 전달을 위해서 본문 주해를 비롯한 성경의 핵심 원리를 제공한다(씨앗심기, 열매맺기, 외울말씀).

문 화 지금까지 단순하게 성경적 지식 제공을 중심으로 한 주일학교 교육의 결과 중 하나가 신앙과 삶의 분리, 즉 주일의 삶과 월요일에서 토요일의 삶이 다른 이원론(二元論)이다. 우리 교재는 학생들의 삶 속에서 일어나는 문화를 토론의 주제로 삼아서 신앙과 삶의 하나 됨(일상성의 영성)을 적극적으로 시도한다(터다지기, 꽃피우기, HOT 토론).

세계관 오늘날 자기중심적인 시대정신에 노출된 학생들의 생각과 삶의 방식을 성경적 세계관을 토대로 바라보게 함으로써, 자신을 돌아보고 삶에 적용하는 것을 돕는다.

3 설교

학생들이 공과의 내용을 잘 이해하고, 공과 공부 시간을 풍성하게 하기 위해서, 부서 사역자가 매주 '동일한 주제의 다른 본문'으로 설교를 한 후에 공과를 진행한다.

권별	부서별	공과 제목	비고
시리즈 1권 (입문서)	유·초등부 공용	성경적으로 세계관을 세우기	신간 교재 발행!
	중·고등부 공용	성경적 세계관 세우기	
시리즈 2권	유년부	예수님 손잡고 말씀나라 여행	주기별 기존 공과 1년차-1/2분기
	초등부	예수님 걸음따라 말씀대로 살기	
	중등부	말씀과 톡(Talk)	
	고등부	말씀 팔로우	
시리즈 3권	유년부	예수님과 함께하는 제자나라 여행	주기별 기존 공과 1년차-3/4분기
	초등부	제자 STORY	
	중등부	나는 예수님 라인(Line)	
	고등부	Follow Me	
시리즈 4권	유년부	구속 어드벤처	주기별 기존 공과 2년차-1/2분기
	초등부	응답하라 9191	
	중등부	성경 속 구속 Lineup	
	고등부	하나님의 Saving Road	
시리즈 5권	유년부	하나님 백성 만들기	주기별 기존 공과 2년차-3/4분기
	초등부	신나고 놀라운 구원의 약속	
	중등부	THE BIG CHOICE	
	고등부	희망 로드 Road for Hope	
시리즈 6권	유년부		2024년 12월 발행 예정!
	초등부		
	중등부		
	고등부		

✔ 『삶이있는신앙시리즈』는 "입문서"인 1권을 먼저 공부하고 "성경적 세계관"을 정립합니다.
✔ 토론식 공과는 순서와 상관없이 관심있는 교재를 선택하여 6개월씩 성경공부를 할 수 있습니다.

성경적 세계관의 틀과 문화를 도구로 다음 세대를 세우고,
스토리story가 있는, 하브루타chavruta 학습법의 **토론식 성경공부 교재**

성경적 시각으로 포스트모던시대를 살아갈 힘을 주는
새로운 교회/주일학교 교재!

삶이 있는 신앙 시리즈

국민일보
CHRISTIAN EDU BRAND AWARD
기독교 교육 브랜드 대상

토론식 공과(12년간 커리큘럼) 전22종 발행!

기독교 세계관적 성경공부 교재   고신대학교 전 총장 **전광식**

신앙과 삶의 일치를 추구하는 토론식 공과   성산교회 담임목사 **이재섭**

다음세대가 하나님 말씀의 진리에 풍성히 거할 수 있게 될 것을 확신   총신대학교 명예교수 **신국원**

한국교회 주일학교 상황에 꼭 필요한 교재   브리지임팩트사역원 이사장 **홍민기**

**소비 문화에 물든 십대들의 *세속적 세계관*을
바로잡는 *눈높이 토론*이 시작된다!**

발행처 : 도서출판 **삶이 있는 신앙**
공급처 : 솔라피데출판유통 / 주소 : 경기도 파주시 문발로 123 솔라피데하우스
주문 및 문의 / 전화 : 031-992-8691 팩스 : 031-955-4433
홈페이지 : www.faithwithlife.com

나무들이 있었다. 이 나무들의 수분 공급원이 생명수 강이다. 이 강의 원천은 에덴동산이 아니라 에덴동산 밖이다. 창세기 2:10을 보면 "강이 에덴에서 발원하여 동산을 적시고 거기서부터 갈라져 네 근원이 되었으니"라고 분명히 기록되어 있다. 이 하나의 강이 창 2:11-14에 나오는 4개의 강의 근원이다. 동산 밖 에덴에서 시작된 강이 에덴동산에 물을 풍성하게 공급하고 있고 네 개의 커다란 강의 수원지이다.

네 개의 강으로 나누어지는 근원은 생명의 원천이신 하나님을 의미한다. 네 개의 강 모두가 에덴에서 시작된 수자원의 공급 없이는 강이 될 수 없는 것처럼, 한 분 하나님이 생명을 공급하지 않으면 사람은 스스로 살 수 없는 존재이다. 하나님이 모든 생명의 근원이다.

선교는 에덴의 동쪽으로 쫓겨난 사람들을 향해 예수 그리스도를 통하여 다시 에덴으로 들어가는 방법을 안내하는 것이다. 태초에 하나님이 아담과 하와를 자신의 형상대로 지으시고 동방의 에덴에 동산을 창설하여 그곳에 살도록 하셨다(창2:7-8). 그곳은 하나님이 보시기에 아름답고 먹기에 좋은 열매를 맺는 각종 나무가 있는 곳이다. 특히 동산 중앙에 생명나무와 지식나무를 두셨다(창2:9). 그리고 한 줄기의 강이 에덴으로부터 흘러나와 동산을 적시고 거기서부터 갈라져 네 개의 강으로 흐르게 하였다(창2:10). 네 강의 이름을 열거해 본다.

네 강의 이름은 비손 강, 기혼 강, 힛데겔 강, 유브라데 강이다 (창2:11- 14).

제1부

생명의 성전

Holistic Life　8

　오묘한 것은 에덴동산의 모습이 후에 있을 모세의 성막과 예루살렘 성전의 원형으로서 그 모형과 기원의 역할을 한다고 볼 수 있다. 에덴동산과 성막 두 장소 모두 그 환경 가운데서 하나님의 영광을 나타내고 있다. 온 천지가 하나님의 임재로 충만한 모습을 가지고 있지만, 하나님은 특별히 한 장소를 구별하셨다. 그것이 바로 에덴동산이다.

웬함(G. Wenham)은 에덴동산을 표현할 때 통칭하여 성전(sanctuary)이라고 표현한다.

　첫 번째로 에덴동산에 하나님께서 친히 강림하시어 거니시는 모습(창3:8)을 통해 드러난다. 주께서 성막(성전)에서 임재하셨던 것처럼 에덴동산에서 거니셨다. 그러므로 에덴동산은 하나님께서 강림하셔서 사람과 만나시고 교제하셨던 장소이다. 다시 말해서 에덴동산에는 하나님의 임재하심이 있었고, 아담과 하와는 그곳에서 하나님을 만나고 예배하였다.

　두 번째로, 생명나무의 길로 가는 길목을 지키기 위하여 에덴동산의 동쪽에 위치한 그룹들에 대한 언급이다(창3:24). 아담과 하와가 범죄 후 에덴동산에서 쫓겨났던 곳이 동쪽이다. 이것이 바로 하나님께 제사를 드리는 성전(성막)의 입구가 동쪽으로 나 있는 것과 흡사하다. 성막의 지성소에 위치한 언약궤 위의 그룹들과 대칭을 이루고 있다.

세 번째로, 창세기 2장 10-14절의 에덴동산의 지형에 대한 간단한 설명은 성전의 특징과 연결점을 가지고 있다. "강이 에덴에서 흘러나와 동산을 적시고 거기서부터 갈라져 네 근원이 되었으니 첫째의 이름은 비손이라 금이 있는 하윌라 온 땅을 둘렀으며 그 땅의 금은 순금이요 그곳에는 베델리엄과 호마노도 있으며 둘째 강의 이름은 기혼이라 구스 온 땅을 둘렀고 셋째 강의 이름은 힛데겔이라 앗수르 동쪽으로 흘렀으며 넷째 강은 유브라데더라". 이는 시편 46편 5절에 "한 시내가 있어 나뉘어 흘러 하나님의 성 곧 지존하신 이의 성소를 기쁘게 하도다"라고 한 것과 에스겔 47장의 '사해를 살리기 위해 새 성전으로 흘러들어 큰 강물'과 관련하여 성전적 요소로 간주 된다.

네 번째로, 보석 모티브를 통하여 에덴과 성전이 연결되고 있음을 볼 수 있다. 창세기 2장 12절에서 "첫째의 이름은 비손이라. 금이 있는 하윌라 온 땅을 둘렀으며 그 땅의 금은 순금이요 그곳에는 베델리엄(진주)과 호마노도 있었으며"라고 언급하고 있다. 에덴이 성전으로서 간주되고 있다면, 금에 대한 이러한 언급은 결코 우연일 수 없다. 왜냐하면 성막에 있는 물품의 대부분이 순금으로 만들어졌거나 금으로 씌어졌기 때문이다(출25:11,17,24,29,36).

여기에서 베델리엄(진주)은 민수기 11:7에 나타나는데, 만나로 표현하고 있다. 출애굽기 16:4은 만나를 하늘에서 내려오는 양식으로 표현한다. 그리고 그것 중 일부는 성막의 언약궤 안에 보관되었다(출16:33). 이와 같이 만나는 성막이 천상적 성전의 반영이라는 사실을 보여주고 있으며, 따라서 만나와 비교된 베델리엄(진주)도 이와 같은 의미이다.

또한 성막에서 중요한 것은 '호마노'이다. 그것은 성막과 성전과 대제사장의 옷을 장식하는 데 폭넓게 사용되었다(출25:7; 28:9, 20; 대상 29:2). 출애굽기 28: 9-14에서 두 개의 호마노 보석들에 열두 지파의 이름을 여섯 개씩 두 개로 나누어 각각 새겼다. 그리고 그 두 호마노 보석들을 에봇의 두 어깨받이(견장)에 붙여 이스라엘 사람들을 위한 기념 보석으로 삼았다. 모세의 혈통적인 형제이지만, 하나님에게 제사를 집도하는 아론이 하나님 앞에서 대제사장 사역을 할 때 그 두 보석을 어깨에 멜 것을 명하고 있다.

하나님은 에덴동산을 창설하여 그곳에서 친히 자신의 형상대로 창조한 아담과 하와와 인격적으로 교제하시기를 원하셨다. 그러나 사단의 유혹에 넘어가 범죄한 아담과 하와는 에덴동산에서 추방당하였다. 성경의 가장 중요한 맥(脈) 중에 하나가 구속사(救贖史, Redemption)이다. 구속사는 잃어버린 생명을 되찾는 에덴동산의 회복에 관한 하나님의 고유한 사역이다. 이 사역은 인간을 비롯하여 그 어떤 것도 대신할 수 없는 것이다. 이러한 관점에서 볼 때 에덴동산은 성전(성막)의 모형으로 볼 수 있다. 구속사는 실낙원 회복의 역사이다.

에덴동산에서 동쪽으로 쫓겨난 범죄한 인간이 그룹들과 두루 도는 불칼(창3:24)을 넘어 에덴동산으로 갈 수 있는 유일한 방법은 예수 그리스도이다(요14:6). 에덴의 동쪽(타락한 세상)에서 살고 있는 범죄한 인간의 죄 문제를 해결하는 유일한 길은 성전의 동문을 통하여 성전이 되시는 예수 그리스도에게 들어가는 것이다. 에덴동산 중앙에 있는 생명나무 또한 우리에게 영원한 생명을 주시는 예수 그리스도이다(요3:16). 에덴동산에 흐르는 네 지류의 강의 근원과 계시록에 나오는 생명수 강의 근원 또한 생명의 근원되신 예수 그리스도이다(요14:6). 우리가 매일 먹어야 할 생명나무 실과 또한 예수 그리스도이다. 우리 인생의 해답은 예수 그리스도이다.

"예수께서 이르시되 내가 곧 길이요 진리요 생명이니 나로 말미암지 않고는 아버지께로 올 자가 없느니라"(요14:6).

"하나님이 세상을 이처럼 사랑하사 독생자를 주셨으니 이는 그를 믿는 자마다 멸망하지 않고 영생을 얻게 하려 하심이라"(요3:16).

"복음에는 하나님의 의가 나타나서 믿음으로 믿음에 이르게 하나니 기록된 바 오직 의인은 믿음으로 말미암아 살리라 함과 같으니라"(롬1:17).

제1부

생명의 특징

Holistic Life 9

　　남포교회를 섬겼던 박영선 목사는 한국 교회의 흐름을 다음과 같이 간단 명료하게 정리하였다. 첫 번째 시대는 일제 강점기와 한국 전쟁이 있었던 순교 시대이다. "예수천당! 불신지옥! 죽으면 죽으리이다"라는 슬로건이면 통하는 시대였다. 두 번째 시대는 1970-80년대의 부흥 시대이다. 이때의 슬로건은 "하나님은 기도에 응답하시고 복을 주신다!"이다. 한국 전쟁 후에 박정희 대통령의 "잘 살아보자!"는 새마을 운동 슬로건과 함께 교회의 부흥을 이룬 시대이다. 세 번째 시대는 부흥 이후의 현재 시대이다. 박목사는 "한국 교회가 부흥 이후 그 다음에 대한 해결책을 가지고 있지 못한 것 같다"고 현시대를 고민하며 [하나님의 열심], [구원 그 이후: 신앙생활에서 성숙이란 무엇인가?] 등 성도들의 성화에 관한 많은 책들을 저술하였다. 하나님은 우리가 예수 믿고 구원받았다는 상태에 머무르지 말고 도(道)의 초보에 머무르지 말고 완전한 데로 나아가기를 원하신다(히6:2).

　　현시대를 살아가고 있는 우리는 구원받았다고 만족하기보다는 하나님이 왜 우리를 부르셨는가? 그리고 우리를 어떻게 쓰시려고 하시는가? 에 더 큰 관심을 가져야 한다. 더불어 하나님의 하시는 일에 참여하는 영적으로 성숙한 신자가 되어야 한다. 순교시대와 부흥시대를 넘어 조국에 새로운 영적인 부흥이 일어나기를 소망한다. 우리가 살아 있다는 자체가 축복이다. 살아 있다는 것은 생명이 있다는 의미이다. 주님 안에서 정말로 살아 있는가? 그리고 내가 소유하고 있는 생명은 어떤 생명인가? 가장 고귀한 생명은 희생을 통하여 값없이 주신 예수님의 생명이다. 예수님이 우리에게 주신 생명은 '영원(永遠)하고 풍성(豊盛)한 하나님의 자녀로서 특권을 누리는 생명이다. 좀 더 구체적으로 살펴보면 다음과 같다.

첫째, 이 생명을 소유하면 수명의 변화(change in lifespan)를 가져온다. 하나님이 예수님을 통하여 우리에게 주신 수명은 70년 혹은, 80년(시90:10), 100년, 969년(창5:27), 천년(벧후3:8)도 아닌 영원한 시간이다. 그 의미는 다음과 같다.

'Everlasting life', 'Endless life', 'Eternal life'이다. 하나님은 세상을 사랑하사 독생자 예수님을 주셔서 누구든지 그를 믿는 자들에게는 이 생명을 주신다 (요3:16). 사랑의 하나님이 인류에게 공평하게 영생을 얻을 수 있는 기회를 주셨다. 그러나 하나님은 예수님을 영접하는 자들에게만 이 생명을 부여하신다. 하나님은 영원 전부터 존재하신다. 하나님의 시간은 영원이다. 하나님은 스스로 계신 분이다(출3:14). 예수님께서 요한복음에서 자주 말씀하신 "나는 ~이다"(I am~)라는 말의 헬라어 "에고 에이미(εγω ειμι)"는 히브리어 〈여호와(야훼)〉와 같은 뜻을 가진다. 우리가 예수님과 연합함으로 하나님의 생명이 우리에게 접붙임 되어 하나님의 영원의 세계로 진입할 수 있게 되었다. 하나님의 영원한 생명을 얻을 수 있는 유일한 길은 예수 그리스도이다(요14:6). 중국 최초의 통일국가를 만든 진나라의 진시황제는 불로장생(不老長生)을 위해 약초를 구하였으나 구하지 못하고 결국 죽었다. 그 불로초 즉 영생하는 약초는 예수 그리스도를 통하여 얻을 수 있는 하나님의 생명이다.

둘째, 이 생명을 소유하면 신분의 변화(change of status)를 가져온다. 하나님이 우리에게 영생을 주셨는데 그 생명이 그의 아들인 예수님 안에 있다고 성경은 말한다(요일5:11). 예수님이 있는 자에게는 이 생명이 있고 아들이 없는 자에게는 이 생명이 없다(요일5:12). 예수를 영접하는 자 곧 그 이름을 믿는 자들에게는 하나님의 자녀가 되는 권세를 주셨다(요1:12). 예수님을 통해 하나님의 자녀가 된 우리는 하나님을 아바 아버지라 부를 수 있게 되었다(갈4:6). 이는 육신의 혈통으로 나지 아니하고 오직 예수님으로 말미암아 하나님께로 부터 난 자들이다(요1:13).

그러므로 하나님의 자녀가 된 우리는 하나님의 유업을 받을 자들이다(갈4:7). 우리는 예수님을 통해 말로 표현할 수 없는 엄청난 특권을 받은 자들이다. 하나님은 이미 법적으로 하나님의 자녀가 된 우리를 그의 기업을 이어받을 후사의 자격을 갖추도록 이 땅에 주어진 시간을 통하여 훈련시키시고 성숙시키신다. 그리스도인의 삶은 하나님의 자녀로서의 권리를 누리고 하나님의 후사로서 책임을 다하는 삶이다. 우리는 예수 그리스도를 통하여 하나님 나라의 왕자로 다시 태어나는 법적 신분의 변화를 가져왔다.

셋째, 이 생명을 소유하면 삶의 질의 변화(change in quality)를 가져온다. 우리가 예수님으로 인해 법적으로 하나님 나라의 왕자의 신분을 획득했으나 실제로 왕자로서 살아 가기 위해서는 제왕학(성경) 등 많은 학문을 연마해야 한다. 하나님 나라의 왕자다운 삶을 살아야 하는데 그 삶이 바로 풍성한 삶이다. 예수님을 통하여 하나님이 우리에게 주신 생명인 '풍성한 삶'이다. 'Abundant life, Good Life, Wonderful life'이다. 풍성한 삶은 예수님을 주님으로 영접하는 순간부터 시작된다. 예수님이 이 땅에 오신 목적은 우리로 하여금 생명을 얻게 하고 더 풍성이 얻게 하려는 것이라고 하셨다(요10:10). 풍성한 삶은 그리스도인이 되고 나서 만사형통하고 순조롭게 풀리는 삶이라기 보다는 어떠한 환경과 상황에서도 낙망하지 않고 초연하게 승리하는 왕자로서의 품격을 유지하며 살아가는 삶을 의미한다. 이 풍성한 삶의 특징은 평안(요14:27)과 기쁨(요15:11) 그리고 안식(마11:28-30)이 있는 삶이다. 구원 그 이후의 성화의 삶은 예수님이 왕 되시는 하나님 나라의 삶이다. 하나님 나라는 오직 성령 안에 있는 의와 평강과 희락이 있다(롬14:17). 이 나라는 예수를 왕으로 하는 우리의 마음으로부터 시작된다(눅17:21).

하나님은 예수님을 통하여 이러한 생명을 우리에게 주셨다. 이 생명은 영원한 생명이다. 이 생명을 소유함으로 우리는 하나님의 자녀가 되는 신분의 변화를 가져왔다. 그리고 우리가 누리는 생명은 이 땅으로만 끝나지 않고 영원히 지속된다. 이 생명은 이 땅에 사는 동안 인격적인 예수 그리스도를 통해 풍성하고 열매맺는 삶을 살도록 우리에게 주신 최고의 선물이다. 우리 그리스도인들의 지상에서의 삶은 하나님의 후사(왕자)로서 영원하고 풍성한 삶을 누리는 훈련임과 동시에 실전의 삶이다. 나는 이 영원한 생명을 진실로 소유하고 있으며, 환경을 이기는 평안과 기쁨 그리고 안식이 있는 풍성한 삶을 누리고 있는가? 이 땅에서 영원하고 풍성한 생명을 맛보는 자가 저 땅에서 완성되는 하나님 나라의 진정한 영원하고 풍성한 기쁨을 누릴 수 있다.

제**1**부

자유의 생명

Holistic Life　10

　　2022년 6월 10일은 대한민국 제20대 윤석열 대통령이 취임한 날이다. 서울 여의도 국회 앞마당에서 열린 취임식에서 윤대통령은 16분 분량의 취임사에서 '자유'를 35번 언급하였다. 이어 '시민'과 '국민'은 15회, '세계'는 13회, '평화'는 12회를 사용하였다. 가장 많이 언급한 '자유'라는 단어가 취임사의 가장 중요한 키워드이다. 윤대통령이 생각할 때 대한민국에 가장 필요한 것이 자유라는 말이다. 자유의 확대, 자유 시민, 자유 민주주의…!

　　자유라는 단어는 영어로 '리버티'(liberty)와 '프리덤'(freedom)으로 사용된다. 둘 다 한국어로 번역할 때 '자유'로 번역된다. 그러나 프리덤과 리버티는 뚜렷한 차이가 있다. 프리덤은 자연상태에서 인간의 자유로 감금이나 구속되지 않은 자유로운 상태, 외부적 지배나 간섭 혹은 규제가 없는 상태로의 개인적인 자유를 의미한다. 반면에 리버티는 법적인 권리가 보장된 상태에서의 자유로 압제와 폭력적 지배로부터의 시스템적인 자유 또는 해방을 의미한다. 우리가 소망하는 자유는 리버티와 프리덤 둘 다이다. '진정한 자유'는 무엇일까?

　　첫째, 자유는 선택할 수 있는 권리임과 동시에 선택에 따른 책임을 수반

한다. 자유에 대해 권리만을 강조하고 책임을 소홀히 하면 자유는 자칫 방종
으로 흐르기 쉽다. 진정한 자유는 반드시 책임과 질서가 따라야 한다. 하나님
은 이스라엘 백성을 애굽에서 이끌어 내어 홍해 바다를 건너 광야로 이끄셨
다. 광야 생활로 이끄신 목적은 가나안 땅으로 인도하기 위함이다. 죄의 노예
신분에서 하나님의 아들로서 누리는 자유를 주셨다. 그러나 죄의 노예로 살
다가 갑자기 자유한 하나님의 아들이 되었다고 해서 하루아침에 주어진 자유
를 제대로 누리지 못한다. 자유를 누릴 만한 훈련이 필요하다. 이스라엘 백성
이 하나님의 백성으로 자유를 누릴 수 있도록 훈련을 받은 곳이 광야였다.
하나님은 이스라엘 백성이 광야에서 실패할 줄 알면서도 계속해서 훈련을 시
켜 하나님의 아들로서의 자격을 갖추게 하여 가나안 땅으로 인도하셨다.

왕 되신 하나님은 가나안 땅에 도착한 이스라엘 백성들에게 자유를 주신
다. 진정한 자유는 올바른 선택이 필요하다. 선택에는 권리와 함께 그에 걸
맞는 책임이 수반된다. 올바른 선택을 위해서는 지혜와 분별력이 필요하다.
올바른 지혜와 분별력은 경험에서 나온다. 그 경험은 성공한 경험보다 실패
한 경험을 반면교사로 삼을 때 효과가 더 크다. 구약성경을 보면 인류의 조
상인 아담과 하와를 비롯한 하나님의 택한 백성인 이스라엘 백성은 하나님이
주신 자유를 올바르게 사용하지 못하였다. 구약의 이러한 일들은 신약을 살
아 가고 있는 우리에게 본보기가 되어 우리로 하여금 그러한 길을 가지 않도
록 교훈하신다(고전10:6).

자유를 주신 하나님 앞에 하나님 말씀을 따르기보다는 자기 소견에 옳은
대로 선택하여 살아가는 사사기의 기록은 하나님 백성의 실패를 잘 말해 주
고 있다(삿21:25). 하나님은 사사기의 실패에도 불구하고 이스라엘 백성의 요
구에 왕 즉 권력을 허락하신다. 하나님이 왕들에게 권력을 주신 목적은 권력
을 사용하여 백성들을 섬기라는 것이다. 그러나 왕들은 하나님이 부여하신

권력을 백성을 통제하고 압제하며 도리어 섬김을 받는 데 이용하였다. 하나님은 열왕기의 실패에 그들을 징계하고 포로가 되어 정신을 차리게 하시면서 하나님의 백성 된 그들을 포기하지 않으시고 여전히 견인하여 사랑하신다.

어떤 의미에서 구약성경은 인간의 실패와 교훈으로 가득찬 내용의 기록이다. 그럼에도 불구하고 여전히 인간을 사랑하는 하나님의 짝사랑 이야기이다. 구약성경에 이어 신약성경은 하나님이 인간의 실패에 대한 종지부를 찍기 위해 독생자 예수 그리스도를 보내어 십자가에 죽게 하고 부활, 승천시켜 다시 오게 하심으로 비로소 완성되는 사랑의 드라마이다. 예수 그리스도로 인하여 죄의 노예 상태에서 벗어나는 완전한 자유를 획득했으나 여전히 많은 그리스도인은 그 자유를 풍성하게 누릴 만한 훈련이 되지 않았다.

둘째, 하나님의 말씀(법) 안에 있는 자유가 인간이 누릴 수 있는 최상의 자유이다. 하나님이 우리에게 주신 자유는 한정된 자유이다. 인류의 조상 아담과 하와가 하나님으로부터 지음 받아 만물의 영장으로 모든 것을 다 할 수 있으나 선악과의 실과를 먹지 말라는 하나님의 법 안에서의 한정된 자유이다. 물론 하나님은 인간을 사랑하기에 스스로 선택할 자유 의지(free will)을 주셨다. 아담이 부여받은 자유는 죄를 범할 수도 있고 범하지 않을 수도 있는 선택이 가능한 자유였다. 그러나 아담은 불순종으로 죄를 범하는 선택을 하였다. 우리가 예수를 믿고 죄에서 이미 자유롭게 되었기 때문에 마음대로 다시 죄를 지어도 된다는 말이 아니다. 그리스도인의 자유는 방종이나 방임 혹은 무질서를 뜻하지 않는다.

그리스도인은 자유를 주장하면서 죄를 수용해서는 안 되고, 철저히 경계하고 차단하고 물리쳐야 한다. 말씀의 테두리를 벗어나는 자유는 자유가 아니라 방종이다. "묵시가 없으면 백성이 방자히 행하거니와 율법을 지키는 자는 복이 있느니라"(잠29:18). 이 구절의 전반부에 나오는 '묵시'는 '계시' 혹은 '비전'을 의미하며, 후반부에 나오는 '율법'은 하나님의 말씀과 대칭을 이룬다. '묵시' 즉 '비전'은 '하나님의 말씀'이다. 하나님의 말씀이 있는 민족은 복을 받는다. 그러나 하나님의 말씀이 없으면 백성은 방자히 행한다.

하나님의 말씀은 진리이다. 진리 안에 있을 때 진정한 자유가 있다. "그러므로 예수께서 자기를 믿은 유대인들에게 이르시되 너희가 내 말에 거하면 내 제자가 되고, 진리를 알지니 진리가 너희를 자유롭게 하리라."(요8:32) 예수님 안에 거할 때 진리 즉 하나님 말씀을 알게 되며 하나님의 말씀을 올바르게 알 때 진정한 자유를 누릴 수 있다. 우리는 진리로 인하여 거룩하게 된다(요17:17). 진리이신 말씀이 육신이 되어 이 땅에 오신 하나님의 아들 예수 그리스도 안에 있을 때 진정한 자유가 있다(갈2:4;요8:36).

셋째, 진정한 자유는 개인의 유익을 넘어 공동체의 유익을 추구한다. 우리 그리스도인의 자유는 방종이나 방임이 되어서는 안 된다. 성도의 자유는 제한을 받는데, 개인이나 공동체의 유익에 따라 제한받을 수 있고, 성도의 자유가 지배당할 위험이 있을 때 제한을 받을 수 있다. 이러한 자유의 제한은 현대 사회에서 강조하고 있는 '개인의 선택'이 무엇보다 가장 우선되어야 한다는 세상의 가치관과 사뭇 다른 모습을 보여주고 있다.   우리가 누리는 자유가 연약한 사람들에게 걸림돌이 되지 않도록 조심해야 한다(고전8:9).

"모든 것이 내게 가하나 다 유익한 것이 아니요. 모든 것이 내게 가하나 내가 무엇에든지 얽매이지 아니하리라"(고전6:12).

그리스도인의 자유는 하나님과 이웃을 사랑하는데 힘써 사용해야 한다. 그 자유로 육체의 기회를 삼지 말고 오직 사랑으로 서로 종노릇하라(갈5:13)

고 바울은 권면하고 있다. 우리 성도는 이미 죄에서 자유롭게 되었기 때문에 다시 죄의 노예 상태로 돌아가면 안 된다. 성령의 인도가 있는 곳에 자유가 있다(고후3:17). 당연히 개인의 프라이버시나 자유를 존중하지만 지나치게 개인의 자유를 강조하다가 다른 사람이나 공동체에 민폐를 끼치게 되며 이를 진정한 자유라고 말할 수 없다. 공동체를 고려하지 않고 자기 소견에 옳은 대로 행하는 것은 진정한 자유가 아니다. 개인이나 공동체의 왕이 하나님이 될 때 우리는 비로소 진정한 자유를 누릴 수 있다.

한 국가나 공동체가 아무리 좋은 시스템(법률)을 가지고 있을지라도 그 시스템을 이용할 지도자가 악하면(하나님을 떠나 진리 안에서 자유를 누리지 못하는 사람이라면) 본인은 물론 국민들에게 진정한 자유를 줄 수 없다. 하나님을 왕으로 모시고 진리 안에서 살아가는 지도자가 본인도 자유를 누릴 뿐만 아니라 백성들에게 본인이 체험하고 누리는 자유를 줄 수 있다. 하나님을 두려워하지 않는 권력은 쉽게 부패한다. 본인은 선한 의도를 가지고 권력을 사용한다고 하나 하나님을 떠나면 그 권력은 부패와 방종으로 간다. 새로운 시대에 하나님이 함께하시기를 바라며 진정한 자유가 흘러넘치는 자유 대한민국이 되기를 소망한다.

어느 기독인 정치인이 했던 말이 생각난다. 본인은 성숙한 그리스도인이 되기에는 한참 멀었으나 대한민국 정치계에 제대로 된 성숙한 기독교인 열명만 있어도 국민이 진정한 자유를 누리는 국가로 바뀌어질 것이라고 말한다. 구약성경의 소돔과 고모라 성에 의인 10명이 없어서 그 성 전체 거민 2만 명이 불의 심판을 당하게 되었다. 대한민국에 하나님의 원하시는 국가 지도자가 도대체 몇 명이나 될까? 하나님 보시기에 죄가 밉고 용서할 수 없는 요소가 많아도 긍휼하신 하나님이 원하시는 뜻에 의합(意合)된 믿음을 지니고 실천하는 진실한 지도자를 찾고 있음을 알아야 한다. 하나님이 왕이 되는 나라에서는 그의 나라에 걸맞는 지도자, 그로 인하여 한 공동체된 백성은 진정한 하나님의 자유를 누리게 된다. 주기도문에 나와 있는 내용과 같이 되어지기를 소원해 본다.

하나님의 나라가 대한민국에 임하며, 뜻이 하늘에서 이루어진 것 같이 이 땅에서도 이루어지기를 기도한다. "하늘에 계신 우리 아버지여! 이름이 거룩히 여김을 받으시오며, 나라가 임하시오며 뜻이 하늘에서 이루어진 것 같이 땅에서도 이루어지이다"(마6:9-10).

사랑의 생명

사도 바울이 쓴 서신서의 구조는 대체적으로 두 부분으로 구성된다. 전반부는 교리적이고 이론적인 내용이며, 후반부는 실천적이고 교훈적인 내용이다. 25년 정도의 목회와 선교를 해 오면서 가장 강렬하게 다가오는 단어가 있다면 생명(生命)이다. 제가 중국인(화인)교회 설교 중에 자주 쓰는 말이 있다. "성밍잉샹성밍 성밍촨란성밍 성밍간란성밍"(生命影响生命 , 生命传染生命 , 生命感染生命)이다. "생명이 생명에게 영향을 주고, 생명이 생명을 전염시키고, 생명이 생명을 감염시킨다"는 의미이다. 한 마디로 생명목회, 생명선교를 말하고 있다.

이 생명은 그리스도께서 주신 생명이다. 에덴동산의 생명나무는 그리스도를 상징한다. 초대 교부 어거스틴은 말한다. "지성소로서의 생명나무는 분명히 그리스도 자신이다". 존 칼빈, 또한 "생명나무는 하나님의 영원한 말씀인 그리스도의 모형이었다. 그 나무는 다름이 아니라 그를 모형으로 묘사하는 생명의 상징이다"라고 말한다. 예수 그리스도가 생명의 원천이다. 이 생명은 사랑으로 전염된다. 사랑만큼 강력하게 생명을 전염시키는 바이러스는 없다. 하나님은 사랑이다. 그가 통치하는 나라는 사랑의 나라이다. 하나님은 우리를 사랑하고 사랑받고 살아가도록 창조하였다.

성경의 주제를 한 문장으로 말하라면 무엇이라고 말할 수 있을까? 하나님 사랑, 이웃사랑이다. 보이지 않으신 하나님의 사랑이 보이는 이웃 사랑으로 실천되어야 한다. 하나님은 우리를 사랑하시기에 독생자 예수님을 이 땅에 보내셨다. 예수님은 우리를 사랑하시기에 자신의 생명을 내어 주셨다. 그리고 우리에게도 자신이 우리를 사랑하신 것처럼 서로 사랑하라고 부탁하셨다. 생명은 사랑이다. 사랑은 사람을 끄는 마력이 있다. 사랑은 상대방을 쉽게 무장 해제시킨다. 예수의 생명은 사랑으로 나타난다. 사랑은 관심을 유발시킨다. 관심은 상대방을 배려하고 상대방의 필요가 무엇인가를 알게 한다.

코로나 팬더믹 전에는 아내와 함께 예배를 시작하기 전 모임 장소에 도착하면 기도부터 하였다. 그리고 성도들에게 먼저 인사를 하고 허그(hug)하였다. 쑥스러워하던 성도들이 사랑의 허그에 전염되었다. 언제부터인가 성도들이 먼저 다가와 저와 아내를 허그한다. 말이 필요 없는 사랑을 나눈다. 말씀을 전하고 가르치는 사역도 중요하지만 사랑과 관심 또한 중요하다. 전통적인 중국인 교회에서 보기 힘든 분위기가 형성되었다.

교회에 처음 나오신 분들이 교회의 분위기를 온화한 대가족의 분위기라고 말한다. 사랑에 전염되어 적지 않은 자들이 교회에 정착한다. 사랑의 허그에 전염되어 교회의 분위기가 살아난다. 추운 겨울에도 교회만 오면 따뜻해진다. 냉냉하기 쉬운 분위기가 사랑이 흘러 생동감이 돈다. 생명은 사랑으로 흐른다. 생명은 사랑을 먹고 자라간다. 코로나 팬더믹으로 거리두기에 습관화된 상황에 어떻게 성도들과 사랑이 담긴 인사를 해야 할지 고민하고 있다.

하나님의 나라는 사랑으로 시작하여 사랑으로 완성된다. 사랑은 대계명이다(마22:37-40). '대계명'은 전인적으로 하나님을 사랑하고 이웃을 네 몸처럼 사랑하는 것이다. 사랑은 목양 명령(요21:15-17)이다. 주님을 사랑하기에 주께서 맡기신 양들을 돌본다. 사랑은 '대사명'이다. 영혼을 사랑하기에 복음을 전한다. 사랑은 성령의 가장 큰 은사(고전12:31, 고전13장)이다. 사랑보다 더 큰 은사는 없다. 사랑은 성령의 열매(갈5:22)이다. 성령의 열매는 아홉 가지로 표현되는 단 하나의 열매인 사랑이다. 생명의 DNA는 사랑이다. 생명은 사랑 바이러스를 통해 또 다른 생명에게 전염된다.

"사랑하는 자들아 우리가 서로 사랑하자. 사랑은 하나님께 속한 것이니 사랑하는 자마다 하나님께로 나서 하나님을 알고, 사랑하지 아니하는 자는 하나님을 알지 못하나니 이는 하나님은 사랑이심이라"(요일4:7-8). "사랑하는 자들아 하나님이 이같이 우리를 사랑하셨은즉 우리도 서로 사랑하는 것이 마땅하도다. 어느 때나 하나님을 본 사람이 없으되 만일 우리가 서로 사랑하면 하나님이 우리 안에 거하시고 그의 사랑이 우리 안에 온전히 이루느니라"(요일4:11-12).

필라델피아

Holistic Life 12

계시록에 나오는 소아시아 일곱 교회 중에 주님의 책망은 없고 칭찬만 받은 두 개의 교회가 있다. 하나는 서머나 교회이며 또 다른 하나는 빌라델비아 교회이다(계3:7-13). 그런데 이렇게 우리 기독교인들에게 좋은 인상을 준 '빌라델비아'라는 이름과 미국 동부에 위치한 동성애자의 천국 '필라델피아'(Philadelphia)는 같은 이름이다. 현재 미국 필라델피아는 가장 활발한 LGBT 커뮤니티가 있는 현대판 소돔과 고모라이다. 이러한 현상은 '필라델피아' 뿐만이 아니다. 북미주는 물론 심지어 한국에도 전염되어 전 세계에 누룩처럼 번지고 있다. 최근 한국에 부임한 미국 대사관의 주한 대사도 동성애자로 알려져 있다. 타락한 세상의 풍조가 급속도로 교회 안에까지 침투하고 있다. 아니 이미 침투하여 자리를 잡아가고 있다.

'필라델피아'는 헬라어로 '형제 우애' 혹은 '동포 사랑'이라는 뜻이다. 필레오(사랑, 우정)+아델포스(형제, 동포)의 합성어이다. 교회 공동체에 가장 필요한 것이 '필라델피아' 즉 '빌라델비아'이다. 교회 공동체 안에 있는 '형제 사랑'보다 더 중요한 것이 있을까? 절망과 상처뿐인 이 땅에서 주님의 피 값으로 세우신 교회 공동체에 무엇보다도 '형제 사랑'이 필요하다. 그렇지 않은 교회도 있지만, 이러한 타락의 흐름이 교회 안에까지 스며들어 오고 있다. 캐나다의 장로교(The Presbyterian Church in Canada)는 2021년 온라인 총회를 통하여 동성결혼을 인정하고 동성애자에게 목사안수 허용을 결정하였다. 당연히 동성애 관련 성경구절 또한 해석을 달리하고 있다. 이는 전적으로 성경을 위반한 타락한 '필라델피아' 현상으로 주님의 심판을 재촉하는 행위이다.

베드로가 말하는 신의 성품(Divine Nature)에 참여하려면 '믿음'으로 시작하여 '사랑'으로 완성되는 8단계의 과정(벧후1:4-7)을 거친다고 말하고 있다. 믿음(Faith)에 덕을, 덕(Goodness)에 지식을, 지식(Knowledge)에 절제를, 절제(Self-control)에 인내를, 인내(Perseverance)에 경건을, 경건(Godliness)에 형제 우애를, 형제 우애(Mutual Affection)에 사랑(Love)을 더 하라고 한다.

마지막 '사랑'의 완성 전 단계에 '형제 우애'가 나온다. 모든 것이 잘 되고 만족하며 완성되는 단계에 반드시 필요한 것이 형제 우애이다. 다시 말하면 유명한 화가가 정열을 쏟아 용의 그림을 그리고 마지막 점을 하나 찍으면 살아서 날아 갈듯한 용이 되는 '화룡점정'(畵龍點睛)의 바로 전 단계가 '필라델피아'이다.

신약성경에서 말하는 '사랑' 중에 많은 곳이 '형제에 대한 사랑'을 언급하고 있다. "형제를 사랑하며 서로 우애하고"(롬12:10) "형제 사랑에 관하여는 너희에게 쓸 것이 없음은 너희들 자신이 하나님의 가르치심을 받아 서로 사랑함이라"(살전4:9). "형제 사랑하기를 계속하고"(히13:1), "누구든지 하나님을 사랑하노라 하고 그 형제를 미워하면 이는 거짓말하는 자니 보는 바 그 형제를 사랑하지 아니하는 자는 보지 못하는 바 하나님을 사랑할 수 없느니라"(요일4:20).

예수님께서 마지막 시대를 준비하라시며 마태복음 25장에 말씀하신 세 가지 비유 중에 하나인 '양과 염소'의 비유(마25:31-46)에서도 사랑과 돌봄의 대상이 외부의 불특정 다수가 아닌, "내 형제 중에 지극히 작은 자 하나"(마25:40)라고 말씀하신다. 다른 사람들을 사랑하기 전에 교회 공동체 안에 있는 형제자매들을 우선적으로 사랑하라는 말씀이다. 공동체 안에서 사랑을 먼저 실천하는 훈련이 된 사람이 비로소 세상의 잃어버린 영혼을 진정으로 사랑할 수 있고, 열방을 향해 나갈 수 있음을 의미한다. 보편적인 불특정 다수의 인류에 대한 박애(사랑)는 가장 가까이에 있는 형제를 사랑함으로 시작된다. 형제 사랑을 실천할 수 있는 최적의 장소가 교회 공동체이다. 교회 안에서 우리가 하나님의 말씀하신 방식대로 서로 사랑하지 않으면 세상의 '필라델피아 방식'의 타락한 사랑이 교회에 침투할 것이다.

중국어는 간체자(簡體字)와 번체자가 있다. 간체자(簡體字)는 중국의 문자 개혁에 따라 글자 모양을 간략하게 고친 한자를 말한다. 중국대륙　외에 대만, 홍콩을 비롯한 해외 화인(華人)들은 대부분 번체자를 사용한다. 그중 일부 번체자를 사용하는 화인들은 간체자를 깔 때, 글자가 '망가졌다(殘疾)', '일부만 남겨났다(殘餘)'는 뜻을 담아서 마침 발음도 비슷한 '잔체자(殘體字)'라는 표현을 쓰기도 한다. 대만에서 번체자는 공식적으로 '정체자(正體字)'라고 불리운다. 이는 간체자에 비해 올바르게 쓴 글자라는 의미를 담고 있다. 간체자로 사랑을 '爱'라고 표기한다. 원래 번체자는 '愛'로 쓴다. 번체자에서 간체자로 변환되면서 중간에 있는 마음에 해당하는 '心'이 생략되었다. 간체자의 '爱'는 '无心之爱' 즉 '마음이 없는 사랑'이 돼버렸다. '마음이 없는 사랑'을 사랑이라고 할 수 있을까?

중국에서 이민 온 중국인들에게 무엇보다 마음이 담긴 사랑이 필요하다. 언어와 문화 차이로 목회가 쉽지 않은데 언어와 문화의 장벽을 뛰어넘을 수 있는 유일한 방법은 성경이 말하는 방식의 진심(眞心) 즉 마음(心)이 담긴 사랑이다. 마지막 시대가 되면 불법이 성함으로 많은 사람의 사랑이 식어진다(마24:12)고 성경은 기록하고 있다. 마음이 없는 사랑 즉 립서비스와 말씀을 떠난 세상 방식의 타락한 사랑(?)이 난무한 세상이 되었다. 영화 '필라델비아'는 동성연애자의 자유를 말하고 있고 실제 필라델피아에 게이의 최고의 바(Bar)가 있다. 마치 '빌라델비아'라는 원래의 뜻을 조롱하듯 말이다. 종말을 향해 브레이크 없이 질주하는 타락한 지구 공동체의 유일한 소망은 교회 공동체 안의 성경이 말하는 '빌라델비아'(형제 사랑)이다.

이 시대 무엇보다도 성경에 나오는 빌라델비아 교회의 DNA가 회복되기를 원한다. 빌라델비아 교회의 규모는 그리 크지 않았지만 건강한 교회였으며 선교적인 교회였다. 빌라델비아 교회는 작은 능력을 가지고도 주님의 말씀을 지켰다(계3:8). 그들은 주님을 끝까지 배반하지 않고, 말씀을 변개시키지 않으며, 진리를 사수한 살아 있는 교회였다(계3:8). 그리고 주님은 그들이 인내의 말씀을 지킴으로 시험의 때를 면하게 해주시겠다고 약속하셨다(계3:10). 빌라델비아 교회에 나타나신 주님은 선교의 문을 광활(廣闊)하게 열수 있는 다윗의 열쇠를 가지신 모습이었다(계3:7). 주님은 빌라델비아 교회 앞에 열린 문을 두었으며 주님이 열어 놓으신 문을 능히 닫을 사람이 없다고 말씀하고 계신다(계3:8). 이 시대에 주님의 칭찬이 있는 제2, 제3 빌라델비아 교회들이 세워지기를 소망한다. 내가 섬기는 교회를 시작으로 건강한 선교적 교회들이 이 땅에 많이 세워지기를 간절히 기도한다. "귀 있는 자는 성령이 교회들에게 하시는 말씀을 들을지어다.(계3:13)"

코로나 팬더믹 이후 생활의 많은 부분이 변화를 가져왔다. 신앙생활의 패턴도 변화를 피할 수 없다. 그러나 어떠한 상황이 다가와도 신앙의 본질은 변할 수 없다. 신앙의 본질은 생명이다. 이 땅을 살아가면서 생명 나무 되신 예수 그리스도를 선택하여 그 안에서 먹고 마시고 누리는 삶은 영원한 천국에서 누리는 영생의 삶의 시작이다. 생명의 근원되시며 생명 나무 되신 예수님이 다시 오실 날이 멀지 않았다. 예수님이 주시는 종말론적 영생을 계시록에 다음과 같이 표현하고 있다.

> "귀 있는 자는 성령이 교회들에게 하시는 말씀을 들을지어다. 이기는 그에게는 내가 하나님의 낙원에 있는 생명나무의 열매를 주어 먹게 하리라"(계2:7).

주님이 다시 오실 날이 가까울수록 세상에 휩쓸리지 말고 신앙의 중심을 잡고 회개하며 늘 거룩한 삶을 살기를 소망한다. "자기 두루마기를 빠는 자들은 복이 있으니 그들이 생명나무에 나아가며 문들을 통하여 성에 들어갈 권세를 받으려 함이로다"(계22:14). 영적으로 혼탁한 시대가 될수록 영원불변한 말씀으로 돌아가야 한다. 성경에 기록된 예언의 말씀을 유심히 살피며 시대를 바라보아야 한다.

> "만일 누구든지 이 두루마리의 예언의 말씀에서 제하여 버리면 하나님이 이 두루마리에 기록된 생명나무와 및 거룩한 성에 참여함을 제하여 버리시리라"(계22:19).

건강한 생명

Holistic Life　13

　복음은 능력이 있고(롬1:16) 믿음으로 세상을 이길 수 있다(요일5:4)고 분명히 성경에 기록되어 있다. 저는 매일 복음의 능력을 체험하고 세상을 이길 수 있는 강력한 믿음을 달라고 기도한다. 오늘도 계속해서 우리들이 알고 있고 전하고 있는 복음을 심도있게 묵상해 보기를 원한다. 많은 사람들이 그렇게 오랫 동안 예수를 믿고, 교회를 다녔어도 생각만큼 많이 변화되지 않는 이유는 무엇일까? 복음의 능력을 체험하지 못하는 원인은 무엇일까? 도대체 무슨 문제가 있기에 변화되지 않을까? 혹시 내가 알고, 믿고 있는 복음에는 문제가 없을까? 그저 새로운 지식을 알아가는 지식의 충족으로만 알고 있지는 않은지? 아니면 마음이 드려지지 않는 입술만의 고백인지? 아니면 내가 알고 있는 복음의 내용에는 문제가 없는지?

　목회자로서 가장 하기 어려운 설교 내용이 '죄'와 '회개'가 아닌가 생각이 든다. 죄와 회개에 관한 설교를 듣고 성도들이 혹시 상처받을까? 특히 힘들게 살아가는 성도들을 보면 더 그렇다. 그러나 '죄'와 '회개'만큼 중요한 설교가 어디 있을까? '죄'를 영어로 'SIN'이라고 한다. 공교롭게 이 단어의 중간에 'I'가 위치한다. 삶의 중심에 자신이 있는 것이 죄이다. 가장 큰 죄는 하나님을 모르는 것 즉 하나님을 떠난 것이다. 하나님을 떠난 결과는 사망이다.

살아 있어도 살았다고 말할 수 없다. 하나님이 떠난 사람은 자연스럽게 자신이 삶의 주인이 된다. 그러니 모든 일을 자기 마음대로 한다. 자신이 하나님이 되는 것이다.

자기 자신을 하나님의 위치에 올려놓고 자기가 온 우주의 중심이 되어 살아가므로 인본주의의 삶을 살 수밖에 없다. 성경은 이를 '죄'라고 한다. 많은 사람이 '죄'하면 그저 윤리적이고 도적적인 악행으로만 생각한다. 성경이 말하는 죄의 정의가 명확하게 강조되지 않기 때문에 예수를 믿고 나서도 여전히 자기 중심으로 살아간다. '회개'는 구원의 필수 조건이다. '회개'는 하나님을 떠나 자신을 스스로 하나님의 자리에까지 높여 자기가 주인이 되어 살아온 죄를 뉘우치고 그 죄를 하나님께 고백하고 용서를 구하는 것이다. 우리가 어디서부터 무엇이 어떻게 잘못이 되었는지를 명확하게 아는 것이 중요하다. 죄와 회개를 분명하게 알고 나서 하나님의 사랑과 은혜를 이야기할 때 비로소 이 복음이 치유와 구원을 가져다 주는 전인적인 건강한 복음이 된다.

하나님을 떠나 자기 마음대로 살았던 죄를 철저하게 회개함으로 예수의 생명이 살아 역사한다. 암적인 부분은 제거해야 살 수 있다. 곪은 부분은 도려내야 건강한 다른 곳에 영향을 미치지 않는다. 교회 역사를 볼 때 하나님이 쓰신 분들은 모두 죄에 대해서 심각하게 받아들이고 철저하게 회개하고 성령을 의지하며 복음의 능력을 체험하며 변화된 삶을 살게 되었다. 복음이 건강할 때 능력이 있다. 건강한 복음을 받아들이는 자가 주님의 피 값으로 사신 교회를 통해 신앙이 성장하며 건강한 공동체를 이룬다. 건강한 복음은 교회를 기지(base camp)로 하여 하나님의 나라 관점의 신앙을 가지고 소속된 정치, 경제, 사회, 문화 등의 전 영역을 변화시켜 나간다. 건강한 복음은 편리함과 편안함을 넘어서 환경이 어떠하든지 주님 안에서 세상이 줄 수 없는 평안함을 유지하며 살아가는 것이다.

건강한 복음은 눈에 보이는 소유와 물질, 권세와 명예를 넘어서 존재 그 자체로 하나님께 영광을 돌리며 살아가는 것이다. 건강한 복음을 가지면 인생의 목적이 세속적인 행복을 넘어서 거룩하고 구별됨으로 신의 성품을 닮아가는 경건을 추구하며 살아간다. 건강한 복음은 그저 사랑을 받고 사랑을 주는 수준을 넘어서 하나님을 두려워하며 코람데오의 삶을 살아간다. 건강한 복음은 한 마디로 신앙생활을 넘어서 생활신앙으로 살아가게 만든다.

"모든 사람이 죄를 범하였으매 하나님의 영광에 이르지 못하더니" (롬3:23).
"죄에 대하여라 함은 그들이 나(예수)를 믿지 아니함이요"(요16:9).
"죄의 삯은 사망이요 하나님의 은사는 그리스도 예수 우리 주 안에 있는 영생이니라"(롬6:23).

종말론적인 삶을 살아가고 있는 우리가 소유하고 있는 건강한 생명은 또 다른 생명에게 영향을 준다. 우리가 소유한 생명은 섬김의 생명이다. 하나님을 섬기는 것을 예배라 하며 영어로 'Service'라고 한다. 하나님 사랑을 가지고 이웃을 섬기는 것 역시 동일하게 'Service'라고 한다. 하나님 사랑과 이웃 사랑은 섬김이라는 동일한 단어를 사용한다. 섬김을 통해 하나님 사랑이 이웃 사랑으로 나타난다. 그런데 왜 사람들이 변화되지 않을까? 다른 사람이 문제라는 생각에서 자신이 문제라고 생각할 때부터 변화가 시작된다. 자신에게 예수님의 생명이 없으면 영향을 미칠 수가 없다. 예수를 통해 얻은 새생명은 예수님을 닮는다.

예수님은 자신의 생명을 인류를 위해 내어주셨다. 예수님은 섬김의 최고 모델이다. 그는 섬기는 지도력(Servant Leadership)을 몸소 실천하신 분이다. 중국인 교회를 섬기면서 가장 어려운 것 중 하나는 성도들이 무슨 생각을 하는지(?) 모를 때가 많다. 언어와 문화 그리고 민족성이 다르다. 화인(華人) 성도를 섬길 때 주님을 의지하는 것 외에 다른 방법이 없다.

중국인(화인)교회 성도들을 섬기며 이들에게 어떻게 예수님을 설명할까 고민하다가 새로운 학기를 시작할 즈음(매년 8월 말 혹은 9월 초)에 세족식을 거행하기로 결정했다. 세족식 주일을 정해 아내와 함께 성도들의 발을 씻겨 주었다. 코로나 팬데믹 전 지난 2년 동안 두 번에 걸쳐 시행했다. 자신의 맨발을 남에게 보여주는 것은 쉽지 않은 일이다. 세족식을 하면서 저와 아내는 진실로 성도들을 섬기는 목회를 하겠다고 다짐하였다. 이벤트를 하여 성도들에게 보이려는 의도보다는 저 자신이 하나님과 성도들을 향한 초심(初心)을 잊지 않으려는 몸부림이라면 맞는 말이다.

세족식을 하면서 감격하며 우는 성도들, 목사와 사모에게 발 씻김을 당해 어쩔 줄 몰라 하는 성도들, 미안해하며 긴장하는 성도들, 참으로 다양한 반응이다. 전혀 예상치 못한 섬김에 자신들만의 이성(理性)과 지성(智性)의 아성이 무너짐을 본다. 예수님이 몸소 보여주셨던 섬김의 삶은 보통 사람들이 추구한 삶과는 확실히 다르다. 생명은 섬김으로 영향을 준다. 진정한 영적인 권위는 섬김에서 나온다. 지식인들에게 지식을 가지고 설득하는 방법도 좋지만 전혀 예상치 못한 예수님의 도성인신의 섬김이 도리어 더 강한 힘을 발휘한다. 마치 철옹성 여리고를 무너뜨리듯 강력하게 구축된 이성의 진을 파한다.

> "너희 중에는 그렇지 않을지니 너희 중에 누구든지 크고자 하는 자는 너희를 섬기는 자가 되고, 너희 중에 누구든지 으뜸이 되고자 하는 자는 모든 사람의 종이 되어야 하리라. 인자가 온 것은 섬김을 받으려 함이 아니라 도리어 섬기려 하고 자기 목숨을 많은 사람의 대속물로 주려 함이니라"(막 10:43-45).

생명의 떡

Holistic Life 14

몇 주 전의 일이다. 캐나다 중부에서 어렵게 영주권을 취득하고 이곳으로 이사 온 어느 한인 가정을 집으로 초청하여 식사를 같이 하였다. 식사 후 성령께서 강력하게 남자분에게 복음을 전하라는 감동을 받았다. 성령께 순종하며 그분에게 복음을 전했다. 예전에 교회를 다녀본 적이 있었다고 한다. 복음을 전하였을 때 그분은 기쁜 마음으로 예수 그리스도를 나의 구주 나의 하나님으로 영접하였다. 지금까지 어느 누구도 자신에게 이렇게 복음을 제시한 적이 없었다고 한다. 예수님을 영접하고 나서 말씀에 대한 사모함이 얼마나 간절하던지 전하는 제가 도리어 은혜를 받았다. 참으로 오랜만에 한인에게 복음을 전하였다. 생명의 떡 즉 복음을 간절히 받아먹는 그분의 모습을 보면서 얼마나 기쁨이 컸는지 모른다.

미국에 있을 때의 일이 생각난다. 제가 아는 H집사님 부부가 있는데, 진실하고 말씀을 사모하며 '생활 신앙인'으로 살아가려고 노력하는 부부이다. 많은 연단과 훈련 속에 당시 G시에 있는 H떡집을 인수하여 새벽부터 일찍 일어나셔서 떡을 만드시며 성실하고 부지런히 사시는 분들이다. 언젠가 새벽 3시에 아내와 함께 가서 잠깐 도와 드린 적이 있었다. 그러면서 열심히 살아가는 평신도들의 삶을 조금이나마 이해하는 데 도움이 되었다. 삶의 현장 속에 고군분투하며 살아가는 성도들을 위해 더 간절히 기도하게 되었다.

그 집사님 부부가 실제 말씀을 한 것은 아니지만 어쩌면 그분들의 마음 속으로 이런 생각을 했을 것이다. "우리가 만든 떡이 오늘은 얼마나 잘 팔리 려나?" 이 떡집을 보면서 불현듯 예수님이 태어나신 베들레헴이 생각이 났 다. 베들레헴은 '떡집' 혹은 '양식 창고'라는 의미이다. 예수님은 이 땅에 살 아가는 백성들에게 생명의 떡을 주시기 위해 '떡집'(베들레헴)에서 태어나셨 다. 예수님은 태초부터 말씀으로 계셨으며(요1:1), 이 말씀이 육신이 되어 우 리 가운데 오셨고(요1:14), 친히 생명의 떡(요6:35)이 되셨다. 누구든지 그 떡을 먹는 자는 영생을 얻게 된다(요3:16). 피와 땀을 쏟으시고 살을 찢기시 며 이루신 이 세상 어떤 것과도 바꿀 수 없는 고귀한 '구원의 잔과 생명의 떡'이다. 이 잔을 마시지 않고 이 떡을 먹지 않는 자는 소망이 없다.

당시 기도하면서 고민을 하다가 '생명의 떡 상자'를 만들어야겠다는 생각 이 들었다. 그래서 그간 신앙생활을 하면서 배웠던 말씀과 실제 삶 속에 체 험하고 고민한 것을 바탕으로 매일 떡 한 상자(한 편의 칼럼)를 만들어(작성 하여) 주위 사람들에게 나누고 싶은 마음이 들었다. 이미 예수님이 만들어 놓 은 생명의 떡(말씀)에 이것저것 조미하고 포장하여 '떡 상자'를 만드는 것이 다. "떡 상자가 너무 크지 않나(분량이 너무 길지 않나), 맛이 너무 단조롭지 않나?(식상하지 않나?), 포장하는 과정에 원래의 떡 맛이 변질되지는 않을까? 만들어진 이 떡 상자를 누구에게 팔아야 하나? 오늘은 얼마나 팔리려나?"라 는 마음으로 기도하면서 한동안 값없이 매일 '떡 상자'를 SNS를 이용하여 고 객들에게 배송하였다.

시간이 지나면서 이곳저곳에서 떡 맛에 대해 평가를 해주시기도 하고 격 려가 담긴 답글을 보내준 사람들이 생겨나기 시작했다. 아모스 선지자는 마지막 시대를 생명의 떡(말씀)의 기갈이 오는 시대라고 하였다. 아직 떡 맛을 보지 못한 자들에게는 이 떡이 고리타분해 보이고 맛도 없어 보이지만 먹으면 먹을수록 꿀송이보다 더 달다.

> "주 여호와의 말씀이니라 보라 날이 이를지라 내가 기근을 땅에 보내리니 양식이 없어 주림이 아니며 물이 없어 갈 함이 아니요 여호와의 말씀을 듣지 못한 기갈이라"(암8:11).

사람이 아무리 노력하고 애써도 사람을 변화시킬 수 없다. 결국 사람을 변화시키는 것은 하나님의 말씀인 복음이다. 변화무쌍한 시대에 영원히 불변하는 말씀(복음)을 전하는 것이 우리 그리스도인의 사명이다. 하나님의 말씀(복음)은 사람을 살리는 생명의 떡이다. 복음을 전하는 방식은 다양하다. 또한 복음을 듣는 계층에 따라 전하는 방법은 천차만별이다. 사도바울은 많은 사람이 얻고자 하여 자유로운 신분이었으나 스스로 종이 되어(남을 위해 자유를 제한하며) 복음을 전하였다. 유대인들에게는 유대인과 같이, 이방인에게는 이방인과 같이, 약한 자들에게는 약한 자와 같이 되었다. 바울은 다양한 사람에게 그들의 입장과 모습으로 복음을 전하였다(고전9:20-22). 바울은 할 수만 있으면 자신을 통하여 더 많은 사람이 구원받을 수 있도록 그의 시간과 정력을 쏟았다. 왜냐하면 복음은 생명의 떡이기 때문이다.

> "여호와를 경외하는 도는 정결하여 영원까지 이르고 여호와의 규례는 확실하여 다 의로우니. 금 곧 많은 정금보다 더 사모할 것이며 꿀과 송이꿀보다 더 달도다"(시19:9-10).
> "주의 말씀의 맛이 내게 어찌 그리 단지요 내 입에 꿀보다 더 다니이다"(시119:103).
> "예수께서 가라사대 내가 곧 생명의 떡이니 내게 오는 자는 결코 주리지 아니할 터이요. 나를 믿는 자는 영원히 목마르지 아니하리라"(요6:35).

제가 복음을 전하면서 의도적으로 사용하는 말이 있다. "기독교는 종교가 아니고 생명이다. 복음은 지식이 아니고 생활이다". 더불어 '신앙 생활'이라는 말보다는 '생활 신앙'이라는 단어를 더 많이 사용한다. '신앙 따로', '생활 따로'가 아닌 우리의 삶 자체가 신앙이며, 생활이기를 바라는 의도이다. 신앙과 생활을 분리하면 기독교는 하나의 종교로 전락하기 쉽고 생활과는 별도의 신앙이라는 부산물로 전락하기 쉽다. 두 가지 극단이 있다. 예수 믿기 전에 가지고 있는 사상이나 이념을 그대로 가진 채 기독교라는 종교의 옷을 덧입은 사람이다. 이 사람은 기독교인이라고는 하나 실상 예수 생명보다는 자신의 지식이나 사상이 흘러나오기 쉽다. 반대로 예수를 믿은 후 세상과는 구별되는 거룩함을 오해하여 세상과는 담을 쌓고 신앙을 생활이나 상식과 완전 별개로 생각하고 행동하는 사람이다. 이러한 사람은 이 땅의 삶과는 연관성이 없는 이원론적인 삶을 산다.

꼭 그런 것은 아니지만, 일반 상식(진리에 위배되는 상식까지 포함하지 않음)을 무시하면 생활과의 괴리가 생긴다. 신앙이 삶(혹은 생활)과 동떨어지면 문제가 발생할 수 있다. 자신이 옳다고 생각하며 죽음도 불사하나 그릇된 열심이 될 수도 있다. 그리하여 자신을 무너뜨릴 뿐 아니라 따르는 사람들을 이상한 곳으로 끌고 갈 수 있다. 그릇된 이념과 종교적 신념은 참으로 무섭다. 쏟아내는 말마다 진리라고 말한다. 심지어 성경을 인용하며 절대적인 자신만의 교리를 만든다. 그리고 확신을 가지고 설파하며 사람들을 현혹하며 자신들만이 진리이고, 자신들을 따르지 않은 사람은 모두 악 혹은 사단이라고 한다.

근일에 일어났거나 현재 진행 중인 사건은 시간이 더 지나고 나서 역사가 평가할 것이다. 그릇된 이념과 사상은 건강한 공동체를 파괴시킨다. 그릇된 이념이 열심을 만나면 그들만이 구원을 줄 수 있는 최상의 공동체라고 여긴다. 그리고 그들만의 왕국을 만든다. 그러나 결과론적으로 전체 공동체에 엄청난 해악을 끼친다. 하나님의 시간이 되면 은밀히 진행된 행위가 만천하에 드러난다. 그리하여 그들만의 공동체가 수명을 다하기도 하고 일부 남은 자들이 후일을 기다리며 생존해 나가기도 한다. 일단 그릇된 이념 혹은 사상에 물들면 빠져나오기가 쉽지 않다.

잘못된 이념과 사상이 종교를 만나게 되면 감당할 수 없는 일이 일어난다. 자신들은 희생하며 인류에 공헌한다고 하나 마치 해적선에서 충성스럽게 일하는 선장과 선원들 같다. 열심히 일하면 일할수록, 성실하면 성실할수록 전체 공동체에 해악이 되고 민폐를 끼치게 된다. 전체주의(totalitarianism)가 종교를 만나면 국가나 집단의 전체를 개인보다 우위에 두고, 개인은 전체의 존립과 발전을 위한 수단으로 여긴다. 이탈리아의 무솔리니, 독일의 나치 히틀러, 소련의 스탈린 등과 같은 파시즘이 이에 해당된다. 지난 역사 속에 해악을 끼친 이념과 사상들의 시작이 세상에 불만을 품고 상처 입은 종교인에 의해 시작된 경우가 많았다.

공산주의, 제국주의, 국수주의, 지나친 국가주의와 민족주의 등등… 잘못된 이념(…ism)이 종교와 결합하여 확신이 들면 집단 분노를 표출하여 분쟁을 일으키며 결국은 전체 공동체를 파괴시킨다. 주님 앞에 조용히 자신에게 질문을 던진다. 나는 어떠한 이념과 사상을 가지고 있는가? 내뱉는 말 한마디 혹은 작성한 글 한 문장이 사람을 살리고 있는가? 사람들의 감정을 자극해 내면 깊숙이 잠재되어 있는 분노를 표출시켜 그들의 카타르시스만을 충족시키고 있는가? 아니면 전체 공동체의 유익을 위해 주님의 마음을 가지고 자신에게 주어진 일에 묵묵히 최선을 다하고 있는가?

우리 모두가 죄인임을 인정해야 한다. 어떤 일이 발생했을 때 남의 이야기인 경우에는 매우 객관적이고 이성적이고 이타적인 척한다. 그리고 자신이 옳다고 여기는 잣대로 남을 비판하고 판단하며 정죄하기 쉽다. 그러나 그 일이 남의 일이 아닌 나의 현실이 되면 주관적이고 감정적이고 이기적으로 변한다. 죄성(罪性)을 가지고 있는 우리의 본능은 쉽게 '내로남불'이 된다. 보통 사람은 이성에 따라 움직이는 것 같지만 감정에 따라 움직이는 경우가 더 많다. 나와 관련된 사람이 올바른 일을 해서 좋은 사람이 아니라 나에게 잘 해주는 사람이 '좋은 사람'이 된다. 그 사람이 아무리 좋은 사람이라 해도 나에게 손해를 끼치면 '나쁜 사람'이 된다.

무엇보다도 내가 건강하고 균형 잡힌 생명의 복음으로 완전하게 거듭나야 한다. 그리고 그릇된 이념과 사상을 가진 자들에게 올바르게 예수를 만나게 해주는 통로가 되어야 한다. 물론 이 일이 결코 쉬운 일은 아니다. 건강한 복음은 예수를 만나고 옛 삶을 완전히 청산하고 의의 새로운 옷을 입는 것이다. 우리의 생각과 언어 그리고 행동이 새로운 피조물로 거듭나야 한다(고후 5:17). 예수님을 영접할 때 일시에 변화될 수 없지만 그러한 방향성을 가지고 변화되는 삶을 살아야 한다. 매일 우리의 삶 속에 예수라는 필터(filter)를 거치면 겸손 가운데 생명력있는 선한 영향력으로 변환된다.

사람을 살리는 생명의 복음을 만나면 "객관을 바탕으로 하는 주관, 이성과 감성의 종합적인 판단, 이타적이면서도 자신을 이롭게 하는 생명"이 흘러 나온다. "기독교는 종교가 아니고 생명이다. 복음은 지식이 아니고 생활이다". 생명의 복음은 건강한 신학에서 출발한다. 그런 의미에서 신학과 신앙은 분리되어서는 안 된다. 신학은 합리성과 체계를 규격화한 이론만 되어서는 안 된다. 신학이 성령의 도우심으로 하나님과 예수 그리스도를 인격적으로 아는 통로가 될 때 비로소 살아있는 생명이 된다. 신학은 예수 그리스도의 생명의 복음 여부가 그 핵심이 될 때 비로소 의미가 있다.

"이는 너희가 흠이 없고 순전하여 어그러지고 거스리는 세대 가운데서 하나님의 흠 없는 자녀로 세상에서 그들 가운데 빛들로 나타내며, 생명의 말씀을 밝혀 나의 달음질이 헛되지 아니함으로 그리스도의 날에 내가 자랑할 것이 있게 하려 함이라"(빌2:15-16).

C의 생명

Holistic Life　15

우리의 인생은 'B'에서 시작하여 'D'로 끝나며 현재 우리는 B와 D사이 즉 'C'에 살고 있다. 인생이 출생(Birth)으로 시작하여 죽음(Death)으로 끝맺음을 의미한다. 그렇다면 현재 우리가 살고 있는 C는 무엇을 의미하나? 우리의 현재 C의 삶을 어떻게 사느냐에 따라 마지막 D가 달라질 수 있다. B와 D사이의 C인 우리의 인생은 4개의 소문자 'c'와 한 개의 대문자 'C'인 'c-c- C- c- c'로 정리할 수 있다.

첫 번째 'c'는 challenge(도전)이다. 우리의 인생은 태어나는 순간부터 도전에 직면한다. 끊임없는 도전의 연속이다. 때로는 이 도전이 너무 버거워 힘들어하며 낙망할 때도 있다. 도전이 있는 것은 우리가 살아 있다는 증거이다. 도전이 없는 인생은 진정한 인생이라고 말할 수 없다. 크고 작은 도전이 늘 상 있다. 우리의 인생에 직면하는 도전에 대응하면서 근력과 끈기 그리고 지구력이 연마된다.

두 번째 'c'는 choice(선택)이다. 우리가 매일 직면하는 도전 속에 우리가 누구를 만나는가? 선택한 만남을 통해 인생의 방향이 결정된다. 우리의 인생은 세 번의 중요한 만남이 있다. 첫 번째 만남은 출생과 함께 시작되는 부모와의 만남이다. 첫 번째 만남은 내가 선택할 수 없다. 두 번째는 장성한 후 배우자와의 만남이다. 배우자를 누구를 만나느냐에 따라 결혼 이후의 삶이 결정된다. 그만큼 선택이 중요하다. 그 외에는 수많은 선택을 하면서 살아간다. 우리의 인생을 한마디로 요약하면 선택의 연속이라고 말할 수 있다.

세 번째 만남은 사람에 따라 주어지기도 하고 주어지지 않기도 한다. 그러나 세 번째 만남 혹은 선택에 따라 영원한 미래가 결정지어진다. 그분이 바로 대문자 'C'인 Christ(그리스도)와의 만남이다. 그리스도를 제대로 만날 때 비로소 올바른 인생의 방향과 삶의 진정한 가치를 발견한다. 그리스도를 만나면 우리의 인생은 영원하고(요3:16) 풍성한(요10:10) 생명을 얻게 된다. 그리하면 우리 인생은 똑같이 B에서 시작하여 D로 끝나지만 예수님을 만나는 사람은 D가 달라진다. Death(죽음)이 아닌 Dream (꿈, 소망)으로 변하여 새로운 삶이 시작된다.

네 번째 'c'는 chance(기회)이다. 예수를 만난 후의 삶은 표면적으로 볼 때 별 차이 없어 보이지만 질적으로 완전히 다른 삶이다. 주 안에서 있으면 우리가 당하는 어떠한 어려움이나 위기도 모두 기회로 작용한다. 중국말에 이런 말이 있다. '人的尽头就是神的起头', '인간의 끝이 하나님의 새로운 시작'이라는 의미이다. 직면하는 크고 작은 도전 속에 주님 안에서 올바른 선택을 통해 항상 최상의 기회를 잡을 수 있다.

다섯 번째 'c'는 change(변화)이다. 올바르게 'C'인 예수 그리스도를 선택함(실은 예수님께 선택받는 것임)으로 그 기회를 잘 선용하여 살아갈 때 진정으로 의미 있고 변화된 인생을 살아갈 수 있다. 예수님과 함께한 인생은 변화되고 성숙한 삶을 살아간다. 시간이 지날수록 열매를 맺고 풍성한 삶을 누린다. 그리고 그러한 삶이 다른 사람에게 영향을 미친다.

우리의 인생이 이 땅에서 풍성한 삶을 누리며, 다시 오실 예수 그리스도를 바라보며, 죽어도 다시 사는 영원한 삶을 살게 된다. 우리 인생은 한마디로, 'B-c-c-C-c-c-D'이다. 우리 인생의 중심인 'C'로 인해 마지막의 'D'가 'Death'가 아닌 'Dream'으로 가득하기를 소망한다.

> "우리 중에 누구든지 자기를 위하여 사는 자가 없고 자기를 위하여 죽는 자도 없도다. 우리가 살아도 주를 위하여 살고 죽어도 주를 위하여 죽나니 그러므로 사나 죽으나 우리가 주의 것이로다"(롬14:7-8).

2013년 주님의 품에 안기셨으며, 한때 복음주의 지성이며 대표적 영성 신학자로 미국 남가주대(USC) 철학과 교수를 역임했던 댈러스 윌라드 박사의 역작 가운데 하나가 〈잊혀진 제자도 : 복 있는 사람〉이다. 그리스도인들은 예수의 제자가 되어 하나님 나라 안에서 살아가는 법을 항상 그분께 배워야 된다고 강조하고 있다. 무엇보다도 그리스도의 제자로써 순종을 강조한다. 그는 "순종이 없는 기독교는 예수 그리스도가 없는 기독교와 같다"고 말한다.

실천하는 믿음으로 지상명령에 들어서라고 강조한다. 무엇보다 중요한 것은 상황을 변화시키려는 인간의 생각과 노력이 예수와 동행하는 제자도의 실천보다 앞서거나 그 자리를 차지하게 두지 말라는 것이다. 제자도가 항상 우선이 될 때 거기에서 나오는 결과가 주변 사람들에게 직접 '증인'이 되어 강력한 영향을 미칠 것이라고 말한다.

〈잊혀진 제자도〉의 원제는 "The Great Omission"이다. 우리 말로 번역하면, 〈아주 대단한 누락〉이다. 마태복음 28장18-20절의 'The Great Commission'과 절묘하게 대비되는 언어의 패러디이다. '대사명'에서 'C'가 빠져버리면 '아주 대단한 누락'이 된다. 제자도가 빠진 지상명령 수행은 의미가 없다는 것이다. 제자도를 이루어 하나님을 기쁘시게 하는 위대한 지상명령을 수행해야 한다. 여기서 누락 된 'C'는 진정한 제자도와 더불어 다음의 'C'가 되어야 한다.

첫 번째 'C'는 'Christ'이다. 복음의 중심은 그리스도이다. 복음은 그리스도의 죽음과 부활이다. 오늘날 그리스도가 없는 모임들이 많이 있다. 나타난 양상이나 표어에는 그리스도가 들어 있는데 그리스도의 정신이 빠져 있다. 연합과 일치라는 미명 아래 하나가 되자는 것이다. 그리스도가 빠진 연합운동은 앙꼬 없는 찐빵과 같다. 그리스도 없는 선교는 허울 좋은 세계 평화운동이다.

두 번째는 'C'는 'Church'이다. 하나님의 나라 확장을 위한 많은 선교 방법이 있다. 주님이 지상명령을 수행하는데 의료선교, 교육선교, 구제선교, 장학사역, 개발사역, 제자훈련, 지도자 양육, 신학교 사역 등 모든 사역이 중요하지만 선교의 꽃은 교회를 세우는 것이다. 그리고 교회를 기반으로 이 땅에 하나님의 나라가 임하게 하는 것이다. 주님의 핏값으로 세운 교회를 세우는 일이 제일 중요하다. 교회가 빠진 선교는 자기 영광으로 끝날 소지가 많다.

세 번째 'C'는 'Compassion'이다. 우리들의 사역과 섬김에 긍휼, 즉 자비가 필요하다는 의미이다. 바로 하나님 아버지의 마음을 소유해야 한다. 선교에 있어 'Compassion'이 빠지면 아무것도 아니다. 아무리 많은 사역을 수행한다고 해도 바탕에 아버지의 마음이 없으면 사상누각(沙上樓閣)에 불과하다. 우리는 주님의 지상명령을 성취하는데 우리 자신의 동기를 늘 살펴보아야 한다. 하나님의 긍휼은 하나님의 선하심의 표현이다.

성부 하나님은 그리스도(Christ)를 이 땅에 보내셔서 인류를 구속하셨다.

그리고 구속받은 무리들을 통하여 교회(Church)를 세우셨다. 하나님은 그리스도의 피 값으로 몸 된 교회를 세우셨다. 그리고 그 교회를 통하여 그의 자비(Compassion)을 계속 나타내신다. 이것이 바로 하나님의 선하심과 인자하심이다.

"너희는 자기를 위하여 또는 온 양 떼를 위하여 삼가라 성령이 저들 가운데 너희로 감독자를 삼고 하나님이 자기 피로 사신 교회를 치게 하셨느니라"(행 20:28).

"또 내가 네게 이르노니 너는 베드로라 내가 이 반석 위에 내 교회를 세우리니 음부의 권세가 이기지 못하리라"(마16:18).

"너희 아버지의 자비하심과 같이 너희도 자비하라"(눅6:36).

인생의 변곡점

이번 주일의 설교 주제는 〈야곱의 새 이름 이스라엘〉(雅各的新名字以色列, 창32:21-32)이다. 형 에서를 피해 밧단아람으로 도망갔던 야곱이 외삼촌 라반의 집에서 20년의 머슴생활(?)을 마치고 고향으로 돌아오는 과정에 얍복 나루에서 발생한 이야기이다. 속고 속이는 인생을 살았던 야곱은 얍복강에서 인생의 변곡점을 맞는다. 모든 식솔(食率)들로 하여금 강을 건너가게 하고 정작 본인은 강을 건너지 않고 공포와 두려움 속에 홀로 남는다.

홀로 남은 그곳에서 어떤 사람과 밤이 새도록 씨름을 한다. 그 어떤 사람은 바로 하나님이다. 바로 그 시간은 사생결단으로 하나님 앞에 기도하는 시간이다. 하나님을 향해 영적 씨름을 하며 몸부림치는 시간이다. 하나님의 도우심을 바라며 처절하고 필사적으로 간구하는 시간이다. 이러한 씨름으로 인해 '야곱'이라는 이름이 '이스라엘'로 바뀐다. 야곱이라는 이름의 뜻은 '속이는 자'이며, 이스라엘이라는 이름의 뜻은 '하나님 및 사람과 겨루어 이긴 자'이다. 지금까지 교만과 아집으로 형성된 야곱의 삶에서 새롭게 거듭나는 시간이다. 야곱이 이스라엘로 바뀌는 새로운 인생의 변곡점이 되는 시간이다.

변곡점을 중국어로 '꽈이디엔'(拐点)이라고 한다. 수학 미적분학에서 변곡점(inflection point)을 만곡점이라고도 부른다. 곡선이 오목에서 볼록으로 변하는 지점을 말한다. 볼록에서 오목으로 바뀌는 경우도 이에 해당한다. 즉, 굴곡의 방향이 바뀌는 자리(위치) 또는 지점을 말한다. 오늘 본문의 내용이 바로 야곱 인생의 변곡점에 해당한다. 설교를 준비하다가 수학의 '변곡점'이라는 용어와 신앙이 접목되는 '인생의 변곡점'을 설교의 도입부로 결정했다.

그리고 이곳 워털루에서 전문 수학학원을 운영하는 쉬디 형제로 하여금 설교의 도입부를 설명하면 좋겠다는 생각이 들었다. 워털루 대학교 수학과는 세계적으로 유명하다. 쉽게 말해 수학 천재들이 입학하고 싶은 학과이다. 쉬디 형제가 이곳에서 처음 고등학생을 대상으로 수학과외를 시작할 때는 사람들이 별로 관심을 가지지 않았다. 그러나 그로부터 과외를 받은 학생과 학부모로 인한 입소문과 코로나 팬더믹으로 인해 원래 워털루에서 소수였던 그의 학생들이 캐나다 전역에 있는 중국 학생들이 갈 수록 많아지고 있다. 자신도 미처 생각하지 못한 기적이 일어난 것이다.

쉬디 형제는 어릴 때부터 수학을 좋아하였으며, 중국에서 하얼빈 공대를 졸업하고 캐나다로 유학을 와서 워털루 대학 박사과정을 4년 전에 마쳤다. 그리고 캐나다 애드몬튼에 있는 앨버트 대학의 교수로 지원하여 초청을 받았다. 그러나 그는 그 대학의 교수로 가지 않고 워털루에서 수학 학원을 오픈하기로 결정하였다. 쉬디 형제는 박사과정을 공부하는 동안 우리 교회에서 복음전도를 위해 개최된 신앙강좌를 통해 복음을 접하고 아내와 함께 예수님을 영접하였다. 캐나다에 유학을 와서 예수를 만난 사건이 그의 인생의 첫번째 변곡점이 되었다. 그는 현재 우리 교회(滑铁卢新生命宣道会)의 학생학자모임(学生学者团契)를 섬기고 있으며, 그가 섬기는 사역을 통해 그가 영적으로 더 성장하며, 그를 통해 하나님의 나라가 확장되기를 바란다.

설교는 모든 부분이 다 중요하지만, 특히 도입부가 중요하다. 도입부에서 회중들을 장악하면 그 다음 설교 부분은 대체적으로 부드럽고 매끄럽게 이끌어 갈 수 있다. 설교를 시작하면서 도입부를 쉬디 형제로 하여금 수학과 신앙이 결합된 '인생 변곡점'에 대해 나누게 하였다. 그의 나눔은 주일예배에 참석한 성도들과 학생들에게 기대 이상의 반응을 불러일으켰다.

내게는 늘 교회의 모든 형제자매가 자신의 직업이나 전공과 신앙을 결합한 연구를 하길 바라는 마음이 있다. 쉬디형제에게 내년에 개최되는 강좌에서는 '수학과 신앙'이라는 제목으로 준비해보라고 제안했다. 더불어 켈리포니아 공과대학(칼텍, Caltech)에서 수학을 전공한 칼빈주의 신학자인 번 셰리던 포이트레스(Vern Sheridan Poythress)가 쓴 책(Redeeming Mathematics: A God-Centered Approaches)을 먼저 읽어 보라고 권면하였다.

이어지는 설교 내용에 야곱과 씨름하던 그 사람이 야곱에게 묻는다. "네 이름이 무엇이냐?" 이에 야곱은 "야곱이니이다"라고 답을 한다. 이에 그가 "네 이름을 다시는 야곱이라 부를 것이 아니요. 이스라엘이라 부를 것이니 이는 네가 하나님과 겨루어 이겼음이니라"(창32:28)라고 말한다. 야곱 인생의 변곡점을 맞이하는 순간이다. 우리의 인생에도 이러한 순간이 있다. 예수를 믿었지만 여전히 자신을 의지하며 인본주의로 힘들게 살아가는 어려운 인생 끝점에 하나님이 개입하시는 중대한 카이로스의 시간이다. 하나님이 각자 우리에게 물으시는 것 같다. "네 이름이 무엇이냐?"

설교하면서 현재 같이 동역하고 있는 네 분의 장로님 이름을 주 안에서 재해석하여 성도들과 함께 나누며 '아멘'하는 시간을 가졌다. 곳곳에서 박수 소리가 들린다. 마침 설교한 이 날이 까오위엔농(高援农) 장로의 60회 생일이다. '援'은 援助혹은 支援의 '도움'이라는 뜻이며, '农'은 농부(农夫)의 农으로 주님은 포도나무이고 우리는 가지이며 하나님 아버지는 농부이다. "이제

이후로(从今以后) 까오(高)장로님은 이름의 뜻대로 '하나님의 조력자' 뜻을 가진 션더방쇼유(神的帮手, God's Helper)로 사십시오" 이에 60회 생일 맞이한 까오장로는 '아멘!'으로 화답했다.

이름 속에는 그 사람의 인생이 담겨있고 그 사람의 정체성이 내포되어 있다. 우리 모두 주님 안에서 우리들의 이름이 다시 해석되어 주님의 부름에 합당한 영적인 이스라엘의 삶을 살기를 소망한다. 야곱이 이스라엘 되듯이 모든 성도가 드려지는 예배를 통하여 인생의 변곡점을 맞이하기를 기도한다. 히브리 문화에서 이름과 지명은 매우 중요하다. 성경의 많은 인물이 이름대로 그의 인생을 살았다. 또한 성경의 수많은 지명은 각각의 의미를 담고 있다.

예수라는 이름은 구약의 여호수아와 같은 "자신의 백성을 죄에서 구원할 자"(마1:1:21)라는 뜻이다. 또한 예수님의 이름은 임마누엘이다(사7:14). 임마누엘은 우리와 함께하시는 하나님이다. 즉 예수님은 도성인신하여 우리와 함께하시는 하나님이다(요1:14). 예수님은 이 땅에 계시는 동안 이름대로 사셨고 지금도 이름대로 우리와 함께하신다.

우리가 예수를 만나면 인생의 변곡점을 맞게 된다. 야곱과 씨름한 그(?)는 바로 하나님의 사자이며, 하나님이시며(호12:3-4), 도성인신하시기 전의 삼위일체의 제2위 하나님이다(삿13:17-18; 사9:6). 우리에게 새 이름을 주신 하나님께 감사하며(엡3:15), 예수 그리스도를 통하여 우리의 인생이 새로운 변곡점을 맞이하길 소망한다.

"아들을 낳으리니 이름은 예수라 하라. 이는 그가 자기 백성을 그들의 죄에서 구원할 자이심이라 하니라"(마1:21).
"보라 처녀가 잉태하여 아들을 낳을 것이요. 그의 이름을 임마누엘이라 하리라하셨으니 이를 번역한즉 하나님이 우리와 함께 계시다 함이라"(마1:23).

제1부

생명의 삶
Living life

Holistic Life **17**

예전 우리 조상들은 모든 것이 밥이면 다 통했다. 6.25전쟁과 보릿고개를 겪었던 우리 민족에게 '밥'은 특별한 의미가 있다. 힘들고 어려울수록 여유를 가지면 좋겠다. '밥'에 관한 유머가 있다. 온통 '밥'으로 시작하여 '밥'으로 끝난다. 다음은 SNS에 회자(膾炙)되고 있는 밥에 관한 유머들이다.

혼낼 때 : 너 오늘 국물도 없을 줄 알아!

고마울 때 : 나중에 밥 한번 먹자.

안부 물어볼 때 : 밥은 먹고 지내냐?

아플 때 : 밥은 꼭 챙겨 먹어.

인사말 : 식사는 하셨습니까? 밥 먹었어?

재수 없을 때 : 쟤 진짜 밥맛 없지 않냐?

한심할 때 : 저래서 밥은 벌어 먹겠냐?

무언가 잘 해야할 때 : 사람이 밥값은 해야지~

나쁜 사이일 때 : 그 사람하곤 밥 먹기도 싫어~

범죄를 저질렀을 때 : 너 콩밥 먹는다~

멍청하다고 욕할 때 : 어우! 이 밥팅아~

심각한 상황일 때 : 넌 목구멍에 밥이 넘어가냐?

무슨 일을 말릴 때 : 그게 밥 먹여주냐?

최고의 정떨어지는 표현 : 밥맛 떨어져!

비꼴 때 : 밥만 잘 쳐 먹더라~

좋은 사람 : 밥 잘 사주는 사람.

최고의 힘 : 밥심.

나쁜 사람 : 다 된 밥에 재 뿌리는 넘.

좋은 와이프 평가 기준 : 밥은 잘 차려 주냐?"

우리들의 생활 속에 밥이 차지하는 비중이 그만큼 크다는 이야기이다. 성경에도 밥에 관한 이야기가 나온다. 구약성경에 우상숭배가 팽배한 북이스라엘에 선지자 엘리야와 바알과 아세라 선지자 850명이 싸우는 이야기가 나온다. 엘리야의 기도로 하늘에서 불을 내려 번제물을 태움으로 하나님의 살아계심을 온 백성에게 나타내었다(왕상18:1-40). 승리의 기쁨이 채 가시기 전에 엘리야는 왕후 이세벨에게 쫓겨 남쪽 광야의 로뎀나무 아래에 이른다. 피곤해 지쳐 잠을 자고 있을 때 하나님은 천사를 보내어 그를 어루만지시며 머리맡에 숯불에 구운 떡과 물을 준비해 주신다(왕상19:1-8). 엘리야에게 새로운 사명을 부여하시기 전에 먼저 회복시키시며 밥을 준비해 주셨다.

신약성경에 집 나간 탕자를 기다리며 그가 돌아왔을 때 그를 위해 큰 잔치를 준비하신 아버지의 비유가 나온다(눅15장). 아버지를 떠나 허랑방탕한 생활로 모든 가산을 낭비하고 심지어 돼지가 먹는 쥐엄 열매로 끼니를 연명하던 탕자이다. 그러한 탕자가 돌아왔을 때 아버지는 그의 자초지종을 묻기 전에 살진 송아지를 잡으며 그를 위해 잔치를 준비한다. 그 아버지가 바로 우리의 하나님 아버지이시다.

그물을 버리고 예수님을 3년 동안 따라다녔던 제자들이 예수님이 십자가에 죽고 나서 실의에 빠져 다시 그물을 잡았다. 그날 따라 한 마리의 고기도 잡지 못하였다(요21:3). "그물을 오른편에 던지라"는 예수님의 말씀에 순종하여 던졌을 때 그물을 들을 수 없을 정도로 많은 153마리의 대어를 잡았다. 예수님은 밤새 고생한 그들을 위해 친히 생선을 구우시고 떡을 조반으로 준비하셨다(요21:9). 예수님도 힘들고 지친 제자들에게 밥부터 먹이셨다.

주님은 그런 분이다. 지치고 힘들 때 우리에게 늘 먹을 것을 준비해 놓으시고 기다리시는 분이다. 아무리 죄를 지고 형편없이 망가져도 아무 조건 없이 받아 주시는 분이다. 잠시 한눈을 팔고 세상으로 갔을지라도 돌아올 때까지 기다리시며 먹을 것을 친히 예비해 주시는 분이 우리의 하나님 아버지이시다. 코로나 바이러스 19 상황에 힘들고 지친 우리에게 그분은 오늘도 우리에게 다정하고 부드럽게 말씀하신다. "내가 너희를 위해 먹을 것을 차려놓았으니 와서 먹으라" 오늘도 주님이 친히 차려 놓으신 생명의 양식인 말씀과 함께 하루를 시작한다. 모든 것이 다 변하고 없어지지만 생명의 떡으로 오신 예수님은 영원하다.

> "사람이 떡으로만 살 것이 아니요. 하나님의 입으로부터 나오는 모든 말씀으로 살 것이라"(마4:4).

이곳 캐나다는 가을이 되면 이곳저곳 단풍이 참으로 아름답다. 그래서인지 캐나다 국기에도 단풍(Maple)이 그려져 있다. 10월을 시작으로 모든 산이 단풍으로 장관이다. 한 마디로 "万山紅叶"(만산홍엽)이다. 그러나 이 아름다움도 잠시 잠깐 2, 3주가 지나면 낙엽으로 사라진다. 花无十日红(화무십일홍)이라는 고사성어가 생각난다. '열흘 붉은 꽃이 없다'는 말이다. 그렇다 사람의 권세나 영화가 오래가지 못한다는 의미이다. 권불십년(權不十年)이다. 영원할 것 같은 권력도 10년을 넘지 못한다는 뜻이다.

중동의 패권을 쥐고 주위의 나라를 침략하며 무소불위의 권력을 휘두른 공포의 제국 앗수르가 처참하게 멸망한다. "제국이여! 영원하라"고 자신했지만 하나님의 때가 되니 졸지에 바벨론 침략군에 의해 멸망을 당한다. 영원히 지속될 것 같은 그들의 힘은 어느 순간에 사라진다. 이어 바벨론 제국도 흥왕하는 것 같더니 멸망하였다. 헬라제국과 로마제국도 …때가 되어 다 무너졌다.

오직 하나님의 나라만이 영원하다. 우리가 사모해야 할 나라이다. 그 곳은 정의와 공의가 살아있다. 미국 상원의 채플 목사였던 리처드 핼버슨 목사는 이렇게 말했다. "교회는 그리스로 이동해 철학이 되었고, 로마로 옮겨가서는 제도가 되었다. 그 다음에 유럽으로 가서 문화가 되었다. 마침내 미국으로 왔을 때 교회는 기업이 되었다." 그리고 교회는 한국으로 와서는…"

"글쎄요…"

그러나 아무리 고민하고 생각하고 기도해 보아도 이 땅에 하나님의 나라를 실현한 공동체는 교회밖에 없다. 세상의 모든 조직이 힘을 가지고 군림해도 시간이 지나면 사라진다. 오늘도 하나님은 그리스도를 머리로 하는 교회를 통하여 이 땅에 하나님의 나라를 실현시키기를 원하신다. 남들이 교회를 비판하고 교회에 대해서 실망해도, 교회 만이 하나님의 유일한 소망이다. "그러므로 우리가 흔들리지 않는 나라를 받았은즉 은혜를 받자 이로 말미암아 경건함과 두려움으로 하나님을 기쁨으로 섬길지니 우리 하나님은 소멸하는 불이심이라"(히12:28-29).

아무리 생각헤 보아도 인생의 답은 성경에 있다. 성경의 중심 인물은 예수 그리스도이다. 예수님을 영접하면 하나님이 주신 생명을 얻게 된다. 태초에 말씀으로 계신 성자 예수님 안에 생명이 있다. 말씀 안에 생명이 있으며 매일 말씀을 읽고 묵상하여 연구할 때 그 생명은 삶이 된다. 쉽게 말하면 생명의 삶(living life)이다. 말씀은 생명이 되며, 생명은 바로 우리들의 삶이 된다. 아무리 생각해도 우리의 삶을 변화시키는 것은 생명되는 하나님의 말씀밖에 없다.

영원할 것 같았던 앗수르제국도, 바벨론제국도, 페르시아제국도, 헬라제국도, 로마제국도 소멸되었다. 해가 지지 않는 대영제국도, 세계의 패권을 쥐고 국제경찰 역할을 하는 미국도 영원히 지속되지 않는다. 오직 하나님 말씀만이 영원하다. 율법의 일점일획도 폐하지 않는다. 말씀이 생명화되어 우리들의 전인적인 삶의 변화를 가져오게 한다.

우리 교회는 교회가 설립되었을 때부터 지금까지 매일 두란노에서 출판한 [생명의 삶] 큐티 교재, 중국어 버전(活潑的生命)과 영어 버전(Living Life)을 이용하여 전 교인이 매일 큐티(天天靈修)를 한다. 시간이 지나면서 큐티를 통하여 많은 성도가 변화되고 믿음이 자라고 있음을 목도하고 있다. 매일 영적인 밥을 먹으면서 생명의 삶이 지속되기를 기도한다. 이해할 수 없는 고난과 아픔이 임할지라도 말씀으로 인해 믿음이 자라고 도리어 인격이 성숙되어 가고 있다.

잡초의 생명력

Holistic Life 18

캐나다에서 살면서 살고 있는 집의 정원과 후원의 잔디를 관리하다 보면 심지도 않았는데 자라난 잡초 중에 하나인 민들레(정확히 말하면 민들레는 '잡초'가 아니라 꽃과 열매를 가지고 있는 화초로 편의상 잔디 밭을 관리하는 입장에서 필자가 주관적으로 잡초로 분류함)가 얼마나 잘 자라는지 알 수 있다. 민들레는 뽑고 또 뽑아도 또 생겨난다. 그리고 하루, 이틀 만에 쑥쑥 자라나 노란 꽃을 피우며 잔디밭을 덮는다. 잡초는 심지도 않았는데 어떻게 그렇게 강인한 생명력을 가지고 번식하는지 가히 놀랍다.

잡초(雜草)는 주로 산과 들판에 알아서 번식하는 잡다한 풀들을 뜻한다. 야생 풀로 사람들에 의해 재배되는 식물이 아니다. 결코 나쁜 의미거나 특정한 식물종을 분류하는 용어는 아니다. 잡초는 식물 중에 가장 강인한 생명력을 가졌다. 그래서 모질고 끈질기게 살아 온 인생을 잡초에 비유한다. 잡초는 다른 식물에서 볼 수 없는 잡초만의 생명력을 가지고 있다.

잡초는 다른 식물이 싹을 틔우기 전 먼저 싹을 틔운다. 겨울의 추위가 채 가시지 않은 2월 말경부터 싹이 나오기 시작한다. 다른 식물보다 먼저 싹을 틔우면 경쟁을 피해 살아남을 수 있다. 잡초 중에 냉이, 민들레 등은 겨울이 되기 전에 미리 싹을 틔운다. 그리고 땅바닥에 납작하게 붙이고 겨울을 난 뒤 이른 봄부터 부쩍 자라기 시작한다. 잡초는 다른 풀들과 경쟁하는 레드 오션 전략이 아닌 창조적 블루 오션 전략을 구가한다. 남이 잠을 자고 있을 때 깨어난다. 가장 강력한 경쟁력은 남들이 보지 못하는 것을 미리 보는 것이다. 그리고 먼저 개척해 나간다.

잡초는 또한 아주 빨리 자란다. 보통 식물은 땅속에 수분이 충분해야 자랄 수 있다. 주위 환경에 적합해야 성장한다. 환경의 영향을 많이 받는다. 반면 잡초는 강한 햇빛이나 건조한 날씨에도 잘 견디고 몸속에 이산화탄소를 저장했다가 광합성에 이용할 수 있어서 다른 식물보다 훨씬 빨리 자라난다. 잡초의 생명력은 환경의 영향을 받는 것이 아니라 도리어 악조건 속에서도 잘 견디면서 자라는 내공이 있다. 풍요로운 환경일수록 생명력이 약화된다. 잡초의 생명력은 환경을 이긴다.

잡초는 다른 식물이 한 번 꽃을 피우는데 반해, 여러 번 꽃을 피워 씨를 퍼뜨린다. 벼농사에 피해를 주는 피를 다 없애지 못하는 것도 벼보다 피가 먼저 자라 씨를 계속 퍼뜨리기 때문이다. 잡초는 계속 씨를 퍼뜨린다. 끊임없이 계속해서 씨를 퍼뜨리는 잡초를 다른 식물이 이길 묘수(妙手)가 없다. 아무리 힘들고 어려워도 계속해서 복음을 전하고 제자 삼는 제자가 된다면 교회는 절대 쇠락하지 않는다. 세상을 이길 수밖에 없다. 우리 기독교인들은 복음으로 영적 자녀를 낳든지 아니면 저출산 시대에 자녀를 많이 낳아야 한다.

잡초는 씨가 많다. 잡초 한 포기에서 보통 2~20만개의 씨를 만든다. 다른 식물과는 비교할 수 없는 번식력이다. 대부분은 별다른 쓰임이 없는 풀로 번식력이 왕성하다. 잡초의 씨가 많기도 하지만 잡초의 씨는 기본 몇 년, 혹은 수십 년을 땅속에서 버티는 능력이 있다. 기독교인의 생명의 질(Quality)과 함께 기독교인의 수(Quantity) 또한 중요하다. 수 많은 그리스도인이 이곳저 곳에서 생명력을 가지고 살아 갈 때 지역이 변하고 국가도 변한다. 씨를 틔 울 때까지 버티고 인내하고 자라나서 복음의 씨를 뿌려야 한다.

잡초는 씨가 작고 가벼워서 멀리 퍼질 수 있다. 서로 멀리 떨어질 수록 양분과 햇빛을 차지하기 위한 경쟁을 줄일 수 있고 살아남을 가능성이 높아 져 유리하다. 할 수만 있으면 '미니멀 라이프'로 살아가자. 우리의 본향은 이 곳이 아니다. 모든 무거운 것과 얽매이기 쉬운 것을 다 벗어 버리고 믿음의 주요 온전케 하신 예수를 바라보자! 할 수만 있으면 짐을 가볍게하고 인생이 라는 마라톤을 기쁨으로 완주하자. 멀리 보면서 나아가자!.

마13장의 천국의 비유에서 보면 좋은 씨보다 씨를 뿌리지 않은 가라지가 부지 중에 훨씬 더 빨리 자라난다. 이 세상에 예수의 생명력보다 더 강한 생 명력이 있을까? 또 다른 천국 비유인 겨자씨와 누룩처럼 생명력을 가지고 번 지게 하소서!

"천국은 마치 사람이 자기 밭에 갖다 심은 겨자씨 한 알 같으니 이는 모든 씨보다 작은 것이로되 자란 후에는 풀보다 커서 나무가 되매 공중의 새들이 와서 그 가지에 깃들이느니라. 또 비유로 말씀하시되 천국은 마치 여자가 가 루 서 말 속에 갖다 넣어 전부 부풀게 한 누룩과 같으니라"(마13:31-33).

베드로와 '3'

우리나라 사람은 특히 '3'이라는 숫자를 좋아한다. 그래서 그런지 중요한 사항은 세 번, 반복해서 말한다. 순서를 정할 때라든지, 승부를 정할 때에도 '가위 바위 보'를 하는 경우에 한 번으로 끝내기 보다는 세 번해서 정한다. 예를 들어 '가위 바위 보' 삼세판으로 누가 심부름 혹은 설거지를 할 것인가를 결정하기도 한다. 여기서 '삼세판'이라는 말은 '더도 덜도 없이 꼭 세 판'이라는 뜻을 가진 명사이다. 그리고 이와 비슷한 표현으로 '삼세번'이라는 것도 있는데, 이것 역시 '더도 덜도 없이 꼭 세 번'이라는 뜻을 가진 명사이다. 그런데 이 '3'이라는 숫자와 신약성경에 등장하는 베드로는 연관성이 많다. 우연이라고 보기에는 너무 많이 나온다.

성경의 인물 중에 베드로는 매우 성격이 급하고 충동적이다. 베드로는 다혈질의 성격으로 생각하기 전에 먼저 행동부터 한다. 그래서인지 베드로는 예수님의 수제자임에도 불구하고 유독히 '3'이라는 숫자와 관련이 많음을 발견한다(?). 한 번으로 끝내기에는 충동적인 베드로를 교육하기에 부족해서 꼭 세 번이 필요했을까? 예수님의 열 두 제자 중에 핵심 세 제자는 베드로와 야고보 그리고 요한이다. 그들은 다른 제자들에 비해 예수님 가까이에 있었다. 변화산(마17장)에서와 겟세마네 동산(마26장)에서도 예수님과 함께 있었다. 베드로는 변화 산에서 보았던 사람 또한 3명으로 율법을 대표하는 모세와 선지자를 대표하는 이사야 그리고 예수님이 구속에 대해 논의하는 것을 보았다(눅9:31). 이 모습을 본 베드로는 이 세 사람을 위하여 초막 셋을 짓겠다고 말한다(눅9:33).

예수님이 십자가에 달리시기 전 날 밤 겟세마네 동산에서 예수님은 세 번 기도하셨다. 예수님은 세 번 기도하는 동안 베드로와 야고보 그리고 요한 세 제자가 자는 것을 세 번 보셨다(마26:36-46). 깨어있지 못한 베드로는 예수님을 모른다고 세 번이나 부인했다. 예수님이 부활하신 후에 베드로는 예수님을 사랑한다고 세 번 다짐하였다. 이러한 베드로를 향해 예수님은 "내 양을 먹이라"고 세 번 사명을 주셨다. 예수님이 부활하신 후에 세 번 베드로에게 나타나셨다. 또한 베드로의 믿음과 관련한 세 번의 식사가 있었다. 십자가에 달리기 전 마가 다락방에서의 최후의 만찬, 부활 후 갈릴리 해변에서의 조반 그리고 욥바에서 환상을 통해 잡아 먹으라고 하신다.

사도행전에 보면 3번의 베드로의 설교가 나온다. 행2장의 오순절 성령 강림 때의 설교, 행3장의 성전 솔로몬 행각에서의 설교, 행10장에 고넬료의 집에서의 설교이다. 또한 베드로가 3회 체포되어 감옥에 갇혔다. 행4장, 행5장 그리고 행12장에 나온다. 고넬료가 베드로를 영접하기 위해 세 사람을 보냈으며(행10:7), 베드로가 기도할 때 환상 중에 3회에 걸쳐 속된 것을 잡아 먹으라는 음성을 듣는다(행10:16;11:7). 베드로는 성령의 오심을 3번 경험하였다. 마가의 다락 방(요20:22)에서와 사마리아(행8:17) 그리고 고넬료의 집에서이다(행11:12,15)

유독히 베드로와 '3'이라는 숫자는 관련이 많다. 주님 앞에 귀하게 쓰임받았던 베드로의 회심 또한 세 단계의 회심을 경험한다. 정말로 중요한 일은 '삼세번'일까?

베드로의 첫 번째 회심은 그리스도께로의 회심(Conversion to Christ)이다. 예수님이 가아사랴 빌립보에서 제자들을 향하여 "사람이 인자를 누구하고 하느냐? 너희는 나를 누구라 하느냐?"라고 물으셨다. 이에 베드로는 "주는 그리스도이시요. 살아계신 하나님의 아들이시니이다"(마16:16)라고 답을 한다.

베드로의 두 번째 회심은 교회로서의 회심(Conversion to the Church)이다. 예수님을 세 번 부인한 베드로에게 나타나신 부활의 주님은 "나를 사랑하느냐?"라고 세 번 물으시고 이에 사랑한다고 고백하는 베드로를 향해 "내 양을 먹이라"고 목양명령을 하신다(여21:15-17).

베드로의 세 번째 회심은 세상으로의 회심(Conversion to the World)이다. 주님은 유대인 동족에게만 복음을 전하는 베드로의 영안을 여신다. 베드로는 기도하는 중에 세 번의 환상을 본다. 주님은 기도하는 베드로에게 "하나님께서 깨끗게 하신 것을 네가 속되다 하지 말라."고 하시며 이방인에게 복음을 전하는 문을 여신다(행10:15).

저도 개인적으로 예수님을 영접할 때의 첫 번째 회심으로 중생(거듭남)을 체험하였다. 그리고 하나님의 부르심으로 목사가 되어 한국에서 교회 개척과 목회를 하면서 인간의 힘으로 할 수 없는 '사역의 중생'을 경험하였다. 그리고 세 번째의 회심은 중국과 북미에서 타문화 목회(화인 목회)와 선교를 하면서 경험한 '선교적 중생'이다. 성경에 베드로에게 '삼세번'을 통하여 부르시고 회개시키고 교육하시는 주님이 오늘도 동일한 방식으로 우리를 인도하고 계신다. 성경 속에 '삼세번'을 수도 없이 반복하며 경험한 베드로의 모습이 늘 부족한 모습으로 주께서 주신 사명을 감당하며 오늘을 살아가고 있는 나의 모습이 아닐까?

초심 유지

Holistic Life　20

　인생의 목적은 무엇일까? 왜 살지요라고 물으면 어떻게 답을 할 것인가? 만약 학생이라면 "열심히 공부해서 좋은 직장 취직하려구요."라고 답을 할 것이다. 대학을 졸업하고 좋은 직장을 잡으면 그 다음 단계는 좋은 배우자를 만나는 것이다. 좋은 배우자를 만나면 그 다음 단계는? 건강한 아들 딸을 낳는 것이라고 답을 할 것이다. 그 다음 단계는 아이들이 공부 잘해서 좋은 대학 들어가는 것, 그 다음 단계는 아이들이 좋은 직장을 얻고 결혼하는 것, 그다음은? 실은 이러한 답은 가만히 생각해 보면 인생의 과정이지 목적이 아니다.

　인생은 허무하다. 위의 과정처럼 순조롭게 이루어지면 감사할 일이다. 그러나 적지 않은 사람들이 남들이 평범하고 소박하다는 인생의 과정을 경험하지 않는다. 그래서 원하는 것을 이루지 못해서 오는 절망이 크다. 그러나 인생의 더 큰 문제는 원하는 것을 이루고 나서의 허무이다. 이루지 못한 절망보다 더 힘든 것은 이루고 나서의 허무이다. 모든 것을 이루고 누려보았던 솔로몬은 전도서에서 말하고 있다. 모든 것이 헛되고 헛되다. 어쩌면 우리들의 선교사역에서도 동일하게 적용된다.

우리의 인생에 예수를 뺀다면 어떨까? 무엇을 이루어도 허무하고 이루지 못하면 절망한다. 그러나 예수 안에 있으면 이루지 못해도 감사하고 이루어도 감사이다. 중요한 것은 무엇을 이루고 이루지 않고에 있지 않다. 어떠한 상황과 환경에서도 주님과 동행하느냐가 중요하다. 적지 않은 사람들이 성령으로 시작했다가 육신으로 마친다. 초심을 잃어버리는 경우가 많다. 계시록에 등장한 에베소 교회처럼 말이다. 바울은 현재를 살아가고 있는 우리에게 동일하게 '성령으로 시작했다가 육체로 마치지 말라'고 경고한다.

하나님이 싫어하시는 것이 많이 있지만 그 중에 하나는 교만이다. 사단은 교만의 영이고 거짓의 아비이고 하나님을 대적하는 타락한 천사이다. 어떤 면에서 우리들의 삶 속에 있는 힘들고 어려운 것이 나쁜 것만은 아니다. 일이 순조롭게 풀리지 않는 것이 오히려 복이 되는 경우도 있다. 하나님은 우리들을 사랑하기에 교만하지 않도록 우리가 느끼기에 장애물이나 브레이크와 같은 장치를 옆에 두기도 하신다. 성 어거스틴은 크리스천의 가장 중요한 덕목은 첫째도 겸손이요, 둘째도 겸손이요, 세째도 겸손이라고 말한다.

"어리석도다. 갈라디아 사람들아! 예수 그리스도께서 십자가에 못 박히신 것이 너희 눈 앞에 밝히 보이거늘 누가 너희를 꾀더냐? 내가 너희에게서 다만 이것을 알려 하노니 너희가 성령을 받은 것이 율법의 행위로냐? 혹은 듣고 믿음으로냐? 너희가 이같이 어리석으냐? 성령으로 시작하였다가 이제는 육체로 마치겠느냐?"(갈3:1-3) 여기서 "육체"의 의미는 곧 율법 준수이다. 주님이 주신 은혜와 기쁨 그리고 자원함과 자유가 아닌 의무와 강요당함 그리고 즐거움이 없는 신앙생활이나 사역 또한 이에 해당한다.

즉 율법을 행함으로 의롭게 되려고 한다면 그리스도에게서 끊어지고 은혜에서 떨어진 자가 됨을 경고하고 있다. 우리의 신앙생활이 기쁨으로 시작했다가 종교적인 의식 행위와 의무방어전처럼 마지못해 하고 있는 것들이 있는지 늘 점검해 볼 필요가 있다.

"그리스도는 모든 믿는 자에게 의를 이루기 위하여 율법의 마침이 되시니라"(롬10:4).
"율법 안에서 의롭다 함을 얻으려 하는 너희는 그리스도에게서 끊어지고 은혜에서 떨어진 자로다"(갈5:4).

우리들의 섬김도 교제도 사역도 그리스도 안에 있을 때 비로소 자유와 기쁨 속에 유지될 수 있다. 다시 말하면 그리스도 안에 있을 때 초심을 유지할 수 있다. 성령으로 시작하여 성령으로 마치기를 소망한다.

새 인생은 60부터

60의 나이를 예순이라고 부른다. 60세에 맞이한 생일을 한국 전통문화의 용어로 회갑(回甲) 혹은 환갑(還甲)이라고 부른다. 간지는 60년마다 같은 이름을 가진 해가 돌아오므로, 회갑은 육십갑자가 다시 돌아왔다는 의미이다. 간지(干支)는 십간 (十干)과 십이지 (十二支)를 조합한 것으로 육십갑자(六十甲子)라고도 부른다. 십간은 갑(甲), 을(乙), 병(丙), 정(丁), 무(戊), 기(己), 경(庚), 신(辛), 임(壬), 계(癸)를 말하며, 십이지는 자(子), 축(丑), 인(寅), 묘(卯), 진(辰), 사(巳), 오(午), 미(未), 신(申), 유(酉), 술(戌), 해(亥)를 말한다.

근대 이전 한국의 평균 수명은 짧았기 때문에 환갑을 맞이하는 것은 장수(長壽)를 의미하는 것으로 중요하게 여겼다. 환갑을 맞이한 이듬 해인 61세의 생일은 진갑(進甲)이라고 한다. 일반적으로 한국사회에서 청년시절 취업 이후 직장이나 조직에서 하던 일을 정년이란 틀에서 마무리를 짓고 제2의 인생을 걸어야 하는 때다. 예전에는 예순의 나이이면 뒷 방 늙은이로 여겨지는 나이지만 오늘날에는 평균 수명이 늘어 환갑에 대한 의미도 달라졌다. 고령화된 사회에 어쩌면 진정한 인생은 60부터 새롭게 시작되지 않나 생각해 본다.

음악 학원을 꾸리면서 가정을 돌봐 온 이제 60대에 갓 들어 선 중년 여

성 최양희씨는 '진짜 인생은 60부터다'(도서출판 행복에너지)라는 책을 집필하였다. 이 책에서 그는 60대 생활을 알차게 엮으면 '잘 익어가는 황금기'로 물들일 수 있는 눈부신 나이대라고 제언한다. 몇 일 전 60을 맞이한 장로의 생일에 한 아이가 쓴 생일축하카드에 "120년 인생의 절반을 사신 장로님의 생일을 축하합니다."라고 쓰여있었다. 근거가 명확하지 않는 사실로 국제연합(UN)에서 새롭게 발표한 연령구분을 보면 18-65세는 청년기라는 '카더라'통신이 인터넷이나 신문매체에 많이 등장한다. 그만큼 60의 나이는 왕성하게 활동할 수 있는 나이라는 의미이다.

"인생의 황금기는 60-75세이다"라고 연세대 명예교수 김형석 교수는 말한다. 인생에서 제일 좋고 행복한 나이는 60에서 75세 까지이며, 60쯤되니 철이 드는 것 같았고, 75세까지는 성장하며, 성장하는 동안은 늙지 않는다고 덧붙인다. 올해 103세인 김형석 교수는 아직도 왕성하게 사회 활동을 한다. 그는 인생을 3단계로 구분한다. 첫번째 단계는 30세까지 인생은 내가 나를 키워가는 교육 단계이다. 두번째 단계는 31-65세까지는 직장과 함께 일하는 단계이다. 그리고 마지막 세번째 단계는 65세 이후로 사회를 위해 일하는 단계라고 말한다.

며칠 전이 아내의 60회 생일이었다. 선교사로서, 목사로서 한국과 중국 그리고 미국과 캐나다를 넘어 다니며 목회와 선교사역을 하는 가운데 많은 사람과 만나고 헤어졌다. 그 중에 지금까지 여전히 변함없이 옆에서 나와 함께한 사람은 아내 한 사람이다. 인간적으로 늘 감사하면서도 미안한 마음이 있는 상황에 60회 생일을 맞이했다. 마침 섬기고 있는 교회의 한 장로가 생일이 아내와 하루 차이나는 60회 생일이었다. 그래서 장로부인이 음식은 자신들이 준비하겠다고 하며 그의 남편과 아내의 생일을 같이하면 좋겠다고 제안했다. 그냥 조용히 넘어가려 했는데 생일을 맞이하면서 장로님에게도 의미가 있겠다고 하여 수락하였다. 장로부인은 교회 안의 젊은 성도 몇 가정을 장로 가정으로 초청하여 같이 60회 생일파티를 하였다.

2년 이상의 코로나로 인해 마음껏 교제하지 못한 마음이 한꺼번에 터진 듯 같이 즐겁게 찬양하고 율동하는 시간이 얼마나 즐거웠던지 시간 가는 줄 몰랐다. 어린 아이들의 재롱 잔치와 젊은 형제 자매들의 찬양을 들으며 얼마나 감사했는지 그 간의 피곤함이 싹 가신다. 선교사로서 목회하는 보람을 살짝 느낀다. 파티하는 동안 활짝 웃는 아내의 모습에 하나님께 감사할 따름이다. 내가 해줄 수 없는 일을 하나님께서는 이미 준비하고 계셨다. 아내를 위해 준비한 생일파티를 열어 준 장로 가정과 성도들을 통해 많은 위로를 받았다. 모든 영광을 하나님께 돌릴 뿐이다.

성경에서 이삭은 60세에 야곱과 에서를 낳았다. 어쩌면 이삭의 인생에서 60세라는 나이는 의미가 남달랐을 수도 있다. 나이 40세에 리브가와 결혼(창 25:20)을 한 후 20년동안 아이가 없었다. 고대 근동에 결혼 후 20년 동안 아이가 없는 것은 참으로 곤혹스러운 것이다. 그래서 이삭은 아내가 아이를 가지도록 기도했다고 성경에 기록하고 있다(창25:21). 하나님은 그의 기도에 응답하셨다. 그런데 나이 60세에 아이를 그것도 쌍둥이를 얻게 되었으니 얼마나 기뻤을까?(창25:26) 이삭과 리브가에게는 60세의 나이가 새로운 인생의 시작이었다. 그의 아들 야곱을 통하여 12지파가 형성되었으며 한 가족이 이스라엘이라는 국가가 되는 출발점이 되었다.

새로운 제2의 인생을 시작하는 아내가 더 건강하게 하나님의 영광을 위해 출발하기를 바란다. 그리고 지금까지 양 선교사 혹은 양 목사의 아내로 살았다면 남은 인생은 더 독립적이고 더 주도적으로 활발하게 하나님께서 주신 은사를 마음껏 발휘하며 하나님의 영광을 위해 더 멋지고 값어치 있는 인생이 되길 기도한다.

> "집과 재물은 조상에게서 상속하거니와 슬기로운 아내는 여호와께로 말미암느
> 니라"(잠19:14)
> "고운 것도 거짓되고 아름다운 것도 헛되나 오직 여호와를 경외하는 여자는
> 칭찬을 받을 것이라"(잠31:30).
> "누가 현숙한 여인을 찾아 얻겠느냐 그의 값은 진주보다 더 하니라"(잠31:10).

22. 빛과 어두움···· *125* / 23. 우리는 너무 쉽게 답을···· *131* / 24.
이해할 수 없는 아픔 속에···· *137* / 25. 산 넘고 산을 넘어···· *142* /
26. 인간관계와 인복···· *147* / 27. 마음을 넓혀라···· *151* / 28. 영적인
실력···· *154* / 29. 메시아 콤플렉스···· *161* / 30. 사람다운 사람····
164 / 31. 말의 위력···· *168* / 32. 인생의 풍랑···· *172* / 33. 최고의
상담가···· *176* / 34. 가치 있는 근심···· *181* / 35. 아담-가인-라멕···· *185*
/ 36. 소문이 온 땅에···· *188* / 37. 종 된 자유인···· *191* / 38. 한
(恨)+한(限)=한(韓)···· *195* / 39. 그 목사에 그 장로···· *198* / 40. 한
국교회 방조죄···· *201* / 41. 한민족의 선교 DNA···· *205*

현시대는 설교자가 부족해서,
성경책이 부족해서,
주석서가 부족해서 영성의 결핍이
온 것이 아니다.
말씀이 부족해서 오는 영적인
기갈이 아니다.
아니 오히려 차고 넘쳐서 문제다
〈2부 22장 '빛과 어두움'에서〉

제2부

빛과 어두움

Holistic Life 22

16세기 종교개혁을 통하여 하나님의 말씀이 성도들 손에 들려짐으로 교회가 성경으로 돌아가게(Back to Bible) 되었다. '오직 성경'(Sola Scriptura)으로 하나님 말씀의 권위가 회복되었다. 종교 개혁 500년이 지나면서 조금 아쉬운 점이 있다면 '영성의 결핍'이다. 특히 바삐 움직이는 현 시대는 더욱 그렇다. 다른 어느 때보다 혼탁함의 정서로 가득한 이 시대에 필요한 것은 바로 '영성'(spirituality)이다.

현시대는 설교자가 부족해서, 성경책이 부족해서, 주석서가 부족해서 영성의 결핍이 온 것이 아니다. 말씀이 부족해서 오는 영적인 기갈이 아니다. 아니 오히려 차고 넘쳐서 문제이다. 정작 홍수에 마실 물이 없다. 이러한 상황으로 인해 말씀의 기갈이 오기도 하지만 어떤 경우는 예기치 않은 어려움으로 인해 '영혼의 어두운 밤'의 시작되기도 한다.

'영혼의 어두운 밤'이란 용어는 16세기 수도사, 십자가의 성 요한(St. John of the Cross 1542-1591)이 쓴 책 제목에서 유래한다. 그는 아빌라의 성 테레사와 함께 부패한 수도원을 개혁했다. 원래 이름은 성 마티아의 요한이었는데 십자가의 요한이라고 바꿀 정도로 그는 그리스도의 십자가 아래서 온전한 수도 생활을 추구했다.

그는 1577년 10월 개혁을 반대하는 수도사들에게 납치되어 톨레도 수도원에 11개월간 감금된다. 독방에 있던 그는 벽 틈으로 들어오는 가느다란 빛줄기를 제외하고는 온통 어둠 속에 지냈다. 그는 이 때의 영적 체험을 글로 남겼다. 책은 감옥 생활의 고통 대신 어두운 밤을 통해 한 영혼이 어떻게 하나님과 친밀해질 수 있는가를 표현한다.

영혼의 어두운 밤은 한 영혼이 하나님과 친밀한 연합 속으로 들어가기 위해 반드시 통과해야 하는 좁은 길을 표현한 것이다. 십자가의 성 요한은 영혼이 어두운 밤을 경험하게 되는 때는 깊은 믿음으로 나아가게 하는 때라고 한다. 우리는 하나님과 친밀한 연합을 경험하고 싶어한다. 그러나 그 길이 때로 어두운 밤길이라는 것은 받아들이지 않는다.

밝은 빛 속에서만 친밀해지고 싶어 한다. "하나님은 빛이시니 어두움이 조금도 없으시다"는 말씀을 떠올리면서 말이다. 성공회 사제인 바바라 브라운 테일러(Barbara Brown Taylor)는 이런 모습을 '전적 태양 영성'(full solar spirituality)이라는 말을 사용하였다. 믿음 생활의 밝은 면만 받아들이며 예수 믿는 인생에는 어두움이 없고 오직 긍정만 있다는 의미이다.

그런데 우리 인생은 밝은 빛만 있는 것이 아니다. 하나님은 때로 우리의 어두운 부분을 막아 주지 않으면서 그대로 허용하신다. 하나님은 우리의 완벽함과 성공도 필요하지만 때로는 실수와 실패도 필요로 하신다. 화가이신 하나님은 우리의 인생이라는 그림을 그리기 위해 황금빛 색깔의 물감도 필요하지만 때로는 검은 색 물감도 필요로 하신다. 우리의 삶에 이해할 수 없는 어두움과 슬픔이 찾아왔을 때 우리는 쉽게 낙망하기 쉽다. 그러나 하나님은 내가 생각하는 것보다 훨씬 더 아름다운 그림을 그리기 위해 검은색 물감을 사용하신다.

우리는 우리에게 임하는 어두움과 실패를 허락해야 한다. 우리를 깨뜨려 더 큰 그릇으로 만드시려는 하나님의 의도가 있기 때문이다. 하나님은 우리를 부르실 때 우리의 장점만 부르시는 것이 아니라 남에게 말하기 어려운 부끄러운 아픔과 상처도 함께 부르신다. 하나님이 우리를 부르실 때 둘 다 필요해서이다.

구약 성경 욥기에서 보면 의롭고 경건한 삶을 살고 있던 욥이 이해할 수 없는 고난을 경험한다. 고난을 통과한 후 시간이 지나서야 고백한다. "내가 주께 대하여 귀로 듣기만 하였사오나 이제는 내 눈으로 주를 뵈옵나이다"(욥 42:5) 욥은 전능한 하나님과 그 하나님께서 행하시는 일들이 너무 기이해서 잘 알지 못하고 알 수도 없는 자신을 발견하였다.

영혼의 어두운 밤을 통과하면서 얻는 유익은 하나님이 위대하고 선하시다는 것과 나는 한없이 무지하다는 것이다. 욥은 우리가 가장 수동적인 상태에서 하나님은 가장 능력있게 역사하신다는 것을 경험했다. 하나님은 영혼의 어두운 밤을 통해 우리를 가장 수동적인 상태로 만들어 놓으시고 일하신다는 것을 깨달은 것이다.

우리는 때때로 어둠의 유익을 무시하며 살아간다. 낮에 활동할 때 우리는 세상의 주인인 것처럼 움직인다. 그러나 어둠이 찾아오면 우리는 얼마나 연약하며 수동적인 존재인가? 우리는 어두운 밤을 지나며 육신의 눈으로 볼 수 없는 세계가 있다는 것을 알게 되고 하나님을 의존하게 된다. 내 눈으로 보이지 않는 길을 걸으면서 어둠 속에서도 보실 수 있는 주님의 손을 잡게 된다.

어두움을 경험한 자가 빛의 귀중함을 안다. 어두움을 통과한 자가 빛의 위력을 안다. 어두움을 친히 체험한 자가 어두움 가운데 있는 자를 이해할 수 있다. 어두움은 빛을 비추는 전 단계이다. 영혼의 어두움 밤을 지나면서 우리는 성숙한다. 원숙한 신앙으로 영글어진다. 하나님의 사랑을 입은 자는 '영혼의 어두운 밤'을 경시해서는 안 된다.

하나님은 말씀하신다. "나는 빛도 짓고 어둠도 창조하며 나는 평안도 짓고 환난도 창조하나니 나는 여호와로라. 이 모든 일들을 행하는 자니라 하였노라"(사45:7). 하나님의 창조의 하루는 저녁에 시작하여 아침으로 마치신다. 어둠에서 시작하여 빛으로 끝난다. "하나님이 빛을 낮이라 부르시고 어둠을 밤이라 부르시니라. 저녁이 되고 아침이 되니 이는 첫째 날이라"(창1:5). 그렇다. 저녁이 되고 아침이 되니 이는 ○ ○ 날이라(창1:5,8,13,19,23,31).

저의 인생에도 구체적으로 말씀을 드릴 수는 없지만 영혼의 어두운 밤을 지난 적이 있었다. 어느 누구에게도 이야기할 수 없는 또한 설명되지 않는 영적 씨름을 한 적이 있다. 하나님과의 씨름 속에 내 자신을 발가벗는 시간이었다. 지금도 많이 교만하지만 하나님 앞에 한없이 나약하고 부족한 모습에 겸손할 수밖에 없는 시간을 경험하였다. 외부적으로 보면 매일 정상적으로 교회에 출근하고 사역을 하였다. 그런데 내면 깊숙이 '영혼의 어두움 밤'으로 나의 인생은 무엇인가? 왜 이런 일이 나에게… 많은 질문을 던진 시간들이다.

어떤 의미에서 보면 성경은 고난에 관한 책이다. 성경이 고난에 대한 모든 질문들에 대해 항상 명확한 답을 주지는 않는다. 그러나 성경은 아주 많이 고난에 대한 답을 주고 있다. 고난의 의미를 우리에게 보여주며, 하나님이 고난을 특별한 방법으로 사용하고 계신다. 고난(suffering)에 대한 대답들은 절대 간단하지 않지만 그 대답들은 우리가 자신의 고난에 대해 관찰하며 하나님을 신뢰하는 법을 배우도록 돕는다.

고난이 죄의 결과로 찾아오기도 하지만 반드시 그렇지는 않다. 특히 구약의 욥기서에 보면 의인의 고난을 다룬다. 신약의 베드로전서를 중심으로는 '왜 그리스도인에게 고난이 찾아오는가'를 말하고 있다. 우리의 신앙생활에 반드시 통과해야 할 과정이 고난이다. 또한 고난을 통해 하나님이 우리에게 부여하신 소명을 확실하게 발견할 수 있다. 고난 속에서도 우리는 어두워지도록 부름을 받은 것이 아니라 복음의 기쁨으로 하나님이 부여하신 사명을 따라가야 한다.

창세기 1장에서 하루를 계산할 때 "저녁이 되며 아침이 되니"라고 하신 것은 하루의 시작이 '아침'이 아니라 어두운 '저녁'으로 보았다. 왜 어두운 밤으로부터 하루를 시작할까? 아침은 사람들이 능동적으로 움직인다. 그래서 만물의 주인이 자신인 줄 안다. 그런데 하나님은 우리가 어두워 움직이지 못하고 쉴 때 일하신다. 우리가 잘 때 하나님은 일하신다. 어둠을 통해 일하시는 하나님은 자신의 역사를 드러내신다. 어둠을 통해 하나님은 우리의 숨은 교만과 죄를 밝히시고 더 정결하게 하신다. 영혼의 어두운 밤을 지나는 동안 하나님의 선하심과 의로우심을 더 신뢰하기를 소망한다.

16세기 스페인의 수도사 '십자가의 성 요한'이 말한 저 유명한 '영혼의 네 가지 어두운 밤'(The Dark Night of The Soul)을 다음과 같이 정리하였다.

첫 번째 밤은 감각의 능동적인 밤이다. 크리스천이 자신의 죄 된 생활을 회개하고 세상에 물들지 않고 경건하게 살기 위하여 능동적으로 〈찬양+기도+말씀+영적 독서+신앙 수련〉에 힘씀으로 영적 만족과 마음의 평화를 누리는 시기이다.

두 번째 밤은 감각의 수동적인 밤이다. 앞에 말한 그러한 신앙 수련에서 더 이상 아무런 느낌을 받을 수 없는 시기이다. 오히려 〈메마름+영적 퇴보에 대한 두려움+기도도 되지 않는 답답한 심적 상태〉를 말한다. 그러나 각자의 능동적 신앙 행동이 희미해짐으로 얼핏 메마르다고 느낄 수 있으나 실질적으로 이때야말로 하나님의 초자연적 은총에 의해 그 영혼이 정화되는 시기이다.

세 번째 밤은 영혼의 능동적인 밤이다. 마음의 감각으로 느낄 수 있는 〈영적 기쁨+만족+평화의 충만감 여부와 상관없이(즉, 이 눈에 아무 증거 아니 보이고 이 귀에 아무 소리 아니 들려도-찬송가 344장)〉 하나님을 사랑하고 하나님의 현존을 받아들이려고 노력하는 시기이다. 이 단계의 크리스천은 하나님의 현존은 자기의 주관적 느낌이나 이성을 초월한다는 것을 감지하기 시작한다.

네 번째 밤은 영혼의 어두운 밤이다. 이 단계에서 〈에고(거짓 자아=몸, 자신=반사적 의식)〉가 소멸하고 보다 깊고 미세한 영혼의 정화가 이루어진다. 하나님의 현존을 더이상 느낄 수 없게 되면서 하나님께 버림받았다는 느낌과 함께 각 사람의 내면에 있는 '공허-無-비존재-어두움을 직면하는 시기'이다. 이 네 번째 밤을 지나 크리스천의 영혼은 하나님과의 '참된 일치'를 경험한다.

우리가 영혼의 어두운 밤을 지나는 동안, 고난에 대한 대답은 종종 우리가 당장 그 순간에는 이해할 수 없을 때가 많다. 그러나 한 가지 확실한 것은, "하나님을 사랑하는 자에게는 모든 것이 합력하여 선을 이룬다"는 말씀이다. 물론 쉽지는 않다.

"우리가 알거니와 하나님을 사랑하는 자 곧 그의 뜻대로 부르심을 입은 자들에게는 모든 것이 합력하여 선을 이루느니라"(롬8:28).

우리는
너무 쉽게 답을…

Holistic Life   23

욥기서를 묵상하다 보면, 욥이 당하는 고난에 대해서 남의 이야기처럼 가볍게 읽는 우리 자신을 발견하게 된다. 그리고 의인의 당하는 고난은 예수님의 고난을 예표(typology)하는 것이라고 쉽게 생각한다. 그런데 만약 욥의 이야기가 나 자신이 당한 이야기라면 생각이 많이 달라질 것이다. 욥은 하루 아침에 영문도 까닭도 모르고 자녀와 재산을 잃었고 자신의 신체 또한 말할 수 없는 고통을 당한다. 어느 날 갑자기 자신에게 임한 재난은 청천벽력과도 같다. 자신이 생각할 때 하나님 앞에 그래도 경건하게 살았는데 자신에게 갑자기 임한 고통을 보면서도 여전히 신실하신 하나님을 믿지만 자신이 당한 고난이 이해가 되지 않는다.

고난을 직접 당한 욥 자신도 하나님이 허용하신 일에 대해 이해를 할 수 없는 것은 너무나도 당연한 일이다. 더불어 바로 옆에서 그 아픔과 고난을 지켜본 아내의 입장이라면 욥의 아내가 남편에게 한 말도 일정 부분 이해가 된다. "그의 아내가 그에게 이르되 당신이 그래도 자기의 온전함을 굳게 지키느냐, 하나님을 욕하고 죽으라"(욥2:9)고 말한다. 이에 욥은 아내에게 말한다. "그대의 말이 한 어리석은 여자의 말과 같도다 우리가 하나님께 복을 받았은즉 화도 받지 아니하겠느냐 하고 이 모든 일에 욥이 입술로 범죄하지 아니하니라"(요12:10).

　우리는 욥과 같은 고난을 당하지 않은 상태에서 다른 사람들에게 발생한 상황에 대해 너무 쉽게 판단하고 급하게 정답을 말하려고 한다. 그러나 우리의 인생살이가 그렇게 쉽게 정답을 내놓을 수 없는 경우가 많다. 아내는 가족이니까 그렇다고 하더라도 욥의 세 친구는 자신들이 경험하고 알고 있는 얄팍한 지식으로 욥에게 너무 쉽게 충고한다. 그들은 친구인 욥을 생각해서 충고한다고 하나 욥에게 있어서는 전혀 공감도 되지 않고 도움도 되지 않는다. 도리어 고통당하고 있는 욥을 더 고통스럽게 만든다.

　일반적으로 볼 때 세 친구의 충고가 틀린 이야기는 아닌 것 같은데 고난을 당한 욥에게는 전혀 위로가 되지 않고 도리어 화만 돋구는 결과를 초래했다. 우리가 인생을 살아갈 때 고난을 당하고 있는 친구나 지인에게 얄팍하게 충고하며 입을 여는 것 보다 조용히 입을 다물고 그저 옆에 있어 주는 것이 나을 때가 있다. 잠잠히 당한 고난을 공감하며 기도하면서 기다리다 보면 왜 그러한 고난을 그에게 허용하셨는지 하나님의 타이밍이 되었을 때 비로소 알 수 있다.

우리가 고난당하는 사람들을 위로하고 도와준다고 하나 그저 동정심에 불과한 경우가 많다. 동정심은 상대방을 위로하고 도와주기는 커녕 도리어 더 큰 상처를 준다. 우리는 고통당한 사람에 대하여 '동정심'보다는 '공감'이 필요하다. 공감(Empathy, 同理心)과 동정심((sympathy, 同情心)은 비슷한 것 같으나 많이 다르다. 동정심과 공감을 비교해 보면 다음의 일곱 가지 차이를 발견하게 된다.
첫째, 동정심은 고통당한 사람에 대하여 걱정을 하는 반면, 공감은 고통당한 사람의 감정과 생각에 집중한다.

둘째, 동정심은 고통당하는 사람의 이야기를 듣고 어떻게 해야할 지 모르고 당황하지만, 공감은 고통당한 사람의 혼란스러운 감정과 생각을 명확히 정리할 수 있도록 도와준다.

셋째, 동정심은 고통당한 사람의 말을 듣고 자신은 비슷한 상황에서 어떠한 느낌이었는지를 생각하지만, 공감은 상대방이 말하는 것을 듣고 그의 말과 상황을 정말로 이해했는지 확인한다.

넷째, 동정심은 고통당한 사람에게 상처를 준 사람에 대해 분노하지만, 공감은 고통당한 사람이 고통스러운 감정을 그대로 표현하도록 허용한다.

다섯째, 동정심은 고통당한 사람의 아픔에 압도되지만, 공감은 고통당한 사람의 진상을 정말로 알고 싶은 마음이 고통당한 사람에게 전달되도록 한다.

여섯째, 동정심은 고통당한 사람의 상황이 유감스럽게 생각되지만, 공감은 고통당한 사람 스스로 자신이 당한 문제에 대한 해결책을 찾도록 도와준다.

마지막으로 동정심은 고통당하는 사람의 상황을 듣고 그 상황에 대한 자신의 반응에 더 집중한 반면, 공감은 고통당한 사람의 반응에 더 집중한다.

우리는 고통당하는 사람에 대하여 진정으로 공감하기가 쉽지 않다. 공감하지 않으면서 답을 주려고 하는 것은 고통당한 사람에게 전혀 도움이 되지 않는다. 남이 당한 고통에 대하여 너무 쉽게 결론을 내리지 말아야 한다. 왜냐하면 이유를 모르고 고통을 당하는 사람도 있기 때문이다. 고통당한 사람도 그 이유를 모르는데 하물며 진상을 제대로 파악하지 못한 사람이 어떻게 고통당한 사람을 위로하고 도와줄 수 있겠는가?

영국 인문학 분야 최고의 영예로 여겨지는 '기포드 강좌' 강연자(2000년-2001년)로 선정된 스탠리 하우어워스(Stanley Hauerwas)에 관한 이야기이다. 그는 이 시대 최고의 신학자 중 한 사람으로 미국 타임지에서 2001년 '미국 최고의 신학자'로 호평했다. 하우어워스는 1940년에 출생하여 현재 생존한 성공회 신학자로서 듀크 대학교에서 기독교윤리학을 가르쳤고, 지금은 스코틀랜드의 애버딘대학교에서 기독교윤리학 과장으로 봉직 중이다. 그는 과거에 미국 연합감리교회에서 신앙생활을 했다. 현재는 노스캐롤라이나 주 채플 힐에 위치한 성공회교회(Episcopal Church)인 성가족교회(Holy Family Church)를 섬기고 있다. 이 시대의 훌륭한 신학자이며 기독교 평화주의자이다.

이렇게 저명한 그에게 아픈 사연이 있다. 바로 그의 아내의 이야기이다. 그의 아내는 결혼하고 얼마 지나지 않아 심각한 정신질환을 앓기 시작했다. 그는 이러한 아내와 살면서 미칠 듯한 고독을 감내하며 살아야 했다. 결국 그는 결혼 24년 만에 분노하며 떠나겠다는 아내를 그는 놓아 보내야 했다. 수년이 흘러, 아내는 외로이 심장마비로 죽은 채 발견되었다. 그는 아들이 어렸을 때, 엄마 때문에 불평을 하면서 정신질환을 겪는 엄마와 사는 힘든 상황을 토로하는 얘기를 들었다. 어른이 된 아들이 "아빠는 그때 30대 중반이셨잖아요. 난 겨우 일곱 살이었다고요"라고 말해주었을 때, 그는 자신이 아들에게 지나친 부담을 안겨주었던 것을 깨달았다고 말한다. 이러한 고난이 그의 신학을 깊게 만들었다.

이 세상에서 하나님이 하시는 일에 대해 우리는 너무 가볍게 판단하고 정답을 이야기하고 싶어 한다. 그러나 하나님이 하시는 일을 쉽게 이야기할 수 없으며 정답을 말하기가 어려운 경우가 많다. 마치 욥의 세 친구처럼 자기가 알고 있는 얄팍한 지식이나 경험으로 자신 있게 충고질(?) 하기를 좋아한다. 객관적으로 알고 있는 지식일지라도(옳은 이야기일지라도) 자신이 직접 당하지 않으면 그저 남을 판단하는 잣대로만 사용되는 경우가 많다. 정확하게 알지 못하는 남의 일에 대해 쉽게 단정적으로 옳고 그름을 판단하기 어렵다. 하나님이 말씀하시기 전까지 인내하며 기다려야 한다. 당시는 이해가 안 되어도 하나님의 때가 되면 분명히 이해할 수 있을 것이다.

스탠리 하우어워스는 다음과 같이 말한다. "나는 기독교 신자다. 사람들은 내가 이런 질문에 답변을 가지고 있을 것이라고 짐작한다. 난 이런 질문에 뭐라 답변해야 좋을지 전혀 모른다. 내가 기독교 신학자로 살면서 배운 것이 있다면, 우리가 이런 질문에 답변하지 말아야 한다는 사실 정도가 될 것이다. 자기가 알고 있는 지식으로 정답이라고 짐작하는 것은 하나님과 기독교를 너무 쉽게 폄하시킬 뿐이다. 기독교인이 된다는 것은 답이 없이 사는 것을 배우는 것이다. 답이 없이 사는 방법을 배우면, 기독교인이 된다는 것이 정말 훌륭한 일이 될 것이다. 믿음이라는 것은 답을 모른 채 계속 살아간다는 것이다. 너무 쉽게 말한다고 생각할 수도 있겠지만, 이런 나의 주장이 최소한 내가 기독교인으로 살면서 내 인생이 왜 무진장 흥미로운지를 설명해줄 수 있다고 생각한다."

너무 찡하고 감동이 되는 솔직한 세계 최고 신학자의 고백이다. 본인이 직접 겪지 않았다면 어떻게 이러한 고백을 할 수 있었을까? 너무 쉽게 답을 내리는 우리에게 경종을 울리는 말이다. 약함이 최고의 강함을 만들어낸다. 욥의 고백이 생각난다.

> "그러나 내가 가는 길을 그가 아시나니 그가 나를 단련하신 후에는 내가 순금같이 되어 나오리라"(욥23:10).
> "내가 주께 대하여 귀로 듣기만 하였사오나 이제는 눈으로 주를 뵈옵나이다. 그러므로 내가 스스로 거두어 들이고 티끌과 재 가운데에서 회개하나이다"(욥42:5-6).

우리가 겸손할 수밖에 없는 이유이다. 세상에서 일어나는 많은 일이 이해가 안 되는 경우가 많다. 주님이 침묵하시면 우리도 침묵해야 한다. "우리가 부분적으로 알고 부분적으로 예언하니 온전한 것이 올 때에는 부분적으로 하던 것이 폐하리라"(고전13:9-10). "우리가 지금은 거울로 보는 것같이 희미하나 그때에는 얼굴과 얼굴을 대하여 볼 것이요. 지금은 내가 부분적으로 대하나 그때에는 주께서 나를 아신 것 같이 내가 온전히 알리라"(고전13:12). 너무 쉽게 그리고 성급하게 판단하고 평가하고 답을 내리려고 하지 말자. 하나님의 주권을 인정하고 기다리며 그의 시간(His time)이 되었을 때 비로소 진상을 명확히 알리라. 모든 인생의 답이 예수 안에 있다.

"믿음의 주요 온전케 하신 예수를 바라보자!"(히12:2).

이해할 수 없는
아픔 속에 …

Holistic Life 24

하나님의 사역자로 살아간다는 것이 단지 영광스럽기만 할까? 저 자신과 주위 동료 사역자들의 가정을 보면서 많은 것들을 생각하게 된다. 선교사 혹은 사역자 자신은 소명을 받아 그 일을 한다고 하지만 아내나 자녀는 미처 준비되지 못했든지, 준비가 되었을지라도 타 문화권의 열악한 환경 속에서 당하는 아픔들을 많이 본다. 그렇지 않아도 힘든 상황에 아내가 아프다거나 자녀가 어렵게 되었을 때 밀려오는 고통은 하나님 외에 어느 누구에게도 하소연할 수 없다. 때로는 하나님이 원망스럽기도 할 때가 있다. "하나님! 이렇게 헌신하고 희생하면서 사역을 하는데, 가족들은 좀 건강하면 안 되나요?" 불평 아닌 불평스런 기도를 할 때도 많이 있다.

2022년 1월까지 지난 3년 동안 우리 교회 주일예배에 한 달에 한 번 영어 설교자로 초빙된 캐나다인 로얄(Royal) 목사님 이야기이다. 그는 동성 결혼과 대마초를 합법화하며 갈수록 타락한 캐나다에서 보기 드물게 매우 보수적인 신앙을 가진 캐나다인 목사이다. 그는 하나님의 부름을 받아 라틴 아메리카에서 선교사로 사역을 하다가 나이가 들어 캐나다로 돌아와 이미 은퇴할 나이임에도 불구하고 사역을 계속하고 있다. 특히 다음 세대 교육에 거룩한 부담을 가지고 청소년들에게 하이델베르크 소요리 문답을 가르치는 등 우리 교회 청소년들의 신앙에 많은 유익을 준 목사이다. 늘 평안하고 겸손한 그의 모습에 고개가 절로 숙여진다.

그런데 그에게 가족의 아픔이 있다. 장애를 가진 아들로 인해 많은 시간을 자녀를 돌보는 데 사용한다. 그러한 그가 최근 갑자기 허리 통증이 있어 구급차를 타고 병원 응급실에 들어간 후 1년이 지나가는데 여전히 병원 신세를 지며, 병고(病苦)를 당하고 있다. 장애를 가진 아들과 남편을 돌보느라 그의 아내인 린다 사모가 여간 고생이 아니다. 우리 교회 성도들과 청소년들 모두 그를 존경하고 좋아하여 1년 가까이 그의 설교를 들을 수 없어 매우 안타깝다. 하나님의 치유의 손길이 함께 하기를 간절히 기도한다. 지난번 병원 심방할 때 그의 얼굴을 보니 비록 초췌하지만 여전히 평안해 보였다. 그를 위로하러 갔다가 그의 평안한 모습을 보고 도리어 위로를 받고 돌아왔다. 주의 사역자라고 모든 것이 형통하고 순조로울까? 꼭 그렇지는 않다. 하나님께 쓰임 받았던 교회사 속의 많은 사역자가 이해할 수 없는 고통을 짊어진 채 사역을 감당했음을 알고 있다.

윌리엄 캐리(1761-1834)는 영국에서 인도로 파송된 침례교 선교사로 개신교에서 그를 '현대 선교의 아버지'라 칭한다. 그는 가난한 직공의 다섯째 아들로 태어나 아버지로부터 약간의 교육을 받았지만 대부분 독학을 하였다. 그는 가난 때문에 정식 교육을 받지 못하고 십 대의 나이에 구두 수선공이 되었다. 한 마디로 캐리의 어린 시절을 보면 후에 그가 얻은 세계적인 명성에 도무지 걸맞지 않은 초라하고 약한 모습이다. 그런데 하나님은 그의 믿음과 성실성 그리고 충성된 삶의 태도를 보시고 부르셔서 극심한 고난과 가난을 극복하게 하여 위대한 선교의 시대를 여는 개척자로 사용하셨다.

캐리는 20세에 도로시라는 여인과 결혼하여 가정을 꾸렸으나, 여전히 가난했고 굶주리며 빚을 지기도 했다. 그래서 캐리는 가족을 부양하기 위해 구두 수선공 일 외에도 학교에서 어린이들을 가르치기 시작했다. 그런데 아이들에게 세계 지리를 가르치면서 세계에 대한 캐리의 비전은 더욱 확장되기 시작했다. 그는 지리 시간에 비기독교 국가들의 통계를 제시하면서 간혹 눈물을 흘렸다. 아무도 세계선교에 관심을 가지고 있지 않은 때에 캐리의 마음속에 세계선교에 대한 비전과 성령의 불은 더욱 크게 타올랐다. 그는 예수님의 지상명령을 자신에게 주시는 말씀으로 믿었다.

> "오직 성령이 너희에게 임하시면 너희가 권능을 받고 예루살렘과 온 유대와 사마리아와 땅끝까지 이르러 내 증인이 되리라"(행1:8).

1793년 캐리가 32세 되던 해 그는 인도 선교사로 가기로 결단했다. 그러자 그 길을 가로막는 많은 장애물이 나타났다. 아버지는 그를 '미친놈'이라고 불렀고, 그의 아내 또한 반대가 심했으며, 교회 성도들의 반대 또한 만만치 않았다. 결국 기도하는 가운데 아내는 순종하며 동행했고, 성도들도 그의 가족의 앞날을 위해 기도하며 보내주었다. 인도에 도착한 지 1년 만에 5살난 아들이 이질(痢疾)로 죽었다. 이에 충격을 받고 마음에 상처를 입은 그의 아내 도로시 캐리는 이미 불안정했던 그녀의 정신상태가 더욱 악화 되었다. 그녀는 극심한 정신착란증을 앓기 시작하여 하나님 품으로 안기기까지 마지막 12년을 심각한 정신질환자로 살았다.

윌리암 캐리는 1834년 73세의 일기로 인도 세람포르에 묻혔다. 직공의 아들로 태어나 구두 수선공으로 일을 하다가 하나님의 부르심을 받고 인도로 가서 40년이라는 세월을 헌신하였다. 죽음을 맞이했을 무렵, 영국은 그를 '제2 종교개혁의 아버지'로 여기게 되었다. 그리고 인도 현지 사람들은 그를 가장 위대한 성자라는 뜻의 '마하투마라'라는 칭호를 그에게 붙여주었다. 그러나 이런 대외적인 거창한 칭호 이면에는 자녀의 죽음, 아내의 12년간 정신질환 등 말로 할 수 없는 아픔이 있었다.

사람들이 볼 때 특출나게 보이는 사역자의 가족들 특히 사랑하는 아내들이 생각하는 것 이상으로 스트레스를 받고 고통을 감내하는 경우가 많다. 12년간 정신질환을 앓다가 하나님의 품에 안긴 윌리암 캐리의 아내 도로시 뿐만이 아니다. 스코틀랜드 장로 교회사의 탁월한 신학자요 목회자인 토머스 보스턴(1676-1732) 또한 뼈 아픈 아내의 사연이 있다. 토마스 보스턴은 영국의 비국교도 부모에게서 태어났다. 그는 에든버러대학교에서 공부하였고 1699년에 심프린이라는 교구의 목사가 되었다. 1707년 에트릭으로 부임하여 임종할 때까지 그곳에서 책을 쓰며 목회를 하였다.

그가 쓴 대표작은 '인간 본성의 4중 상태'이다. 그의 아내도 심각한 정신질환으로 마지막 10년을 보내고서야 주님의 품에 안겼다. 이러한 아내를 둔 목회자이자 신학자인 토마스 보스턴은 이러한 아픔 속에 영적으로 신학적으로 더 깊어졌다. 아내의 아픔이 그를 탁월한 신학자로 만들었다. 십자가 없는 면류관은 없으며 고통 없는 수확은 없다, 이러한 그의 개인적인 아픔과 약함이 주 안에서 승화되어 '그리스도 중심의 청교도 신학자'로 다른 사람들에게 영향을 끼치는 사람이 되었다.

성경의 무오성을 변증하며 개혁신학의 거성으로 불리우는 벤자민 워필드(1851-1921)에 관한 이야기이다. 워필드는 네덜란드의 아브라함 카이퍼, 헤르만 바빙크와 함께 세계 3대 칼빈주의 신학자라 불리운다. 그는 프린스턴 신학교에서 1887년 부터 1921년 까지 교수로 재직하였다. 워필드가 남긴 말 중에서 그의 분명한 신학적 태도를 발견할 수 있다. 그는 말하기를, "칼빈주의자는 모든 현상의 배후에 하나님의 임재하심을 본다. 또한 발생되는 모든 일에서 그의 뜻을 행사하시는 하나님의 손을 인식하며 기도로서 하나님에 대한 영적 태도를 가진다. 그리고 구원의 모든 역사에 인간 자신을 의지하는 태도를 지우고 하나님의 은혜에만 자신을 맡기는 사람이다"라고 말했다.

이렇게 위대한 칼빈주의 신학자 벤자민 워필드에게도 아픈 사연이 있다. 그는 신혼여행에서 아내가 번개를 맞고 불구가 된 이래, 평생 아내를 간호하기 위해서 두 시간 이상 집을 비운 적이 없었다고 전해진다. 설명할 수 없는 인생의 아픔이다. 워필드 또한 하나님 앞에 신실하였으며 칼빈주의 신학에 있어 타(他)의 추종을 불허하는 깊이가 있는 신학자이다. 어쩌면 그러한 탁월함과 신학적 깊이는 그가 겪은 '답 없는'(?) 고난에서 나온 것이 아닐까 생각한다.

조개의 아픔 속에 진주가 만들어진다. 아픔이 클수록 사랑이 깊어진다. 진실로 하나님을 신뢰하면 이해할 수 없는 아픔 속에서 인생의 귀한 진주가 만들어진다. 인간의 모든 연약함을 친히 체험하고 담당하신 분이 바로 예수님이시다. 이해할 수 없는 아픔을 당할지라도 예수 앞에 나오면 때로는 이해가 되지 않을지라도 견딜 수 있는 힘을 얻는다. 고난을 통하여 우리는 진정한 하나님의 율례를 배울 수 있다.

> "고난당한 것이 내게 유익이라 이로 말미암아 내가 주의 율례들을 배우게 되었나이다"(시119:71).

산 넘고 산을 넘어

Holistic Life 25

"외치는 자의 소리여, 이르되 너희는 광야에서 여호와의 길을 예비하라. 사막에서 우리 하나님의 대로를 평탄하게 하라. 골짜기마다 돋우어지며 산마다, 언덕마다 낮아지며 고르지 아니한 곳이 평탄하게 되며 험한 곳이 평지가 될 것이요. 여호와의 영광이 나타나고 모든 육체가 그것을 함께 보리라. 이는 여호와의 입이 말씀하셨느니라(사40:3-5). 예수님이 이 땅에 초림하시기 전에 '세례요한을 먼저 보낼 것'이라는 이사야서의 예언이다. 주님의 초림을 예비하였던 세례요한처럼 주님의 다시 오심을 예비하는 제2의 세례요한의 사명을 감당하는 사역자가 되기를 바라며 간절히 기도한다. 그리고 무슨 해답을 구하려는 것보다 답답한 마음을 그저 표출하면서 몇 자 적어본다.

고국을 떠나 이민자의 삶을 산다는 것은 그 자체가 고생이다. 특히 이들을 대상으로 타문화권 선교와 목회를 하는 것은 정말로 쉽지 않다. 이민 목회(혹은 선교 목회)를 하면서 다양한 배경의 성도들을 만나게 된다. 화인교회를 섬기면서 자주 느끼는 것은, 넘기 어려운 산을 겨우 넘었다 싶으면 또 다른 산이 앞에 나타난다는 것이다. 한국인인 나와는 전혀 다른 배경을 가진 중국인(화인) 성도들을 대하면서 마치 양파 껍질을 벗겨도 또 다른 껍질이 나타나는 것과 같이 늘 새로움을 느낀다. 이 정도면 성도들을 이해했다고 생각할 때 기다렸다는 듯이 새로운 일이 발생한다. 본디 목회 사역은 어렵지만 선교 목회는 더 어려운 것 같다. 성령을 의지할 수밖에 없으며, 절대적인 주님의 은혜가 필요하다.

지난 5년 동안 비교적 건강한 열 가정과 함께 시작한 교회가 하나님의 절대 은혜 속에 코로나 팬더믹 기간을 거치면서 생존은 물론 조금씩 성장하고 있다. 이제 교회가 조금 안정되어가나 할 때, 하나님은 새로운 부류의 사람들을 보내신다. 처음 교회를 개척할 때 함께한 부류와는 사뭇 다르다. 많은 아픔과 사연을 가지고 있는 성도들이 교회에 나오고 있다. 지난 세월 화인교회 성도들을 섬기면서 어떻게 해서 내가 여기까지 왔는가 신기하기도 하고 그 시간이 기적처럼 여겨진다. 시간이 지날수록 절감하는 것은 내가 할 수 있는 일들이 거의 없다는 것이다. 목회 현장에 나의 힘으로 풀 수 없고 해결할 수 없는 문제들이 산적해 있다. 어느 순간 문제를 해결하려 하기보다는 그냥 아픔과 고통 속에 있는 그들 옆에서 위로하며 기도하고 공감하며 하나님의 긍휼을 바랄 뿐이다.

최근 주일예배에 몇 번 나온 후 최종적으로 우리 교회로 나오기로 정한 자매를 지난주 주일 저녁에 줌(Zoom)으로 심방하였다. 주일 예배를 드릴 때 마스크를 착용하고 있어 정확히 얼굴을 보지 못했으나 줌미팅 심방을 할 때 화상으로나마 자매의 얼굴을 보게 되었다. 수척한 얼굴이 무언가 사연이 많아 보였다. 이 자매는 세 자녀를 둔 어머니이며, 이 지역에서 저명한 대학교 교수의 부인이다. 남편과 함께 예수를 믿고 있으며, 오랫동안 교수인 남편과 함께 학원선교를 열심히 했다. 그러나 남편과의 잦은 말다툼과 싸움으로 인해 지금은 별거 중이다. 예전에 다녔던 교회의 목사님과 사모님의 도움을 받으면서 부부문제를 해결하려 했으나 역부족이었다. 심지어 전문기관에 상담도 받았으나 효과가 없었다. 부부문제를 해결하려다가 더 많은 상처를 서로 주고받으며 최종적으로 별거에 합의했다고 한다.

남편은 미국 칼텍(CALTEC, 켈리포니아 공대)에서 포닥(Post Doctor, 박사 후 연구)을 할 정도로 유능한 사람이다. 부부가 모두 나름대로 예수를 잘 믿으며 가르치기를 잘하며 사역도 열심히 했다고 한다. 그런데 결국 부부가 별거하기로 합의했다. 자녀들 또한 부모의 잦은 싸움으로 서로 망가지는 것보다는 차라리 별거하는 것이 낫겠다고 동의했다. 많은 상처와 아픔 속에 자신의 지나온 이야기를 하는 자매의 이야기를 들어주는 일 외에는 할 말이 별로 없다. 자매는 말하면서 어떻게 하는 것이 옳은지 다 안다고 말한다. 마치 더 이상 나를 가르치려고 하지 말라고 하며, 제발 설교는 사절이라고 말하는 것 같았다. 자매의 이야기를 들으면서 생각했다. 예수 믿는 것이 무엇일까?

체면을 중요시하는 화인 문화 속에 교수인 남편은 이러한 상황이 남에게 알려질까 봐 그동안 알고 지내던 많은 지인과의 관계를 단절했다. 남편은 이런 상황 속에 아내인 자매에게 어디 가서 말조심하라고 입단속을 시켰다고 한다. 이런 상황에 목회자인 내가 할 일은 무엇일까? 줌 미팅을 통한 심방을 하는 동안 권면이나 설교는 하지 않았다. 아니 효과가 별로 없을 것 같았다. 오늘은 가볍게 실제로는 그리 가볍지 않은 자매의 이야기를 들어주는 것이 훨씬 낫겠다고 생각했다. 그리고 해야 할 권면 그리고 하고 싶은 이야기는 다음 기회로 넘겼다. 다른 목회자와 전문 상담기관도 해결하지 못한 문제를 내가 어떻게 해결한단 말인가! 하나님은 이 시점에 이 영혼을 왜 우리 교회에 보내셨을까? 이 자매에게 내가 할 수 있는 일은 무엇인가? 지금은 성령님을 의지하며 기도할 뿐이다. 성령님이 답을 주셨으면 좋겠다.

그 자매에 이어 새로운 한 형제가 우리 교회에 나오기로 결정했다. 그래서 어제 오후에 그 형제의 요청으로 면담을 하였다. 그는 지금까지 살아 온 자신의 이야기를 담담하게 이야기했다. 그는 네 번 결혼했다고 한다. 중국에서 첫 번째 결혼한 전처(前妻)와의 사이에 유일하게 아들 하나가 있는데 지금은 캐나다의 한 대학을 졸업할 나이가 되었다. 중국에서 첫 번째 아내와 이혼하고 두 번째 아내와 결혼을 하였다. 방송국의 중견 간부인 아내와의 사이에 자녀는 없고 캐나다로 이민 오는 문제로 의견을 달리하여 헤어졌다.

그는 아들을 데리고 캐나다로 이민 와서 세 번째 상해 출신인 부인을 만났다. 이민 올 때 가지고 온 돈을 투자하여 세 번째 부인과 함께 식당을 개업했다. 그런데 얼마 지나지 않아 사업이 잘 되지 않아서 식당 문을 닫게 되었다. 그러던 중에 세 번째 아내와의 결혼을 통해 캐나다 영주권을 취득하였다. 그러나 재정적인 문제 등으로 인해 세 번째 아내와 헤어졌다. 그리고 인터넷을 통하여 새로운 여자를 알게 되었다. 그리고 급속도로 가까워져 네 번째 결혼을 하여 이 곳으로 오게 되었고 우리 교회에 나오게 된 것이다. 지금은 네 번째 부인과 갈등으로 인해 같은 지붕 아래 살고 있지만 분방(分房)한 지 오래라고 한다.

세 번의 결혼 실패에 이어 네 번째도 이미 헤어지기 일보 직전이다. 시민권자인 자신이 네 번째 부인과의 결혼으로 아내의 영주권 수속을 진행 중이라고 한다. 그런데 최근 이런저런 이유로 변호사를 통해 아내의 영주권 수속을 취소하려고 하는 과정에 목회자인 나에게 자문을 요청한 것이다. 본인이 다 결정하고 자신의 결정에 확인 혹은 지지를 바라며 찾아온 것이다. 크리스천이 먼저 이혼을 요구하면 안 되니 아내의 영주권 수속을 취소하여, 아내가 먼저 이혼을 요구하도록 하여 피동적으로 이혼에 합의하려고 생각 중이란다.

자신이 먼저 이혼 요구를 하면 죄이니… 그에게 무슨 말을 하겠는가? 이야기를 듣고 목회자인 나에게 정직하게 이야기해주어서 고맙다고 했다. 이혼하면 안 된다는 것을 알고 있는 그였지만 이미 마음에 결정을 한 것이다. 형제님을 위해 기도하겠다고 답을 하면서 형제님도 기도하라고 했다. 그리고 지금까지 네 번의 결혼실패 원인이 무엇인지, 자신의 문제는 무엇이었는지 아는 것이 중요하다는 말을 했다. 문제가 발생했을 때 정확한 원인이 규명되지 않으면 유사한 일이 반복해서 일어날 수밖에 없기 때문이다.

하나님의 긍휼을 구한다. 그 형제는 어떻게 하는 것이 하나님이 기뻐하시는 것인지도 명확하게 안다. 그런데 그 형제에게 있어서 아는 것과 그것을 행하는 것은 별개의 일이다. 그 형제만 그럴까? 남의 일일 경우는 객관적으로 아주 정확하게 권면이나 충고를 해주면서 정작 자신의 일에는 …, 이러한 목회 상황을 통해 하나님은 목회자인 나를 키우고 나를 목회하고 계신다. 산을 넘어도 또 다른 산은 또 나타난다. 오늘도 계속에서 산을 넘어가려고 안간힘을 쓴다. 종국(終局)은 주님이 다시 오실 때 이 모든 산을 넘어 평지에 도달하리라!

"아멘 주 예수여, 어서 오시옵소서!"(계22:20).
마라나타!

제**2**부

인간관계와 인복(人福)

Holistic Life **26**

생명은 생명에게 영향을 준다. 며칠 전 평소에 친밀한 감정을 가지고 교제해 온 한 분을 만났다. 그분을 만나면 진짜 예수 믿는 사람이라 느껴진다. 그리고 그분은 말도 예쁘지만 행동으로 사랑을 보여준다. 늘 베풀고 산다. 그리고 생색도 자랑도 하지 않는다. 그분은 가족은 물론 친척 그리고 교회 내의 형제자매들과의 관계도 좋다. 그분에 대해 좋지 않은 이야기를 한 번도 들어본 적이 없다. 목사로서 그분 앞에 있으면 그저 부끄럽다. 그분과의 교제 후 네 종류의 인간관계를 생각해 보았다.

첫 번째는 '그저 받기를 좋아하는(Just Take) 사람'이다. 받기만 하고 베풀 줄 모르는 부류이다. 이런 부류를 만나면 때로는 얄밉기도 하다. 그러나 성령의 은혜가 임하면 받기만 하다가도 베풀 때도 있을 것으로 기대한다. 목사로서, 선교사로서 살아가는 나의 모습을 보면 섬기는 것보다 섬김 받는 것에 익숙함을 발견하곤 깜짝 놀라기도 한다.

두 번째는 '받은 만큼 베푸는(Take & Give) 사람'이다. '나는 오지랖은 넓지 않아 남에게 주지는 않지만 받으면 꼭 답례한다'는 부류이다. 이런 사람에게도 하나님의 은혜가 임하여 받는 것에 대한 답례 만 하다가 시간이 지나고 성숙하게 될 때 더 많이 주게 되는 사람으로 변화될 것을 기대한다. 쉽게 말하면 받는 것에 대한 답례로 사례만 하는 피동적인 삶에서 관계의 주도권을 가지고 더 주는 쪽으로 발전하게 되기를 소망한다. 때로 나의 삶에 있어서 의무방어전처럼 받는 것에 대해서만 되 갚을 때가 많음을 솔직하게 고백한다.

세 번째는 '먼저 베풀고 또한 받기도 하는(Give & Take) 사람'이다. 받는 것보다 주는 것을 더 좋아하는 부류이다. 주님 안에서 진정한 은혜를 받으면 받는 것보다 주는 것을 더 좋아하는 사람이 된다. 나의 삶 속에서 '최소한 이 정도의 삶을 살아야 하는데 …'라는 생각을 많이 한다.

마지막으로 '그저 주는 것으로 기뻐하는(Just Give) 사람'이다. 관계의 달인이다. 이런 부류는 늘 조건 없이, 계산 없이 베풀고 생색내지 않는다. 그저 주는 기쁨으로 사는 부류이다. 상대방이 답례를 하든 안 하든 조건없이 베푸는 삶을 살아간다. 마치 예수님처럼 인간관계에서 자유한 삶을 사는 사람을 말한다.

나는 어느 단계의 관계를 하며 살아가고 있는가? 우리는 보통 이런 말을 한다. '그 사람 참 인복도 많아!' 자신의 삶과 인격과 관계없이 좋은 사람, 자신에게 이득을 주는 사람을 만날 때, 인복(人福)이 많다고 한다. 사람과 처음 만날 때 상대방의 동기를 모르는 경우가 많다. 그러다가 한 번 만나고 두 번 만나다 보면 동기를 알게 되고 그 사람의 됨됨이도 알게 된다.

인복이 어떻게 형성되는지 아래의 네 종류 인간관계를 통해 알 수 있다.
첫째, 불순한 동기 혹은 이해타산으로 동기를 감춘 채 접근하는 경우이다.

특히 이민 사회에 이런 경우가 적지 않다. 과도한 친절과 서비스로 상대방을 안심시킨 뒤 결국은 상대방을 이용하고 속이고 사기를 치고 끝나는 경우이다. 상대방을 잘 모르는데 과도한 친절로 다가오는 사람을 일단 믿지 말고 지켜보면서 마음의 문을 여는 경우도 지혜로운 방법 중의 하나이다.

둘째, 불순하고 이해타산 속에 접근하였으나 상대방의 순수하고 겸손하며 지혜로움에 반하여 이해타산을 접고 순수하게 변화되는 경우이다. 우리 그리스도인들이 가져야 할 성품이고 교회 공동체가 해야 할 가장 중요한 일 중에 하나가 바로 이런 생명을 가져야 한다. 죄인이나 악인이 그리스도인을 만나고 교회를 나갔더니 '개과천선 했더라!' 이런 말들을 많이 들었으면 좋겠다.

셋째, 순수한 동기로 접근하고 교제를 시작하였으나 상대방의 이해타산과 욕심을 보고 차차 멀리하며 교제를 접는 경우이다. 한두 번 상처를 받으면 일단 사람에 대해서 경계를 하게 되고 쉽게 마음의 문을 열지 않게 된다. 보통 순진하게 시작하여 상처로 끝나는 경우가 많다. 이런 환경에 우리는 순수함을 잃지 않으면서도 사람들에게 당하지 않는, 상처받지 않는 지혜가 필요하다.

마지막으로 순수하게 시작하여 이해타산 없이 교제를 이어가며 서로 섬기지 못해 안달하는 경우이다. 이것이 바로 '서로 사랑하라'는 주님의 새 계명을 지키는 제자들의 도리이다. 이러한 교제를 하다가 설령 물리적으로 떨어지는 상황이 발생해도 그 사람이 늘 마음 속에 남아 있게 된다. 저에게도 이런 사람이 있다. 매일 만나지 않아도 생각만 해도 기분이 좋다.

진정한 인복(人福)이란? 내가 좋은 사람을 만나는 것이 아니고 내가 먼저 좋은 사람이 되는 것이다. 또 다른 인복은 나와 같은 좋은 사람을 만나는 경우다. 상대방이 이해타산 속에 나에게 다가 왔으나 나의 인격과 삶을 보고 이해타산을 버리고 순수하게 나와 교제하는 사람이 많을 때 이를 진정한 인복(人福)이라 한다. 나는 인복이 있는 사람인가?

"그러므로 그리스도 안에 무슨 권면이나 사랑의 무슨 위로나 성령의 무슨 교제나 긍휼이나 자비가 있거든 마음을 같이하여 같은 사랑을 가지고 뜻을 합하며 한마음을 품어 아무 일에든지 다툼이나 허영으로 하지 말고 오직 겸손한 마음으로 각각 자기보다 남을 낫게 여기고 각각 자기 일을 돌볼뿐더러 또한 각각 다른 사람들의 일을 돌보아 나의 기쁨을 충만하게 하라"(빌2:1-4).

제**2**부

마음을 넓혀라

Holistic Life　**27**

　　사도 바울은 고린도교회 성도들을 향하여 말한다. "고린도인들이여 너희
를 향하여 우리의 입이 열리고 우리의 마음이 넓어졌으니 너희가 우리 안에
서 좁아진 것이 아니라 오직 너희 심정에서 좁아진 것이니라. 내가 자녀에게
말하듯 하노니 보답하는 것으로 너희도 마음을 넓히라"(고후6:11-13) 우리가
은혜를 받아도 우리 자신의 마음이 넓지 못하면 오해가 생긴다. 마음이 좁으
면 시기심도 생기고 상처도 쉽게 받는다. 그렇기 때문에 좀 더 넓은 마음을
가질 수 있어야 한다.　　예수 믿는 사람들이 마음이 좁다는 말을 많이 듣는
다. 예수믿는 사람들은 마음이 꽉 막혀 답답하다는 말도 많이 듣는다. 그리고
예수믿는 사람들은 융통성도 없고, 말도 잘 통하지 않는다는 비난을 받는다.

　　예전 미국에서 중국인(화인) 목회할 때의 일이다. 매주 교회내의 소그룹을
인도하기 위해 태평양 해변을 경유해서 갔다. 미국에서의 이민생활이 만만치
않고 또한 여유가 없기에 어쩌면 성도들이 기댈 만 한 곳이 교회이다. 또한
힘든 생활 속에 교회에 거는 기대도 크다. 그런데 각기 다른 배경에서 살다
가 이민 온 중국인 교회 성도들의 삶을 이해한다는 것은 정말 쉽지 않았다.
다른 교회는 제쳐 두고라도 제가 섬겼던 교회 성도들의 배경은 매우 다양했

다. 홍콩, 대만, 중국대륙, 말레이시아, 인도네시아에서 온 자들이다. 사용하는 언어도 중국 보통화(맨더린), 광동화(캔터니스), 그리고 영어를 사용한다.

그래서 서로 마음을 나누며 소통하기가 쉽지 않다. 알아도 알아도 또 알아야 할 것이 생긴다. 마치 양파 껍질을 벗겨도 또 벗겨지는 것과 같다. 성령이 역사하지 않으면 진정한 코이노니아는 어려운 현실이다. 더구나 중국인을 섬기는 한국인 목사인 저에게는 정말 쉽지 않은 일이다. 늘 한계를 경험하며 혼자서 하는 고백이 '나는 왜 이렇게 속이 좁을까? 밴댕이 속처럼… 좀 더 마음이 넓어졌으면 좋겠는데…'

어느 날 소그룹 모임을 인도하기 위해 차를 몰고 가다가 문득 끝없이 넓은 태평양을 보면서 감동이 밀려왔다. 태평양은 왜 이렇게 크고 넓을까? 세상에 있는 모든 물들을 다 담을 정도로 넓은 태평양이다. 가만히 생각해 보니 답은 아주 간단하다. 바로 태평양은 가장 낮은 위치에 있으며 또한 넓기 때문이다. 그래서 산골에서 흘러온 맑은 1급수 물부터 호수의 일반 물, 심지어 공장에서 흘러나온 폐수까지 다 받아들인다.

태평양을 보니 바로 도성인신하신 예수님의 겸손이 보인다. 교회는 맑고 깨끗한 자 뿐만 아니라, 공장의 폐수처럼 온통 죄로 물든 자까지 각양각색의 사람들이 모이는 곳이다. 태평양의 교훈을 생각할 때 또 다른 위대함은 소금이다. 흘러 들어온 모든 물을 정화시킨다. 마치 저에게 각지에서 오신 모든 성도를 포용하고 수용하라는 메시지로 보인다. 그리고 방부제 역할을 하는 소금 성분과 같은 예수님의 보혈의 능력이 저를 포함한 모든 성도를 정결케 하실 줄로 믿는다.

마치 넓은 태평양에 흘러 들어간 폐수가 워낙 거대한 태평양에 희석되어 흔적도 없는 것처럼 말이다. 어거스틴은 신앙의 미덕을 첫째도 겸손, 둘째도 겸손, 셋째도 겸손이라고 말하였다. 주여! 오늘도 가장 낮은 위치에서 모든 물을 수용하는 태평양의 겸손처럼 나에게도 이러한 용납과 포용의 겸손한 예수님의 리더십을 허락하소서!

"너희 안에 이 마음을 품으라. 곧 그리스도 예수의 마음이니 그는 근본 하나님의 본체시나 하나님과 동등됨을 취할 것으로 여기지 아니하시고, 오히려 자기를 비워 종의 형체를 가지사 사람들과 같이 되셨고, 사람의 모양으로 죽기까지 복종하셨으니 곧 십자가에 죽으심이라."(빌2:5-8)"

제**2**부

영적인 실력

Holistic Life　28

　'편리함'과 '평안함'은 비슷한 것 같으면서도 많은 차이가 있다. 많은 사람들이 편리함과 동시에 평안함을 추구한다. 그리고 이 두 가지가 만족스러울 때 '행복'하다고 한다. 그런데 인생을 살다 보면 편리함과 평안함을 둘 다 취하면 좋은데 서로 충돌할 때가 많다. 세상에 불편한 것을 좋아하는 사람이 있을까? 육신의 본능은 편리함을 추구한다. 반면 성령은 평안함을 추구한다. 편리함을 추구하면 평안함이 없어질 때가 많다. 반대로 평안함을 추구하면 불편할 수도 있다. 우리가 그리스도를 따른다고 하면서 여전히 편리함만을 추구하면 주님이 주시는 진정한 평안을 잃어버릴 수 있다. 반대로 주님이 주시는 평안함을 추구하다 보면 편리하기도 하고 때로는 불편할 수도 있다.

　사람이 편리함을 추구하다 보면 한없이 편리한 쪽으로 간다. 편리함을 추구한 사람이 걸어 다니다 보면 차를 타고 다니는 사람이 보인다. 그래서 돈을 모아 중고차를 산다. 중고차를 사서 운전하고 다니다 보면 새 차를 가지고 다니는 사람이 보인다. 그래서 다음의 목표는 더 열심히 돈을 모아 새 차를 구입한다. 새 차를 가지고 다니다 보면, 예전에 보이지 않던 고급 중형차가 보인다. 그리하여 열심히 돈을 벌어 큰 차로 바꾼다. 어쩌다가 경제 상황이 여의치 않아 고급 중형차를 가지고 다닐 수 없어 조그마한 차로 바꾸면 여간 불편한 것이 아니다. 편리함을 추구하면 불편함을 견디지 못한다.

편리함(convenient)을 추구하면 잠시 만족을 얻을 뿐 진정한 평안(peace)을 얻을 수 없다. 편리함을 추구하면 도리어 부족한 것이 더 많이 보이고 더 불만족하게 된다. 자신만의 편리함을 위해 살기 때문에 다른 사람의 아픔이나 어려움이 보이지 않는다. 온통 자신이 당한 불편함만 보이기 때문이다. 그런데 불편이 꼭 나쁜 것만은 아니다. 불편할 때 아이디어가 떠오르고 불편할 때 인내심이 훈련된다. 불편한 상황에 감사할 제목이 더 많을 수 있다. 우리는 편리함보다는 평안함을 추구해야 한다. 진정한 평안은 소유에 의해 결정되지 않는다. 소유가 없고 불편해도 평안할 수 있다. 편리함이 눈에 보이는 것에서부터 나왔다면 평안함은 눈에 보이지 않는 마음에서 나온다.

마음의 평안함(peace)은 하나님과의 관계에서 시작된다. 하나님이 우리의 목자가 되시면 우리의 부족함은 채워진다(시23:1). 실상은 부족하고 불편해도 주님으로 만족하게 된다. 주님이 함께 하시면 때에 따라 조금 불편할 뿐이지 마음 속에 있는 평안함은 없어지지 않는다. 주님이 주시는 평안은 세상이 주는 잠시 잠깐의 만족과 다르다(요14:27). 부활하신 주님이 우리에게 주시고자 하신 것은 평강이다"(요20:19). 참으로 힘들고 지친 삶 속에 주님이 주시는 평강이 우리 마음 속에 가득 차기를 원한다.

고난당하는 사람의 마음을 이해할 수 있는가? 고난은 고난을 당하는 당사자 외에 이해가 쉽지 않다. 견디기 어려운 고난 앞에 그냥 "믿습니다"라고 말하는 것은 쉽지 않다. 하박국서에 보면 하박국은 이해할 수 없는 국가의 상황에 이의를 제기하며 의문을 품는다. 믿음의 반대말은 의심이 아니라 불순종이다. 김병년 목사는 [난 당신이 좋아]에서 믿음에는 의문이 포함되어 있다고 말한다. 반면 불신앙은 무관심으로서 어떠한 의심도 하지 않거나 무조건 의심하는 절대적 회의주의이다. 신자에게 의심은 성장을 위한 과정이지만, 불신앙은 성장을 저해하는 요소이다. 이해할 수 없는 고난에 의심을 가지기도 하지만 인내하는 가운데 하나님의 때가 되면 고난을 주신 하나님을 이해할 때가 많다.

수영로 교회를 섬기셨고 지금은 하나님의 품에 안기신 정필도 목사님의 이야기이다. 어렸을 때 고난을 허락하신 하나님을 이해할 수 없었다고 한다. 그는 어렸을 때 너무 가난하고 힘들어 빨리 죽었으면 좋겠다고 생각하였다. 그래서 하루에 세 번 이상 하나님 앞에 나아가 기도할 수 밖에 없었다. 그렇게 기도하다 보니 하나님의 음성을 듣고 거룩하고 평안한 삶을 추구하며 살다보니 겸손하게 하나님께 쓰임받은 사람이 되었다. 하나님을 의지하며 평안을 추구하다보니 불편함과 고난 가운데 더 큰 은혜를 받아 믿음이 견실하게 자랐다. 평안함을 추구한 결과 부산의 장자 교회 수영로교회를 이루었고 다른 곳에 비해 복음화률이 낮은 부산시의 성시화 운동에 헌신하게 만들었다.

베드로전서를 묵상하다보면 제일 많이 등장하는 단어는 '고난'이다. 1장에 한 번(11), 2장에 네 번(19, 20, 21, 23), 3장에 세 번(14,17절에 두 번), 4장에 다섯 번(1절에 두 번, 13, 16, 19), 5장에 두 번(1,9)으로 총 15번 등장한다. 아마도 고난을 좋아하는 사람은 없을 것이다. 하나님이 쓰셨던 인물 중에 고난을 통과하지 않은 인물은 없다. 지금도 마찬가지이다. 성도가 이 땅에 살면서 피할 수 없는 것이 고난의 바다(슥10:11)이다. 죄로부터 우리를 건지신 하나님이 고난이라는 커리큘럼을 통하여 하나님의 사람으로 만들어 가신다.

그리스도인은 고난에도 '불구하고' 온전케 되는 존재가 아니라 고난을 '통해' 온전케 되는 존재이다. 고난은 그리스도인이 선택할 수 있는 것이 아니다. 고난은 참된 그리스도인이 되기 위한 필수 과정이다. 하나님은 성도들이 고난을 이길 수 있도록 끝까지 도와주신다. 현재 불편함과 고난 중에 있다면, 특히 예수님을 믿는다는 이유 때문에 불편함을 감수하고 고난을 당하고 있다면 그 기간은 하나님이 쓰실 수 있는 그릇으로 빚어지는 시간이다. 이러한 시간에 연약한 인간은 하나님의 손을 놓을 수 있지만 하나님은 우리의 잡은 손을 결코 놓지 않으신다.

불편함과 고난 중에 있는 사람은 편리함과 쾌락을 추구하는 사람이 절대 경험할 수 없는 하나님의 특별한 은혜를 맛볼 수 있다. 육체적 고통을 당하거나 사람에게 상처를 받거나 금전적인 어려움을 겪을 때에도 하나님이 함께 하시면 하나님의 역사와 은혜를 경험할 수 있다. 일이 잘 풀릴 때만 은혜가 임하는 것이 아니다. 우리가 실패했을 때에도 은혜는 우리를 감싸고 있다. 고난 가운데 있는 자가 오히려 은혜를 더 분명하게 체험할 수 있다. 고난당한 만큼 심령이 가난해지고 갈급해있기 때문이다. 고난 가운데서 하나님의 은혜를 체험한 자는 진정한 감사의 고백을 드린다.

"육신을 따르는 자는 육신의 일을, 영을 따르는 자는 영의 일을 생각하나니 육신의 생각은 사망이요 영의 생각은 생명과 평안이니라."(롬8:5-6) "내가 비천에 처할 줄도 알고 풍부에 처할 줄도 알아 모든 일에 배부르며 배고픔과 풍부와 궁핍에 일체의 비결을 배웠노라."(빌4:12) "고난 당하기 전에는 내가 그릇 행하였더니 이제는 주의 말씀을 지키나이다."(시119:67) "고난 당한 것이 내게 유익이라 이로 말미암아 내가 주의 율례들을 배우게 되었나이다."(시119:71)

관계를 중요시하는 한국사회 혹은 화인사회에서 지연, 학연, 혈연의 배경은 무시할 수 없는 실력으로 작용한다. 이제 개천에서 용이 나오는 시대는 지났다고 한다. 금수저 부모를 만나야 자녀들도 금수저가 된다. 금력이나 권력 혹은 학력이 없으면 신분상승이 어렵다. 노력하고 노력해도 흑수저가 금수저 되기 어려운 시대이다. 그러나 어떠한 시대를 살고 있든지 우리 그리스도인들에게 진정으로 필요한 것은 영적 실력이다. 무엇을 영적 실력이라고 할까?

전주 안디옥 교회를 섬겼던 이동휘 목사의 말씀이 생각난다. 평생 선교를 위해 목숨을 걸고 사시는 그 분의 신조 중에 하나가 '불편하게 살자'이다. 큰 집에 살 수 있는데 주님을 위해 조그마한 집에 사는 것이, 편하게 큰 차를 탈 수 있는 능력이 있는데 하나님의 나라를 위하여 조그마한 중고차를 타고 다니는 것이 '영적인 실력'이라는 것이다. 그렇다고 큰 차를 타고 다니는 사람을 정죄하려는 의도가 아님을 분명하게 밝혀둔다. 왜냐하면 그럴만한 충분한 이유가 있기 때문이다. 편리함을 추구하며 높아지고 풍요로워지는 것이 우리들의 본성이고 욕구이며 자랑이고 희망 사항이다. 주님의 영광을 위해 때로는 그런 욕구와 본성을 억제하며 불편을 감수하며 살아 가는 것이 '영적인 실력'이다.

말로는 하나님의 영광을 외치는데 실제 삶 속에 얼마나 하나님의 영광을 나타내기 위해 인내하며 절제하는가? 우리는 영적인 실력을 얼마나 구비하고 있는가? 진정한 영적인 실력가인 바울은 우리에게 말한다. "모든 것이 가하나 모든 것이 유익한 것은 아니요. 모든 것이 가하나 모든 것이 덕을 세우는 것은 아니니 누구든지 자기의 유익을 구하지 말고 남의 유익을 구하라"(고전 10:23-24).

지금은 주님의 품에 안기신 은보 옥한흠 목사를 생각해본다. 평생 겸손히 사시려고, 몸부림치시며 교회를 교회답게 하시려고 몸부림치시고 성도들을 주님의 제자로 키우셨던 분이다. 이분이야 말로 영적인 실력가셨다. 누릴 수 있는데 주님의 영광을 위해 인내하며 절제하는 것이 영적인 실력이다. 그분이 살아 생전 하신 말씀이다.

"제가 하는 이야기에 공감할지 모르지만, 우리나라는 급속도로 문명이 발전하고 있는 나라 중에 하나이다. 우리나라 국민의 상위 20퍼센트에 해당하는 사람들의 생활 수준이나 패턴을 보면 선진국을 능가할 정도이다. 그런데 한 가지는 꼭 알아 두라. 문명은 마약이다. 마약에 중독되면 무기력해지고, 결국은 아무것도 못하는 폐인으로 전락한다. 문명이 발전할수록 사람들은 행복해지는 것이 아니라 무력한 존재가 될 수 있다.

이렇게 되면 결국 남는 것은 쾌락뿐이다. 쾌락은 더 큰 쾌락을 부르고 더 큰 공허함을 불러들인다. 그래서 나중에는 무엇으로도 만족할 수 없는 불행한 사람으로 바뀐다. 이것이 문명이 주는 종말이다. 마치 마약이 주는 결과와 같다…(중략)… 이런 위기는 아파트 평수가 60평, 70평인 사람일수록, 사회적으로 추앙받는 사람일수록 더 빨리 올 것이다. 지금 근심 걱정이 전혀 없고 젊음을 즐기는 사람일수록 이 무서운 결과는 하루 아침에 올 것이다. 죄의 삯은 사망이다."

하늘 높은 줄 모르고 올라 간 고대 제국의 왕들, 국민들의 인기를 누리며 권력의 맛에 취해 있던 정치가들, 일국의 대통령보다 더 큰 권력과 부를 가진 경제인들을 향해 하나님은 말씀하신다. 더불어 인기와 명예와 부를 총체적으로 가진 일부 대형 단체(?)의 종교 지도자들을 향해서도 하나님은 말씀하신다. "그물에 걸려 뭍에 올려져 짐승들의 밥이 될 괴물 악어"(겔32:2-3)라고 말이다.

할 수만 있다면 위로 올라가지마라. 주님이 높여 주시기 전에는 올라가지

마라. 불편해도 그냥 주어진 위치에서 조용히 그리고 소박하게 살아라. 주어진 자리에서 주님 섬기고, 잔잔한 가족 사랑을 누리며 살아라. 나보다 어려운 주위의 사람들과 먹을 것을 나누어 먹으면서, 평범하게 살아라. 남들이 볼 때 약한 자의 모습, 별 볼일 없는 모습처럼 보이지만 힘들고 어려운 중에 하나님의 영광을 위해 주님 섬기며 잘 살아 가는 것이 영적 실력이다.

특히 주의 사역자(혹은 선교사)들 중에 배부른 자가 얼마나 되겠는가? 세상에서 칭송이 없어도 주님은 그들의 삶을 알고 계신다. 이 세상에서의 잠시 잠깐의 고난과 눈물을 충분히 알고 계신다. 이 세상의 고난과 아픔을 도성인신하셔서 친히 체험하신 분이 바로 주님이시다. 하나님의 때가 되면 주님은 그들의 눈에서 눈물을 닦아 주실 것이다.

주님은 오늘도 영적인 실력을 갖추라고 우리에게 말씀하신다. "너희 중에는 그렇지 않을지니 너희 중에 크고자 하는 자는 너희를 섬기는 자가 되고 너희 중에 으뜸이 되고자 하는 자는 모든 사람의 종이 되어야 하리라 인자가 온 것은 섬김을 받으려 함이 아니라 도리어 섬기려 하고 자기 목숨을 많은 사람의 대속물로 주려 함이니라"(막10:43-45).

제2부

메시아 콤플렉스

Holistic Life 29

메시아 콤플렉스(Messiah Complex)라는 말이 있다. 구세주 콤플렉스(The Savior Complex), 메시아 신드롬(Messiah Syndrome), 그리스도 콤플렉스(Christ Complex)라고도 한다. 사람을 돕지 않으면 안 된다는 강박 관념으로 '자신이 불행하다'는 감정을 가진 사람이 그 감정을 무의식적으로 억압하면서 다른 사람을 돕는 것으로 다른 사람에게 인정을 받으며 '자신은 행복하다'고 믿으려는 현상을 말한다.

어떻게 보면 자신의 불행을 다른 사람을 돕는 방편으로 사용한다는 면에서 멋있어 보이지만, 실은 다른 사람을 돕는 동기가 '자신의 만족'을 위한 것이다. 쉽게 말하면 메시아 콤플렉스는 '다른 사람을 돕고 있기 때문에 자신은 행복하다'고 여기며 자기만족으로 여기나, 다른 사람을 순수하고 진정으로 돕지 않기 때문에 결국은 도움을 주고받는 과정에 문제를 유발하며 관계를 단절시키는 경우가 많다. 구세주(메시아)가 아니기 때문에 지치게 되고 결국 다른 사람과의 관계 단절은 물론 자신의 영혼도 망가지게 된다.

놀라운 것은 종교 지도자 중에 이러한 콤플렉스를 가진 자들이 많다. 자신이 건강하지 않으면 다른 사람을 건강하도록 도울 수 없다. 이런 사람은 세상만사를 자신이 다 감당하고 책임져야 한다는 생각에 늘 열심히 남을 도우며 일한다. 한 가지 일이 끝나면 쉼도 없이 또 다른 일을 만들고 걱정하며 늘 바쁘다. 그 내면에 다른 사람으로부터 '좋은 사람', '유능한 사람'이라는 말을 듣고 싶어 하는 인정욕구가 자리 잡고 있기 때문이다. 한정된 시간과 능력 그리고 체력 때문에 한계를 느끼지만 자존심 때문에 인정하지 않으며 희생하고 헌신하지만 결국은 본인도 지쳐 힘들어지며 인간관계도 깨지며, 수행해나가는 사역에도 많은 문제가 야기된다.

혼자 세상의 모든 짐을 짊어지고 번민하고 있으면 이제 그 짐을 내려 놓으라고 권면하고 싶다. 실제 메시아(구세주)이셨던 예수님도 이 땅에 오셔서 모든 일을 하지 않으시고 자신에게 주어진 시간과 여건 속에 성부 하나님이 맡기신 일에만 집중하여 최선을 다하셨다. 군중이 몰려오면 피하여 혼자 기도하러 가기도 하셨다. 병자들도 치유하셨지만 만나는 모든 사람을 다 치유하시지는 않으셨다.

자신의 생애에 모든 지역을 돌아다니며 회개의 복음을 전하겠다고 하지도 않으셨다. '내가 아니면 안 된다'는 생각을 버려야 한다. 구세주 콤플렉스에서 벗어나자. 감당하지 못할 일을 부탁받거든 자신의 능력과 시간의 한계를 겸손하게 인정하고 부드럽게 'No'하는 연습이 필요하다. 한 번 두 번 'No'가 훈련되면 자신의 내면에 자유와 함께 기쁨이 차오를 것이다. 남의 눈치도 보지 않게 된다. 그렇게 되면 자신에게 주어진 일도 다른 사람의 반응과 관계없이 기쁨으로 감당할 수 있다. '내가 아니면 안 된다'는 의식에서 자유로워져야 한다. 그리고 자신의 몸과 영혼이 건강해지면서 진정으로 도움이 필요한 대상(남)을 도울 수 있다.

이천 년 전에 예수님의 허심탄회하신 처신에 대한 말씀이 우리가 따라야 할 진정한 사역 모델이 아닐까 사려 깊게 고찰해 본다.

"수고하고 무거운 짐 진 자들아 다 내게로 오라 내가 너희를 쉬게 하리라"
(마11:28).

"여호와께서 이르시되 내가 친히 가리라 내가 너를 쉬게 하리라"(출33:14).

"아버지께서 내게 주시는 자는 다 내게로 올 것이요 내게 오는 자는 내가 결
코 내쫓지 아니하리라"(요6:37).

사람다운 사람

Holistic Life 30

아무리 시대가 변하고 전문화되어도 바꾸기 어려운 것이 우리들의 품성, 즉 인격(personality)이다. 어쩌면 시대가 발달할수록 더 많은 사회문제가 발생하고 있다. 발생하는 문제들의 근원을 살펴보면 대부분 사람이 문제이다. '사람'(人)이 '사람'(人)이라고 다 '사람'(人)이 아니다. '사람'(人)이 '사람'(人) 다워야 진정한 '사람'(人)이다. 이 시대에 한쪽으로 치우친 사람들이 갈수록 많아지고 있다. 극단으로 치우친 사람들이 많다는 의미이다. 하나님은 사람을 영성(spiritual being)과 사회성(social being)을 가진 하나님의 형상으로 창조하셨다. 어떻게 하면 하나님의 형상을 회복하고 사람 다운 사람으로 살아갈 수 있을까? 다음의 '오성'(五性: 영성, 지성, 감성, 정성, 진실성)을 살펴보면서 자신은 어떠한 사람인가를 점검해보고 남은 생애 어떤 부분을 더 개발해야 할지 생각해 보자.

'영성'(靈性)은 생활 신앙인의 기본이며 가장 중요하다. 하나님을 경외하며 그분을 더 깊이 알아 가는 것이 영성이다. 그렇다고 다른 것은 다 필요 없고 영성만 있으면 된다는 말은 아니다. 일부 성도들은 영성에 대해 오해하는 경우도 있다. 말할 때마다 시도 때도 없이 하나님이 등장하며 모든 것을 다 하나님이 해주셨다고 한다. 말은 틀리지 않는데 상대방에 대한 배려가 부족하고 삶 또한 덕이 되지 않을 때 더욱 곤욕스럽다. 상대방을 배려하지 않고 소통을 간과한 자신만의 세계가 있는 '신비주의'로 가기 쉽다.

'지성'(知性)을 제일로 여기는 사람도 있다. 그런 자 중에 일부는 자신만이 최고라는 의식 즉 '엘리트 의식'이 있다. 말을 하지 않지만 속으로 '나는 너와 격이 달라', '그것도 모르나', '수준 떨어지네' 등의 말과 행동으로 다른 사람을 은근히 무시한다. 실은 자신이 '왕따'라는 것을 자신만 모른다. 그런데 자신은 다른 사람과는 격이 맞지 않아 어울리지 않는다는 것이다. 잘못되어도 한참 잘못된 '엘리트주의'이다. 자신의 학문과 지식을 끊임없이 자랑한다. 왜냐하면 평생 지식만을 위해 살았고 본인이 추구했던 지식 외에는 자랑할 것이 없기 때문이다.

'감성'(感性)을 제일로 추구하는 자들도 있다. 늘 감동 받는 것을 최고로 여긴다. 설교나 강연을 듣고 늘 감동 받고 울고 너무 좋았다고 한다. 남들이 볼 때 감동을 쉽게 받아 신앙이 좋은 것 같은데 그냥 감동만 받는다. 자신의 감정과 성령의 음성이 구분되지 않을 때가 많다. 이런 자는 '은사주의'로 갈 소지가 많다. 인격의 요소 중 감성이 당연히 필요하지만 이성과 의지와 함께 균형이 잡힐 때 진정한 성숙이 이루어지며 영향력을 발휘할 수 있다.

'정성'(精誠)을 제일로 추구하는 자들도 있다. 무엇을 하든지 열심히 한다. "지성이면 감천"이라고 생각한다. 자신이 열심히 하는 것은 좋은데 간혹 남이 그렇지 않으면 쉽게 판단을 하기도 한다. 열심도 좋지만 방향성이 더 중요하다. 방향이 잘못되면 도리어 열심인 만큼 공동체에 해를 끼치기도 한다. 마치 거대한 해적선 안에서 열심히 충성하는 자와 같이 말이다. 방향성 없는 열심은 '맹목적인 열성주의자'(?)가 되기 쉽다. 하늘로부터 내려오는 비전에 따라 움직여야 한다. 왜냐하면 정성과 열심보다 더 중요한 것은 방향이기 때문이다.

거짓이 난무하는 이 시대에 나머지는 다 필요 없고 진실성(眞實性)만이 최고라고 하는 자들도 있다. 틀린 말은 아니다. 너무나도 당연한 말이다. 자신의 부족함을 늘 고백한다. 그리고 진실하게 이야기한다. 그런데 거기까지이며, 행동의 변화가 없다. 이것 또한 문제이다. 자신에 대하여 고치려는 의지도 별로 없다. 무엇을 위한 양심고백인지 모르겠다. 성숙을 향해 나아가는 것이 중요하다. 진실함에 지성이 더해질 때 영향력의 출발점이 된다.

그래서 균형과 성장이 필요하다. 더불어 공동체를 통한 상호보완이 필요하다. 더불어 상대방의 약점을 덮어주고 보완하는 동시에 자신의 약점도 고쳐나가야 한다. 무엇보다 성령의 의지를 가지고 자신의 연약한 것을 고치려 몸부림쳐야 한다. 각자가 성숙하면 결과론적으로 공동체가 건강해지고 하나님께 영광을 돌리며 세상을 변화시키며 하나님의 나라가 확장된다. 교회가 바로 그런 곳이다. 하나님이 만드신 가장 아름다운 공동체 중에 하나가 교회이다. 교회 공동체를 통하여 서로 배워야 한다.

'영성'을 추구하는 K목사는 영성뿐만 아니라 지성, 감성, 진실성을 소유하고 계신다. 그분이 쓴 책이 그렇게 많이 팔리는 데는 이유가 있다. '지성'의 아이콘 L박사 또한 영성과 진실함이 있기에 누구보다도 설득력이 있고 사회에 큰 영향력을 발휘한다. '진실성'을 바탕으로 큐티 목회를 시작하신 Y목사도 감성과 지성이 있으시기에 그리 길지 않은 기간에 만 명이 넘는 성도들이 교회에 출석한다. 매주 마지막이라 생각하고 '정성'을 다해 설교하시는 C목사도 진실성과 영성이 있으시기에 현대인들의 마음을 깊이 터치하신다. 균형이 있어야 하며, 부단히 자신의 약점을 보완해 나가야 한다. 그리하면 인격이 성숙되고 품성이 개발된다.

'오성'(영성, 지성, 감성, 정성, 진실성)을 완벽하게 구비하신 분이 예수 그리스도이다. 예수 그리스도의 죽음과 부활을 복음이라고 부른다. 복음은 처음 예수 믿을 때만 필요한 것이 아니다. 우리의 일생에 복음이 필요하다. 오늘도 자신의 연약함을 인정하고 자신에게 예수 그리스도의 복음을 전하라. 다른 사람에게 복음을 전하기 전에 매일 자신에게 복음을 전하라. 어쩌면 예수 믿고 나서 복음이 더 필요하다. 복음만이 사람을 변화시킬 수 있다. 복음을 통하여 모두가 인격이 성숙되고 예수 그리스도의 장성한 분량으로 자랄 때 하나님을 기쁘시게 하고 시대를 변화시킨다.

> "우리가 다 하나님의 아들을 믿는 것과 아는 일에 하나가 되어 온전한 사람을 이루어 그리스도의 장성한 분량이 충만한 데까지 이르리니"
> (엡4:13).
> "오직 사랑 안에서 참된 것을 하여 범사에 그에게까지 자랄지라. 그는 머리니 곧 그리스도라"(엡4:16).

말의 위력

Holistic Life　31

며칠 전 어떤 사역자와 전화로 대화를 나눈 적이 있다. 전화를 받자마자 다짜고짜 반말을 한다. 저는 순간적으로 "왜 반말이세요?" 그랬더니 "목사님이 젊어 보여서…" 속으로 생각했다. "젊어 보이면, 자신보다 나이가 적으면 반말해도 되나?" 대화 중에 제가 잘 아는 신학교 교수님을 언급하면서도 '어누구누구' 그냥 이름만 부른다. 대화 중 그 교수님께 개인적인 감정이 있음을 발견하였다. 저는 일부러 말을 했다. "그 교수님 제가 잘 아는 분인데요." 상대방도 계속 반말을 사용하다가 겸연쩍게 서서히 존칭어를 사용하였다. 대화를 하기 전에 이미 상대방이 나보다 나이가 다섯 살 정도(?) 더 어린 것을 알고 있었다. 그분은 한 분야에 상당한 지식을 가지고 있었고 사역도 열심히 하고 계신 분이다. 사역자가 아니면 그래도 이해하고 넘어 갈텐데…, 대화 후에 왠지 더 쓸쓸하다. 그냥 모른 척하고 넘어갈 걸 그랬나…?!.

오늘 아침에 아내와 대화를 나누다가 아내의 말 한마디가 현재 하고 있는 쉽지 않은 목회 사역에 큰 위로가 되었다. 해외 화인(중국인) 목회를 하고 있는 상황에 특히 학생사역이 정말로 쉽지 않다. 10대 20대 중국인 학생들과 어떻게 소통을 해야할지가 늘 고민이다. 언어와 문화, 나이의 차이 등으로 인해 소통이 쉽지 않다. 더구나 사역을 하는 것은 더 쉽지 않다. 학생 사역으로 고민하고 있는 저에게 아내가 한 마디를 툭 던졌다. "더 열심히 하는 것은 좋은데, 어찌 되었든 양들이 우리 안에 있으면 되지 더 잘하려다가 잘못하여 양이 우리 밖으로 나가면 그 양을 다시 우리 안으로 데리고 들어오는 것은 어렵다"는 아내의 말 한마디가 위로가 되었다. 맞는 말이라 생각이 들면서 갑자기 마음이 가벼워진다. 이미 우리 안에 있는 소수의 학생들 그들이 변화되든 안 되든 먼저 그들이 여전히 교회에 남아 있음에 감사를 드리자. 목회를 통해서 성도들이 변화되는 것이 아니라 성도들을 통해서 목회자가 변화된다.

경우에 합당한 말 한마디가 사람에게 큰 격려가 된다. 말을 많이 하는 것보다 경우에 맞는 한마디의 말이 훨씬 위력이 있다. 많은 사람은 다른 사람의 말을 들으려 하기보다 자신의 의견만 주장하려고 한다. 그렇게 해야만 자신이 원하는 바를 얻을 수 있다고 여긴다. 하지만 성경은 말을 많이 하면 실수하기 쉽다고 조언한다. 자신의 주장을 지나치게 내세우다 보면 그만큼 잘못을 저지르게 마련이다. 하나님의 말씀이 우리에게 가르쳐 주는 교훈에 귀를 기울이고 잠잠히 순종하는 것이 지혜로운 모습이다. 자기 주장이 강하지 않으면 인정받지 못할까 봐 염려할 필요가 없다. 하나님이 나를 높여 주실 때 그 영광이 더욱 빛난다는 사실을 잊지 말아야 한다.

나의 언어 생활을 점검해 본다. 나의 말투에서도 나도 모르게 은근슬쩍 반말을 사용하는 것을 발견하곤 한다. 이미 습관화된 말투가 쉽게 바뀌지 않는다. 은퇴하신 어느 목사님의 지난 목회기간 동안의 참회할 내용 중에 마음에 와닿은 부분이 있다. "저의 부주의한 말과 경솔한 행동으로 성도들의 마음을 아프게 하고 섭섭하게 했던 소소한 일상의 모든 부도덕을 참회합니다." 목회자는 말을 많이 하는 직업이다. 말을 많이 하다보니 실수를 할 수 있으며 말로서 상처를 쉽게 줄 수 있다.

야고보는 권면하고 있다.

> "내 형제들아! 너희는 선생 된 우리가 더 큰 심판을 받을 줄 알고 선생이 되지 말라. 우리가 다 실수가 많으니 만일 말에 실수가 없는 자라면 곧 온전한 사람이라. 능히 온 몸도 굴레 씌우리라"(약3:1-2).

말을 많이 하는 것보다 말을 잘하는 것이 중요하다. 잠언서에 보면 언어 생활의 중요성에 관한 구절들이 많다. "말이 많으면 허물을 면하기 어려우나 그 입술을 제어하는 자는 지혜가 있느니라"(잠10:19). 목회자로서 말을 안 할 수 없다. 사람을 살리는 말이 중요하다. 경우에 합당한 말은 사람을 살린다. 사람을 살리는 말은 많이 하면 할 수록 더 좋다. "경우에 합당한 말은 아로 새긴 은쟁반에 금사과니라"(잠25:11). 때에 맞는 말은 유익하다(15:23). 될 수 있는 한 말을 하기보다는 말을 아끼고 상대방의 말을 들어주는 것이 현명한 일이다(10:19; 17:27). 사람을 살리는 의인의 혀는 천은과 같다(10:20). 말장이는 친한 벗을 이간시킨다(16:28). 남의 말하기를 좋아하는 자의 말은 상대방에게 상처를 입힌다(18:8).

심리학자 마틴 셜리그만 박사의 책 '학습된 낙관주의'에 보면 다음과 같은 말이 나온다. "행복하고 싶다면 낙관주의자가 되고, 낙관주의자가 되기 위해서는 언어습관을 고쳐야 한다. 아무리 극단적인 비관주의자라 할지라도 긍정적인 언어습관을 기른다면 누구나 낙관주의자가 될 수 있다." 해로드 셔면은 그의 책 '바꿔볼 만한 인생'에서 "불행을 당했음에도 불구하고 성공한 사람들은 긍정적인 말로서 운명을 좋은 방향으로 바꾸는 사람이다"라고 말하고 있다. 우리가 사용하는 말에 위력이 있다. 죽고 사는 것이 혀의 권세에 달렸다(18:21). 긍정적이면서도 사람을 살리는 언어 습관을 기르는 것이 중요하다.

내용이 좋을 것 같아 제목을 보고 유튜브 강의나 설교를 선택하여 듣곤 한다. 은혜를 받으면서 듣는 가운데 강의자나 설교자의 입에서 가끔 튀어나오는 듣기 거북한 말이나 표현을 들을 때 갑자기 은혜가 삭감되기도 한다. 강조하려는 마음은 이해하고 듣는 청중의 마음을 시원하게 하려는 의도도 이해를 하는데 왠지 불편하다. 부드럽고 점잖은 표현을 쓰면 더 설득력이 있지 않을까? 특히 우리 그리스도인들은 주님을 사랑하고 세상의 빛과 소금이기에 더 품격있는 말을 해야 되지 않을까? 그리고 유튜브나 동영상을 다른 곳으로 퍼 나르기 전에 한 번 더 보고 더 생각하면 좋을 것 같다. 그 동영상의 내용이 하나님께 영광을 돌리고 사람에게 유익을 주는 내용인지를 ….

불안한 마음은 태도와 말에서도 드러난다. 악인은 거친 말을 내뱉고 안절부절못하는 태도를 보인다. 사회적으로도 확실한 기초 없는 불안한 사람으로 인해 나타나는 현상이 바로 욕설과 조롱, 분노와 폭력이라고 할 수 있다. 하나님을 신뢰하는 사람의 입에서는 쉽사리 거친 말이 나오지 않는다. 마음이 평안한 사람은 다른 사람에게 거친 말을 하지 않는다. 마음이 불안하고 다른 사람에게 거칠게 대하고 있다면 사실은 믿음에 문제가 발생했다는 신호이다. 우리들의 언어생활이 중요한 것은 그것이 다른 사람들에게 영향을 미치기 때문이다. 잠시 우리가 하는 말과 태도를 한 번 심도 있게 점검해 보기 원한다.

인생의 풍랑

Holistic Life   32

우리의 인생을 한 마디로 고해(苦海)라고 표현할 수 있겠다. 인생을 살아가노라면 생각만큼 쉬운 여정은 아니다. 일이 순조롭게 풀리기도 하지만 예기치 않은 고난과 고통에 직면하기도 한다. 예기치 않는 폭풍으로 인한 풍랑으로 인생이라는 배가 흔들리고 멀미가 나고 심지어는 배가 뒤집히기도 한다. 우리가 이 땅에서 살아가는 동안 풍랑을 피할 수는 없다. 더 정확한 표현은 하나님은 우리의 인생의 바다에 불어오는 폭풍으로 인해 발생하는 풍랑을 허용하신다. 우리의 인생에 풍랑이 존재하는 것은 우리가 아직 살아있다는 증거이다. 폭풍이 불어도 느낄 수 없는 사람은 단 한 곳 바로 공동묘지 안에 들어 있는 사람이다. 우리의 인생에서 폭풍으로 인해 풍랑이 일어나는 이유를 성경은 말하고 있다.

첫째, 하나님의 말씀에 '불순종'할 때 폭풍이 불어온다. 구약의 요나서를 보면 하나님은 요나 선지자에게 니느웨로 가서 하나님의 말씀을 전하라고 하셨다. 그런데 요나는 하나님의 말씀에 불순종하여 다시스로 도망갔을 때 풍랑을 만난다. 자신의 불순종 때문에 풍랑이 온 것을 알고 비로소 배 안에 있는 사람을 구원하기 위해 배에서 뛰어내린다. 그가 뛰어내리는 순간 풍랑은 일시에 멈춘다. 물고기 배속으로 들어가 회개하며 삼일삼야(三日三夜) 동안 기도한다. 죄를 짓고 불순종하였는데 일이 순조롭게 풀리는 것만큼 위험한 인생은 없다. 하나님의 간섭을 받지 않으면 자유로운 것 같지만 그러한 삶은 자유가 아니라 방종이다. 우리가 불순종할 때 잘못된 길에서 돌이키도록 경고 사인을 보내는 풍랑은 우리를 사랑하시는 하나님의 징표이다. 그렇다고 우리의 인생에 불순종할 때만 인생의 풍랑이 일지는 않는다.

둘째, 하나님의 말씀에 '순종'할 때도 폭풍이 불어올 때가 있다. 사도행전에서 바울은 소명을 받고 복음을 위해 주님께 순종하였는데도 죄수의 몸이 되었다. 죄인의 몸으로 로마를 향하여 배를 타고 가는 중 유라굴라라는 광풍을 만난다(행27장). 성령으로 충만한 바울의 경고에도 불구하고 선주와 선장은 그의 말을 듣지 않고 항해하게 됨으로 발생한 일이다. 그리하여 배에 타고 있는 276명(행27:37)의 목숨이 풍전등화(風前燈火)와 같이 되었다. 그러나 이러한 풍랑이 도리어 바울로 하여금 영적인 리더십을 발휘하여 그들에게 복음을 전하는 사명을 수행하게 한다. 비록 풍랑이 일어난다 할지라도 영적인 지도자가 되어 하나님 앞에 담대하게 리더십을 발휘하면 도리어 많은 영혼을 구원하는 기회가 되기도 한다.

셋째, 때로는 순종, 불순종을 떠나 이 땅에 살아가면서 '자연적인 현상'으로 풍랑이 불어온다. 물론 하나님의 허용 속에서 일어난다. 제자들이 예수님과 함께 배를 타고 가시는데도 광풍이 호수를 내리쳐서 배에 물이 가득하게 되었다고 복음서는 기록하고 있다(눅8:23). 예수님이 함께 배에 계심에도 불구하고 풍랑은 일어난다. 예수님과 같이 있다고 해서 모든 일이 순조롭게 만사형통하는 것은 아니다. 우리가 알다시피 제자들의 요청에 주무시고 계시는 예수님이 잠에서 깨어 풍랑을 꾸짖으실 때 잔잔해졌다. 우리가 이 땅에 살아가면서 일어나는 풍랑을 잠재우는 방법은 예수님 앞에 나아가 부르짖어 기도

하는 것이다. 이 세상의 고난과 풍파 등의 역경을 이길 수 있는 힘의 근원은 예수 그리스도이다.

인생이라는 고해(苦海)를 항해하다 보면 수도 없이 많은 크고 작은 폭풍으로 인해 풍랑이 몰려온다. 인생이라는 바다가 배를 띄우기도 하지만 때로는 폭풍으로 인해 뒤집어질 수도 있다. 우리는 폭풍이 왜, 그리고 어디서부터 왔는지 아는 것이 중요하다. 나의 불순종으로부터 온 것인가? 아니면 사명을 수행하면서 발생하는 사단의 방해인가? 아니면 자연적인 현상으로 발생하는 것인가? 그러나 더 중요한 한 가지 사실은 우리가 이 땅에 사는 동안 폭풍이 없을 수는 없다는 것이다. 어떤 경우는 폭풍으로 인한 풍랑이 잠잠하게 해달라고 기도도 해야겠지만 또 다른 경우는 폭풍을 이길 수 있는 능력을 달라고 기도하는 가운데 이겨내는 것이 더 확실한 승리의 비결이다.

불순종으로 오는 폭풍은 회개할 때 멈춘다. 순종함에도 발생한 폭풍은 폭풍을 잔잔하게 달라고 기도하기보다는 폭풍을 이길 수 있게 해달라고 기도해야 한다. 그리고 폭풍으로 인해, 일어난 풍랑으로 인해 하나님이 하실 일을 믿음의 눈으로 보아야 한다. 그리고 더 담대하게 순종하며 하나님의 행하실 일에 도구로 쓰임받는 기회를 놓쳐서는 안된다. 이 땅에 살면서 자연스럽게 부는 풍랑은 믿음이 성장하면 충분히 이길 수 있다. 현재 우리의 상황(폭풍) 속에 버티는 것이 영적으로 실력이 있는지 없는지를 판가름할 수 있는 척도가 되기도 한다.

이 땅에 나그네로 살아가는 인생의 여정에 태풍, 광풍, 폭풍으로 인한 풍랑이 몰려올 때 가장 확실한 방법은 풍랑에 휘말리지 말고 그 핵으로 들어가 안정된 마음으로 우리들의 마음의 정원을 잘 가꾸어야 한다. 태풍의 핵은 의외로 조용하다. 그리고 안전하다. 태풍의 핵(eye of hurricane, 飓风核心)은 바로 예수님의 품이다. 상황이 어떠하든지 예수님의 품에 있을 때가 가장 안전하다. 예수님의 품에 안기는 방법은 다양하다. 그중에 하나가 먼저 밀려오는 풍랑을 이겨냈던 인생 선배들의 이야기를 직간접으로 듣고 배우는 것이다.

미국에 중국인(화인) 목회를 하였을 때의 일이다. 매주 목요일 오전 미국에서 목회하시는 몇 분의 목사님들과 스카이프(Skype, 당시 코로나 팬더믹 전으로 줌미팅을 생각 할 수 없었음)를 이용하여 영적 독서 나눔 모임을 한 적이 있다. 동일하게 책을 구입하여 각자가 집에서 책을 읽었다. 그리고 매주 독서 나눔 모임을 통하여 간접적인 저자와의 만남과 동역자 목사님들과의 솔직담백한 나눔을 가졌다. 지금 생각해 보니 이 모임이 시도 때도 없이 몰려오는 특히 북미의 삭막한 영적 광야 인생의 풍랑에 견딜 수 있는 예수님을 의지하며 영적 내공을 쌓는 면역력 증강 주사였다.

문제는 여전히 존재하며 상황은 같으나 동병상련의 마음으로 나누다 보면 위로가 되고 면역력이 생기는 것을 체험한다. 인생에 예기치 않은 폭풍으로 풍랑이 몰려온다 할지라도 영적인 내공이 쌓이면 견딜 수 있고 이길 수 있다. 아무리 거대한 폭풍이 몰려와도 주님의 손아귀에 있다. 우리가 무엇보다도 영적인 내공을 쌓아 폭풍으로 인해 몰려오는 풍랑을 도리어 거대한 영력(靈力)을 발휘하는 기회로 삼기를 원한다. 주님이 함께하시면 풍랑은 충분히 물리칠 수 있으며, 때로는 기쁨으로 파도타기를 할 수도 있다.

> "예수께서 이르시되 어찌하여 무서워하느냐? 믿음이 작은 자들아 하시고 곧 일어나사 바람과 바다를 꾸짖으시니 아주 잔잔하게 되거늘 그 사람들이 놀랍게 여겨 이르되 이 이가 어떠한 사람이기에 바람과 바다도 순종하는가 하더라"(마8:26-27).

최고의 상담가

Holistic Life   33

정도의 차이는 있으나 공포나 두려움으로부터 자유로운 사람은 없다. 사람이 직면하는 공포와 두려움은 어디로 부터 왔을까? 하나님이 태초에 인간을 창조하셨을 때 환경과 완벽한 조화를 이루며 평안을 누리고 살았다. 그런데 인간이 죄를 지은 후 하나님을 떠나게 되었으며, 땅이 저주를 받고 인간과 환경 사이에 적대적인 관계가 되었다. 인간은 그때부터 두려움과 공포가 시작되었다(창3:10). 사람이 두려움과 공포에 대해 공격적으로 나타나는 반응 세 가지와 방어적으로 나타나는 반응 두 가지가 있다. 공격적인 반응은 책임전가(projection)와 합리화(rationalization), 그리고 감정전이(displacement)이며 방어적으로 나타나는 반응은 역행(regression)과 전향(conversion)이다. 이 다섯 가지의 반응에 대해 구체적으로 살펴보자.

첫 번째는 '책임 전가'이다. 이는 두려움을 극복하기 위해 사용되는 공격적 심리 반응의 한 종류로 자신의 죄를 남에게 전가하는 경우를 말한다. 자신의 속에 있는 죄를 인식하고 싶지 않은 동기 때문에 남을 비난하므로 그 죄가 자신 속에 있지 않은 것처럼 행동한다. 마치 어린아이들이 놀 때 자신의 그릇된 행동에 대해 다른 아이들을 탓하는 경우이다. 자신 속에 있는 죄를 숨긴 채 다른 사람의 탓으로 돌리는 것이 바로 '책임 전가'이다. 구약성경에 우리아의 아내 밧세바를 범한 다윗 왕에게 나단 선지자는 비유를 들어 질책한다. 나단이 한 마리 양밖에 없는 가난한 사람의 양을 빼앗은 부자에 관해 다윗에게 이야기했을 때 화를 낸 다윗은 자신의 잘못을 남에게 전가하는 경우에 해당한다.

두 번째는 '합리화'이다. 이 또한 두려움을 극복하기 위해 사용되는 공격적 심리 반응으로 자신의 그릇된 행동에 대해 변명하면서도, 자신이 현재 그렇게 행동하고 있다는 사실을 의식하지 못하고 있을 때를 말한다. 그것은 별로 기분 좋지 않은 사실이지만 자신의 그릇된 행동의 실제 이유이기도 한 사실을 직면하지 않기 위한 방법이다. 다시 말하면 합리화는 자신의 행동을 옳은 것처럼 만드는 무의식적인 방법이다. 스스로를 합리화하는 사람은 자신의 행위에 대한 이유가 그릇됨에도 불구하고, 스스로는 정당하다고 믿는다. 성경의 실례를 보면 게으름뱅이가 밖으로 나가기를 원치 않는 이유를 사자가 거리에 있기 때문이라고 핑계를 대면서 합리화한다(잠22:13).

세 번째는 '감정전이'이다. 두려움을 극복하기 위해 사용되는 세 번째 공격적 심리 반응으로 나 자신보다 더 힘이 센 사람이 나를 기분 나쁘게 했을 때 일어난다. 기분 나쁜 감정을 나보다 더 약한 사람에게 화풀이하는 경우가 이에 해당된다. 예를 들어 어떤 사람이 직장 상사에게 받은 스트레스를 집에 돌아와 아내에게 화풀이한다. 아무 이유 없이 비난을 받은 아내는 아이에게 화를 내며 밖에 나가서 놀라고 화를 내며 큰소리친다. 아무 이유 없이 엄마에게 꾸중을 들은 아이는 밖에 나가 강아지를 발로 차며 강아지에게 화풀이한다. 한 가정의 남편에게서 비롯된 감정전이가 가족의 평화를 파괴하는 사슬 반응(chain reaction)으로 나타난다.

네 번째는 '역행'이다. 역행은 두려움을 극복하기 위해 사용되는 방어적 심리 반응으로 어려운 상황을 극복하는 것이 아니라 무의식 중에 어린애처럼 행동하는 것을 말한다. 이러한 유아기적 행동(아픈 척 한다거나, 소리를 지른다거나, 신중히 생각하지 않고 이상한 짓을 한다거나…)으로 어렸을 때 문제 해결에 도움이 된 적이 있기 때문이다. 그러나 문제는 그러한 행동을 어른이 되어서도 한다는 것이다. 성경 속에서 이러한 실례가 있다. 이스라엘 왕 아합은 나봇의 소유인 포도원을 가지기를 원했다. 그러나 나봇은 아합에게 포도원을 팔기를 원치 않았다. 이때 아합은 어린아이처럼 침상에 누워 얼굴을 돌이키고 식사를 하지 않았다(왕상21:4). 결국 악한 이세벨 왕후가 불량자를 동원하여 나봇을 돌로 쳐 죽임으로 나봇의 포도원을 차지하였다(왕상21:7-16).

마지막으로 '전향'이다. 전향 또한 두려움을 극복하기 위해 사용되는 방어적 심리 반응으로 심리적 갈등이 육신의 병으로 바뀌는 경우이다. 예를 들면 시험을 앞둔 아이가 갑자기 배가 아프다고 한다. 그 아이는 무의식적으로 전향이라는 방법으로 심리적 조정을 한 것이다. 물론 그 아이가 배 아픈 척을 할 수도 있다. 하지만 전향의 경우는 배아픈척 한 것이 아니라 실제로 배가 아픈 것이다. 때로는 어린아이뿐만 아니라 어른들도 마음 속의 갈등이 육신적으로 나타나는 실제적인 병으로 나타날 수 있다. 전향은 두려움을 해결하기 위해 육신적 병이라는 수단을 통해 도피하고자 할 때 발생한다. 시편 32편에 다윗의 마음에 죄로 인해 심리적인 갈등이 일어날 때 신음함으로 뼈가 쇠하였다고 고백한다. 자백하지 않는 죄로 인하여 발생한 육신의 질병(전향)은 죄를 고백하고 회개하므로 치료받을 수 있다.

이러한 심리적인 반응을 알아야 하는 이유는 자신이 두려움에 직면할 때 왜 그러한 반응을 보이는지를 알아야 할 뿐 아니라 다른 사람을 이해하고 도와줄 수 있기 때문이다. 우리가 이러한 두려움과 공포로부터 해방되고 완전한 마음의 평안을 누리는 길은 최고 상담가 되신 예수 앞에 나아가는 것이다. 평강의 왕으로 오신 예수님에 대한 이사야 9:6의 예언은 다음과 같다.

> "이는 한 아기가 우리에게 났고 한 아들을 우리에게 주신 바 되었는데 그의 어깨에는 정사를 메었고 그의 이름은 기묘자라, 모사라, 전능하신 하나님이라, 영존하시는 아버지라, 평강의 왕이라 할 것임이라".

이 구절의 '그의 이름은 기묘자라, 모사라'라는 말을 영어 성경 NIV는 "And he will be called Wonderful Counselor"로 번역하였다. 즉 예수님을 '최고의 상담가'로 번역하였다. 예수님은 우리의 두려움과 공포를 해결하시기 위해 이 땅에 오신 최고의 상담가(Wonderful Counselor)이다.

우리의 영원한 보혜사되시는 성령께서 위로와 격려 그리고 용기를 주시며 두려움과 공포에 떨고 있는 우리를 예수께로 인도하신다. 신약성경 요한복음에서 사도 요한은 성령을 보혜사(요14:16,26; 15:26; 16:7)라고 말한다. 보혜사는 헬라어로 파라클레토스(παράκλητος)이다. 파라클레토스의 의미는 다음의 9가지 의미를 내포한다. 옆에서 부르는 자(在旁边呼唤, beside caller), 친구(朋友, friend), 중보자(中保者, Advocate), 위로자(安慰者, comforter), 격려자(劝慰者, encourager), 설득자(说服者, persuader), 상담가(辅导者, counselor), 변호사(辩护者, Legal Helper), 힘을 주는 자(坚固者, strengthener)로 의미가 매우 풍부하다. 성령이야말로 우리를 두려움과 공포로부터 예수께로 인도하는 진정한 친구이다.

성령의 인도로 우리가 예수 앞에 나올 때 비로소 주께서 주신 사랑으로 말미암아 모든 두려움과 공포로부터 해방된다.

> "사랑 안에 두려움이 없고 온전한 사랑이 두려움을 내어쫓나니 두려움에는 형벌이 있음이라. 두려워하는 자는 사랑 안에서 온전히 이루지 못하였느니

라"(요일4:18).

"내가 사망의 음침한 골짜기로 다닐지라도 해를 두려워하지 않을 것은 주께서 나와 함께 하심이라. 주의 지팡이와 막대기가 나를 안위하시나이다"(시23:4).

"내가 하나님을 의지하였은즉 두려워하지 아니하리니 내게 어찌하리이까"(시56:11).

"여호와는 내 편이시라. 내가 두려워하지 아니하리니 사람이 내게 어찌할까"(시118:6).

제2부

가치 있는 근심

Holistic Life **34**

이 땅에 존재하는 교회 중에 문제가 없는 교회는 없다. 그럼에도 불구하고 하나님은 교회를 통하여 우리와 교제하기를 원하신다. 왜냐하면 교회의 머리는 그리스도이고, 교회는 그의 몸이기 때문이다. 교회와 그리스도는 뗄래야 뗄 수 없는 관계이다. 교회는 그리스도로 인하여 새롭게 이루어진 가족이기 때문이다. 그리스도와 함께하는 가족임에도 불구하고 교회에 다니는 많은 성도가 여전히 많은 걱정과 근심 속에 살아가고 있다. 그러나 실제로 염려하고 걱정하는 대로 되는 경우는 극히 일부분이다.

우리가 진짜 근심해야 할 중요한 일이 있다. "근심을 하려면 두 가지만 근심하라. 지금 아픈가? 안 아픈가? 안 아프면 걱정하지 마라. 아프면 두 가지만 걱정하라. 낫는 병인가? 안 낫는 병인가? 낫는 병이면 걱정하지 마라. 안 낫는 병이면 두 가지만 걱정하라. 죽을병인가? 안 죽을병인가? 안 죽는 병이면 걱정하지 마라. 죽을병이면 두 가지만 걱정하라. 천국에 갈 것 같은가? 지옥에 갈 것 같은가? 천국에 갈 것 같으면 걱정하지 마라. 지옥에 갈 것 같으면, 이것은 한번 심각하게 근심하고 고민해 보라."

가치 있는 근심-'근심을 하려면 두 가지만 하라!'		
부정적		긍정적
지금 아픈가?	①	지금 안 아픈가?
낫지 않는 병인가?	②	낫는 병인가?
죽을 병인가?	③	안 죽을 병인가?
지옥에 갈 것인가?	④	천국에 갈 것인가?

*너무 단순하지만 명쾌한 논리이다. 인생이 복잡한 것 같지만
심각하게 근심하고 고민하는 내용에 대한 답은 의외로
간단하다. 예수님을 나의 구주, 나의 주님으로 영접하면 된다.

<Table-3> 단순 하지만 명쾌한 논리

너무 단순하지만 명쾌한 논리이다. 인생이 복잡한 것 같지만 심각하게 근심하고 고민하는 내용에 대한 답은 의외로 간단하다. 예수님을 나의 구주 나의 주님으로 영접하면 된다. 예수님 안에 있으면 모든 염려와 걱정하는 문제들이 해결된다. 인생은 복잡한 것 같지만 매우 단순하다. 복잡한 생각이 삶을 복잡하게 만들기 때문에 더 많은 근심과 고민이 생긴다. 바울은 이를 사망에 이르게 하는 근심이라고 말하고 있다(고후7:11).

마틴 루터가 중세 로만 카톨릭 교회와 맞서 싸울 때의 일이다. 당시 로만 카톨릭 교회의 모습은 루터가 볼 때 마치 거대한 골리앗과도 같았다. 근심하고 밤잠을 이루지 못하는 루터 앞에 상복을 입은 아내가 나타났다. 깜짝 놀란 루터가 아내에게 누가 돌아가셨냐고 물었다. 이에 아내는 "하나님이 돌아가셨습니다"라고 답을 하였다. 무슨 그런 망언(妄言)을 하냐고 하자 아내는 다음과 같이 말했다. "당신이 근심에 붙잡혀 마음의 평화를 잃어버리고 쩔쩔매는 모습을 보니 하나님이 돌아가신 것이 분명합니다." 이러한 지혜로운 아내로 인하여 힘을 얻고 종교개혁을 성공할 수 있었다.

우리가 주님 앞에서 있으면 근심할 필요가 없다. 그런데 바울이 쓴 고린 도후서 7:8-16에 보면, 하나님의 뜻을 따르는 근심(8-10), 교회의 깨끗함을 드러내는 근심(11-13), 자랑스러운 교회를 세우는 근심(14-16)이 있다고 말하고 있다. 쉽게 말하면 세상사에 대해서는 근심할 필요가 없지만, 교회를 올바르게 세우며 하나님의 뜻을 드러내는 자랑스러운 가치 있는 근심이 있다는 것이다. 바울은 자신이 세운 고린도교회 성도들을 향하여 늘 좋은 말, 축복의 말을 하고 싶었을 것이다. 그러나 그들을 사랑하기에 책망의 메시지를 전달할 수밖에 없었다. 바울의 꾸짖음을 담은 편지를 받은 고린도 교회 성도들은 잠시 근심했으나, 회개함으로 돌이켰다. 바울이 인간적인 친밀함 때문에 고린도 교회 성도들의 잘못을 책망하지 않았다면 고린도교회 성도들은 하나님과 더 멀어졌을 것이다.

불행 중 다행으로 고린도교회 성도들은 바울의 편지를 받고 잠시 근심하였으나 회개하며 하나님의 뜻에 따랐다. "하나님의 뜻대로 하는 근심은 후회할 것이 없는 구원에 이르게 하는 회개를 이루는 것이요. 세상 근심은 사망에 이르는 것이니라"(고후7:10). 교회를 깨끗하게 하는 능력은 목회자와 올바른 성도들이 문제를 방관하지 않고 잠시 '근심하는 과정'을 통해 문제를 해결하는 것이다. 주님의 몸된 교회는 이처럼 성결하게 되며 세상을 향하여 하나님의 영광을 선포하며 빛을 발한다. 이러한 과정이 말로는 쉽지만 실제로는 쉽지 않다.

성도들의 잘못을 지적할 때 목회자는 기도하면서 수도 없이 생각한다. 그러면서 '내가 너무 빨리 이야기했나? 내가 말하는 투가 너무 퉁명스러웠나? 말을 안 들으면 어떻하지? 시험에 들면 어떻하지?…' 책망을 들은 성도도 근심하지만 책망할 수밖에 없는 목회자 또한 근심한다. 눈물과 진심을 담은 바울의 편지가 고린도 교회에 당도하여 성도들이 잠시 근심했다. 그리고 디도의 보고를 통해 그들이 회개하고 순종했다는 말을 들었을 때 아마도 바울의 기쁨은 말로 표현할 수 없을 것이다. 이러한 기쁨과 보람은 목회자 만이 누릴 수 있는 특권이다.

　죄(罪)를 미워하되 사람(人)은 사랑하라는 말을 한다. 말하기는 너무 쉽다. 그렇다면 죄인(罪人)에 대해서는 어떻게 해야 하나? 죄(罪)와 사람(人)을 분리할 수 있나? 목회자나 선교사가 목회나 선교사역을 하면서 피를 말리는 것이 바로 이 문제이다. 죄(罪)를 물리쳐야 함은 당연하나 사람(人)은 살려야 하는 사명을 수행하는 것이 그리 간단하지 않다. 아니 불가능하다. 그래서 예수님이 필요하고 예수님 만이 죄를 해결하고 사람을 살릴 수 있다.

　목회자는 자신의 위치와 권한을 예수님께 양도해야 한다. 먼저 목회자 자신이 주님의 양이 되어야 한다. 그리고 주님께 성도들을 맡겨야 한다. 주님의 양을 위탁받아 소(小) 목자가 되어 목양해야 한다. 목회자가 죽어야 교회가 산다. 목회자가 주님 앞에 나아가 기도할 수밖에 없는 이유가 여기에 있다. 우리가 근심해야 할 가치 있는 근심은 하나님의 뜻을 따르는 근심, 교회의 깨끗함을 드러내는 근심, 자랑스러운 교회를 세우는 근심이다.

　　"그러므로 내가 편지로 너희를 근심하게 한 것을 후회하였으나 지금은 후회 하지 아니함은 그 편지가 너희로 잠시만 근심하게 한 줄을 앎이라. 내가 지 금 기뻐함은 너희로 근심하게 한 까닭이 아니요 도리어 너희가 근심함으로 회개함에 이른 까닭이라. 너희가 하나님의 뜻대로 근심하게 된 것은 우리에 게서 아무 해도 받지 않게 하려 함이라. 하나님의 뜻대로 하는 근심은 후회 할 것이 없는 구원에 이르게 하는 회개를 이루는 것이요. 세상 근심은 사망 을 이루는 것이니라. 보라 하나님의 뜻대로 하게 한 이 근심이 너희로 얼마 나 간절하게 하며 얼마나 변명하게 하며 얼마나 분하게 하며 얼마나 두렵게 하며 얼마나 사모하게 하며 얼마나 열심있게 하며 얼마나 벌하게 하였는가, 너희가 저 일에 대하여 일절 너희 자신의 깨끗함을 나타내었느니라"(고후 8:8-11).

아담-가인-라멕

Holistic Life | 35

하나님이 천지를 창조하시고 마지막 여섯 째 날에 자신의 모양과 형상대로 사람을 지으셨다. 그 사람의 이름이 바로 인류의 조상인 아담이다. 아담이라는 이름의 뜻은 히브리어로 사람과 남자를 동시에 뜻하는 일반명사로 영어의 'man'과 유사하다. 엄밀히 말하면 아담은 그 사람의 이름이 아니다. 아담의 어원적 의미는 히브리어의 '흙'을 의미하는 '아다마'에서 유래한 것으로 보여진다. 하나님이 흙으로 사람을 지으시고 생기를 불어넣어 생령이 되게 하셨다(창2:7). 이렇게 창조된 아담은 '선악을 알게 하는 나무의 실과를 먹지 말라'(창2:17). 하나님의 말씀에 불순종하여 죄를 범하였다. 이로 인해 아담은 그의 아내 하와와 함께 에덴동산에서 쫓겨났다. 비록 에덴동산에서 쫓겨나 범죄 전과는 비교할 수 없으나 하나님의 긍휼(가죽옷)과 함께 여전히 하나님 앞에서 살아갔다. 에덴의 동편으로 쫓겨났던 아담은 가인과 아벨을 낳는다(창4:1-2).

아벨을 죽인 가인은 추방을 당한다. 하나님께 불순종함으로 아담이 에덴동산에서 떠나듯이 가인은 "여호와 앞을 떠나 에덴 동쪽 놋 땅에 거주하였다"(창4:16)고 성경은 말하고 있다. 가인은 예배의 실패로 인해 인류 최초의 살인죄를 저질렀다. 아담이 에덴동산에서 떠난 후에도 하나님 앞에 살아갔지만, 가인은 하나님으로부터 점점 멀어졌다. 하나님 없이 살아가는 인생이 되었다. 하나님으로부터 멀어진 가인은 그가 낳은 아들의 이름을 따라 에녹이라는 도시(성)를 건축하였다. 하나님의 보호를 떠난 그에게 가장 필요한 것은 자신을 안전하게 지켜 줄 수 있는 성이었다. 그리고 자신들이 만든 도시가 그들을 보호하고 편안하게 해줄 것이라고 기대했다. 가인이 놋 땅에 건축한 '에녹 성'이 인류 도시 문명의 시작이다. 성경에 나오는 제2의 도시는 '바벨'(창11장), 제3의 도시는 '소돔과 고모라'(창13:10-13)라고 볼 수 있다.

가인이 놋 땅에 세운 에녹 성은 묘하고 아이러니한 의미를 갖는다. 가인은 분명히 '땅에서 유리하는 형벌'(창4:12)을 받았음에도 에덴 동쪽의 놋 땅에 거주한다. '놋'이라는 뜻은 '헤매다, 배회하다, 유랑하다, 방랑하다'라는 동사에서 파생된 지명이다. 쉽게 말하면 '방랑자의 땅'에 정착한 것이다. 게다가 그는 그곳에서 아들 에녹을 낳고 그 이름을 따라 에녹 성을 건축한 것이다. 그러나 유리하고 방황하면서 살리라는 하나님의 형벌은 멈추지 않았다. 이는 그의 후손이 어떤 삶을 살았는지 살펴보면 금방 알 수 있다. 한곳에 정착하여 자기 세력을 넓히면서 산다고 해도 여호와 앞을 떠난(창4:16) 영혼은 평생 영적으로 유랑하고 방황하며 살 수밖에 없다.

가인의 후손 중에 그의 5대손 라멕이 나온다(창4:18-24). 가인의 죄악이 5대를 지나면서 얼마나 더 심해지고 확장되었는지를 라멕의 삶을 보면 알 수 있다. 라멕은 최초로 일부일처의 결혼제도를 파괴하고 2명의 아내, 즉 아다와 씰라을 취했다. 그는 두 아내를 통해 3명의 아들을 두었다. 세 명의 아들들은 각 분야에서 최고의 능력을 발휘한다. 야발은 전문적이고 조직적 목축을 시작하였다. 유발은 수금과 통소와 같은 각종 악기를 만들어 연주하면서 스스로를 기쁘게 하는 삶을 살았다. 두발가인은 구리와 쇠로 여러가지 철제 기구를 만드는 대장장이가 되었다. 그런데 두발가인이 만든 절제기구는 하비리어 원문에 의하면 날카로운 무기 종류였을 가능성이 높다. 라멕은 이처럼 남부러울 것이 없는 강력한 군사력과 경제력 그리고 문화까지 갖춘 도시문명을 형성했다. 하나님을 떠난 가인의 후손 라멕은 찬란한 인본주의 물질문명을 이루었다.

하나님을 떠난 라멕은 이러한 찬란한 물질문명을 기초로 소위 자신의 범죄를 자랑하는 피의 노래(창4:23-24)를 불렀다. 라멕은 자기가 입은 상해를 복수하기 위해 상대를 죽이는 폭력을 일삼았으며 심지어 극악한 살인을 주제로 한 노래를 만들어 불렀다. 그리고 그는 자기를 건드리는 자에게 77배의 보복을 선언했다. 이것은 7배의 벌을 선언하시며 가인을 보호하겠다고 약속하신 하나님보다 자신이 더 막강한 능력을 가졌음을 자랑하는 교만한 모습이다. 아무리 부요하고 화려하게 살아도 그 영혼이 하나님을 떠나 있다면, 그것은 그 자체로 가장 큰 형벌이다. 하나님을 떠난 인간이 더러운 욕망과 폭력에 오염되어 얼마나 타락할 수 있는지를 보여주고 있다.

아담으로 시작한 죄가 시간이 지나고 세월이 흐름에 따라 기라나고 확장되어 온갖 범죄와 폭력 그리고 전쟁으로 얼룩진 인본주의 왕국을 만들어낼 수 있는지 성경은 우리에게 확실하게 보여주고 있다. 아담은 가인을 낳고 가인은 라멕을 낳고 라멕은 인본주의 물질문명 왕국을 낳고 이 왕국은 결국 파멸에 이른다. 조그마한 죄를 용납하며 그 죄는 장성하고 결국은 파국을 맞는다. 세상에서 아무리 훌륭하고 유명한 업적을 이루었다고 해도 하나님을 떠난 모든 것은 축복이 아니라 저주이다. 하나님을 떠나 인간의 욕망을 따라가는 삶은 결국 죄악으로 가득 찬 문화를 생산할 뿐이다. "욕심이 잉태한즉 죄를 낳고 죄가 장성하여 사망을 낳느니라"(약1:15) 인류의 희망은 오직 예수 그리스도이다.

소문이 온 땅에

Holistic Life 36

아무리 대단한 재주를 가졌고 탁월한 능력을 가졌어도 알려지는 특별한 계기가 없으면 무명한 채로 살다가 그냥 죽는 경우가 많다. 그래서 적지 않은 사람들이 자신을 알리려고 무던히도 노력한다. 이 시대에 광고나 홍보 마케팅만큼 중요한 일이 있을까? 학교, 기업, 심지어 교회도 홍보에 많은 열을 올리고 있다. 홍보를 P.R이라고 한다. PR은 'Public Relation', 즉 대중과의 커뮤니케이션(Communication)을 효과적으로 수행하여 조직을 유지 발전시킨다는 뜻을 담고 있다. 현대 시대를 자기 PR시대라고 한다. 어쩌면 실제 자신의 모습보다 더 좋게 보이고 실제 상품 보다 더 포장하려는 욕구가 포함되어 있지 않나 생각이 든다. 그래서 피알(PR)을 피(P) 터지게 알(R)리자 혹은 피(P)할 것은 피(P)하고 알(R)릴 것은 알(R)리자(?) 라는 유머도 생겼나 보다.

광고는 한문으로 廣(넓을 광), 告(고할 고)이다. 영어로는 Advertising 혹은 Advertisement이다. 세상에 널리 알린다는 의미이다. 홍보는 한문으로 弘(넓을 홍), 報(알릴 보)이다. 광고와 홍보 모두 널리 알린다는 의미이다. 그러나 좀더 자세한 의미를 살펴보면 다음과 같다. 광고는 신문이나 잡지 혹은 방송 등의 지면이나 시간을 돈을 주고 사는 것을 말한다. 그렇기 때문에 광고의 크기, 시간 등에 따라 지불하는 돈이 차이가 난다. 반면 홍보는 새로운 제품이나 이벤트가 있을 때 기자에게 보도자료를 주어 보도를 의뢰하고 그 결과에 대해서 돈을 지불하지 않는다. 어찌됐든 현대 시대에 광고나 홍보만큼 중요한 일이 있을까?

모세의 수종자에 불과한 여호수아의 명성이 갈수록 커진다. 언약궤를 앞세워 요단강을 도하(渡河)하여 가나안 땅으로 진입하였다. 그리고 가나안 땅에서의 첫 번째 싸움인 여리고 성 전투에서 승리하였다. 그 후에 그의 소문이 온 땅에 퍼졌다고 성경은 기록하고 있다. 말씀을 묵상하면서, "여호와께서 여호수아와 함께 하시니 여호수아의 소문이 온 땅에 퍼지니라"(수6:27)는 구절이 특별히 마음에 와닿는다. 하나님이 친히 여호수아를 PR하신다. 그저 모세의 수종자에 불과한 무명한 여호수아를 하나님이 친히 홍보하신다. 위대한 하나님의 사람으로 높이신다.

모든 일에 하나님의 때가 있다. 하나님의 때가 되지 않았는데 스스로 홍보하고 스스로 광고하며 높아지는 것은 매우 위험한 일이다. 자신을 알리려고 인위적인 방법을 동원하다 보면 실제 자신의 모습보다 더 과장되게 광고되거나 홍보될 소지가 많다. 하나님이 잠잠하라고 하면 무명한 상태로 그저 묵묵히 준비하며 기다리는 것이 가장 안전한 길이다. 하나님의 때가 되어 하나님이 함께 하심의 소문이 자연스럽게 퍼질 때 하나님의 영광이 나타난다.

"아무리 보아도 저 사람은 나보다 더 나은 것이 없는 것 같아. 저 사람도 저런 일을 하는데… 나에게 기회가 주어지지 않아서 그렇지. 기회만 주어지면 훨씬 잘할 수 있을 텐데" 하나님은 어쩌면 이러한 마음이 없어질 때까지 기다리신다. 왜냐하면 이러한 마음을 가지고 있으면 자신은 하나님의 일을 한다고 하지만 결국 하나님을 빙자한 자기 영광을 나타내기 쉽기 때문이다.

당연히 교회도 목회도 선교도 홍보하고 광고해야 한다. 그러나 인위적인 노력보다도 더 중요한 것은 하나님의 방법으로 하나님의 하시는 일이 하나님의 때에 자연스럽게 알려지는 것이 훨씬 안전하고 오래간다. 조급해하지 말고 인기에 연연하지 말며 오늘도 묵묵히 주어진 하나님의 일에 최선을 다하기를 원한다. 때가 되면 하나님이 이루실 것을 믿어야 한다. 설령 소문이 안 나면 어떤가? 그냥 소박하게 그리고 무명하게 살다가 하나님 앞에 가면 어떤가? 하나님이 함께 하심이 승리와 형통한 삶의 비결이다. 하나님의 은혜로 하나님의 때가 되어 세상에 알려질 때 과연 나는 그러한 상황을 감당할 내공이 쌓여 있느냐가 관건이다.

"여호와께서 여호수아와 함께 하시니 여호수아의 소문이 온 땅에 퍼지니라"
(수6:27).

제2부

종 된 자유인

Holistic Life 37

바울은 고린도전서 9장에서 모든 그리스도인은 율법으로부터 자유롭다고 말한다. 그러나 이 자유는 결코 방종을 의미하지 않는다. 바울은 아무에게도 종속되지 않는 자유인이지만 자신은 복음을 효과적으로 전하기 위해 자유와 권리를 포기하고 모든 사람의 종이 되기를 자처한다. 그는 그리스도인이 가진 자유는 율법이 가르치는 사랑보다 더 큰 사랑을 실천하는 것으로 나타난다고 말하고 있다. 바울은 자신의 삶을 통해서 완전한 자유인이지만 복음을 위해 종으로 자처하며 살았다. 바울은 더 많은 사람을 구원하기 위해서 스스로 모든 사람의 종이 되었다고 고백한다.

사도 바울은 누구보다도 자신의 정체성이 뚜렷하고 삶의 철학이 분명한 사람이다. 그는 디아스포라 유대인으로 율법에 권위 있는 가말리엘 문하생이었으며, 헬라어에 능통하며 로마의 시민권을 가진 사람이다. 그는 신분이나 학력 그리고 권력이나 명예를 한 몸에 거머쥔 엘리트이다. 남부럽지 않게 '갑'으로 살 수 있는 인생이었지만 복음을 위해 '을'의 인생을 자처했다. 그가 가진 삶의 철학은 '예수님처럼 살기'이다. 그가 자유를 가르치면서도 '종'처럼 행동한 이유는 세상 사람들이 자신을 통해 예수에게 돌아오기를 소망했기 때문이다. 우리 또한 그리스도 안에서 완전한 자유인이다. 우리도 바울을 본받아 자발적으로 종이 되기 위해 우리에게 주어진 자유를 선용해야 한다.

성경에 하나님을 위해 위대하게 쓰임 받았던 인물들이 스스로를 '하나님의 종' 혹은 '예수 그리스도의 종'이라고 소개한다. 그만큼 이 호칭을 영광스러운 호칭으로 여겼다. 바울은 자신을 하나님의 종(딛1:1), 예수 그리스도의 종(롬1:1, 빌1:1)이라고 소개하였다. 베드로는 그리스도의 종(벧후1:1), 야고보는 주 예수 그리스도의 종(약1:1), 유다는 예수 그리스도의 종(유1:1)이라고 소개하였다. '종'으로 번역된 헬라어 단어 '둘로스'(δουλος)는 어떤 자유나 권리도 없이 주인만을 위해 사는 노예를 의미한다. 배 밑에서 쇠사슬에 묶여 노를 젓는 신분이 가장 낮은 자를 말한다. 배 안에서 노를 젓다가 혹시 배가 침몰하게 되면 배와 함께 죽음을 맞이할 수밖에 없는 비참한 신분이다. 한 마디로 주인을 위해 살고 주인을 위해 죽는 자이다.

'하나님의 종', '그리스도의 종'이라는 단어를 묵상하면서 겉으로는 하나님의 영광을 말하지만, 속으로는 최고가 되어 이 세상에 자기를 과시하려는 마음이 있음을 인정한다. 하나님의 종이라고 하지만 세상으로부터 칭찬받고자 하는 마음이 여전히 남아 있음을 또한 솔직하게 고백하지 않을 수 없다. 나의 유익을 위해 판단하고 결정하고 움직이지 않기를 바란다. 늘 자신의 몸을 쳐 복종시키려고 안간힘을 썼던(고전9:27) 바울의 마음을 유지하기를 기도한다. 사명으로 시작했다가 직업으로 끝나지 않기를 원한다. "자기의 것 챙길 것 다 챙기고, 가족이나 자신을 위해 할 것 다 한 다음에 시간과 재정적인 여유가 될 때 하나님의 일을 전적으로 하면 되지 뭐!" 맞는 말 같지만 틀린 말이다. 하나님의 나라는 말에 있지 않고 능력에 있다. 모든 것을 충분히 누릴 수 있는 자격을 갖추었으나 주님과 복음을 위해 종으로 자처하였던 바울과 같은 사명자들에 의해 하나님의 나라는 지금까지 확장되었고 지금도 여전히 확장되고 있다.

목회자가 교회를 개척할 때 겸손한 마음으로 기도하며 성도들을 섬기다가 하나님의 전적인 은혜로 교회가 부흥되면 초심이 변할 수 있다. 선교사가 파송 받아 처음 선교를 시작할 때는 성령으로 시작하였다가 나중에 선교를 빙자한 자신의 왕국을 건설할 수도 있다. 사역자도 연약한 인간이기에 한두 번 섬김을 받다 보면, 어느 순간 섬김받음에 익숙해진다. 그러다 보면 자기도 모르게 종의 자세에서 섬김을 받는 위치에 익숙해지기 쉽다. 여전히 종이라고 하면서 섬김을 설교하지만 실제로는 '섬김의 생명'은 공허한 메아리가 되기 쉽다. 코로나 팬더믹이 우리 한국 교회와 한인 선교사들에게 그간의 선교사역을 점검하며 새롭게 출발하는 계기가 되기를 소망한다. 우리들의 삶이 성령으로 시작했다가 육체로 마치지 않기를 간절히 기도한다(갈3:3).

'종'의 인생에 '최고'라는 단어는 필요 없다. 단지 '최선' 혹은 '충성'이라는 단어만 필요하다. 종에게 있어서 최고는 오직 주인이다. 우리의 주인이신 예수님만이 최고이다. 종은 그저 무익한 종일 뿐이다. "이와 같이 너희도 명령받은 것을 다 행한 후에 이르기를 우리는 무익한 종이라 우리가 하여야 할 일을 한 것뿐이라"(눅17:10). 바울은 구원받은 크리스천, 사명자로서 우리가 어떻게 살아야 하는지를 분명하게 가르쳐 주고 있다.

바울은 입장과 생각이 다른 유대인처럼 처신하기도 하고, 문화가 다른 이방인처럼, 지식과 믿음이 부족한 약한 이들을 위해 약자가 되는 것도 자처하였다(고전9:20-23). 바울에게는 환경과 상황이 불신자들을 구원의 자리로 이끌기 위한 수단일 뿐이었다. 우리는 일반적으로 좋은 곳, 의미 있는 곳에 가기 원한다. 우리의 '신앙적 기대'와 하나님이 부르시고 보내는 '소명'은 많은 부분에서 충돌한다. 하지만 충분히 무기력해지고 낮아지는 가운데 하나님을 의존하는 것도 꼭 필요한 신앙의 연습이다. 우리에게 닥치는 고난과 어려움은 끝이 아니라 우리가 일어서기 위한 과정일 뿐이다.

예수님은 만유의 주이시지만 이 땅에서 사셨을 때 제자들을 섬기는 종으로 사셨다. 그분이 우리들의 주님이시지만 역설적으로 그분은 제자들을 섬기셨다. 지금도 하늘 보좌 우편에서 우리를 위해 기도하고 계신다. 예수님은 우리들의 주님으로 섬기는 지도력(Servant-Leadership)을 행사하셨다. 바로 그의 종된 우리가 가져야 할 자세가 섬기는 지도력이다.

"인자가 온 것은 섬김을 받으려 함이 아니라 도리어 섬기려 하고 자기 목숨을 많은 사람의 대속물로 주려 함이니라"(막10:45).

한(恨)+한(限)=한(韓)

Holistic Life   38

정보의 홍수 시대이다. 내가 접하고 있는 정보가 정확한지 아닌지 구분하는 것도 쉽지 않다. 귀동냥으로 전달받는 정보가 전달되는 과정에 누락이 되든지, 혹은 덧붙여져서 사실과 다를 때가 많다. 많은 경우가 소문은 그저 소문이고 풍문은 그저 풍문이다. 여론 또한 그저 여론일 때가 많다. '…카더라!' 통신일 때도 많다. 사실(fact)을 접하기가 쉽지 않다. 또한 매스컴을 통해 전달받은 내용도 실제와는 다른 경우가 많다. 또한 사실이 아닌 정보를 근거로 너무 쉽게 판단하고 정죄한다. 어쩌면 자고 일어나면 좋은 소식보다도 열불 나는 소식이 더 많은 것도 한몫하는 것 같다. 이러한 환경에 자기도 모르게 상처를 주기도 하고 상처를 받기도 한다.

우리는 말을 할 때나 글을 쓸 때 조심해야 한다. 자신이 알고 있는 것이 전부인 양 말하면 안 된다. 자신이 조금 경험한 것을 가지고 전부가 그렇다고 말해서도 안 된다. 그저 그중에 하나(one of them)일 뿐이다. 힘들게 그리고 바쁘게 세상을 살아가다 보니 옳고 그름을 따지는 것은 사치라고 생각할 수도 있다. 대신에 자신에게 조그마한 유익을 주는 사람은 좋은 사람이고, 자신에게 조그마한 손해를 끼치면 나쁜 사람이라고 생각할 수 있다. 현대인의 특성은 시간이 갈수록 삶의 여유가 줄어든다.

상처가 많은 시대에 상처가 많은 사람 속에 살아가고 있다. 상처가 많은 사람이 상처를 쉽게 받고 또한 다른 사람에게 쉽게 상처를 준다. 우리 한민족(韓民族)은 장점이 많지만 조금 아쉬운 것은 한(恨)이 많은 민족이다. 다른 말로 하면 상처가 많다는 뜻이다. 아마도 외부의 공격을 많이 받으면서 자연스럽게 형성되지 않았을까? 생각한다. 그래서 또 다른 한(限)이 있는 민족이다. '限'의 뜻은 '한정하다, 심하다, 매우 급하다'는 뜻을 가진 한자(漢字)이다. '恨'(한)이 많기에 '限'(한)을 가진 '韓'(한)민족이 아닌가 생각한다.

특히 우리 한(韓)민족에게 있는 질병이 있다. 바로 화병(火病)이다. 화병이라는 말은 중국 명나라 의사 장개빈(張介賓)이 처음 사용했으며, 조선시대에 한국으로 전해졌다. 한의학에서 화병(火病) 또는 울화병(鬱火病)은 스트레스(화)를 참는 일이 반복되어 발생하는 일종의 신경성 신체화의 장애를 일컫는 말이다. 미국 정신과협회에서는 DSM-IV에 화병을 로마자로 'Hwabyeong'이라는 이름으로 문화관련 증후군의 하나로 등록했으나, 이후 삭제되었다. 몸이 아프면 열(热)이 나듯, 마음이 아프면 화(火)가 난다. 몸과 마음이 다 아플 때는 '열불' 난다고 표현한다. 정말로 힘들 때 '열 불나서 못 살겠다'라고도 한다. 화가 나는 정도에 따라 '마음이 새까맣게 탔다', '애간장이 녹는다' 등 다양한 표현이 있다. 화병이란 누른 감정을 발산하지 않고 억제한 상태에서 일어나는 신경증적 불(火)로 인해 드러나는 증상의 전부를 의미한다고 전한다.

누른 감정을 발산하지 못한 것이 고스란히 상처로 남는다. 상처가 많은 사람은 부정적인 마음을 가지고 세상의 일들에 대해 믿지 못할 뿐만 아니라 불만도 많다. 자신이 다른 사람을 믿지 못하기에 자신의 말을 제발 믿어 달라고 호소한다. "그 사람 정말로 못쓰겠더라", "교회들이 다 썩었어", "그 일 솔직히 말해서 맘에 안 들어", "그곳이 너무 안 좋아…" 등 상처받은 자의 말이나 글을 유심히 살펴보면, 단편적이며 극단적인 표현이 많다. '정말로', '다', '매우', '솔직히 말해서', '너무' 등등 이러한 부사나 부사구를 많이 사용한다. 조금 좋으면 아주 좋다고 표현하고, 조금 나쁘면 아주 나쁘다고 말을 한다. 중간이 없다.

상처 많은 이 민족을 찾아오신 분이 바로 예수님이다. 우리들의 상처를 치유하실 분은 예수님 밖에 없다. 우리 민족이 살길은, 아니 내 가정이, 아니 내가 살 길은 예수님을 인격적으로 영접하고 내주하시는 성령님의 음성을 순간순간 듣는 것이다. 매일 짧은 시간일지라도 말씀을 묵상하고 기도하는 시간을 가져야 한다. 그리고 성령의 의지로 순종하며 살아갈 때 상처가 조금씩 조금씩 치유된다. 그리고 상처 입은 치유자가 되어 상처 많은 이 세상을 치유해 나갈 수 있다. 상처 입은 치유 자만큼 영향력 있는 주의 사역자도 많지 않다.

> "그가 찔림은 우리의 허물 때문이요. 그가 상함은 우리의 죄악 때문이라. 그가 징계를 받으므로 우리는 평화를 누리고 그가 채찍에 맞으므로 우리는 나음을 받았도다"(사53:5).

제2부

그 목사에 그 장로

Holistic Life **39**

교회가 바로 서야 나라가 바로 설 수 있다. 나라를 사랑하고 국가의 미래를 걱정하던 선배님들과 동역자들 마음을 주님은 아실 것이다. 한국 교회 목회자의 한 사람으로서 복음의 생명력있는 정치선교사(정치인)를 많이 양성하지 못하여 오늘의 시국에 하나님의 이름 앞에 죄송할 따름이다. 정치 선교사 양성을 위해 더 많이 기도하지 못함을 회개한다. 그러나 인간의 절망 가운데 하나님은 소망을 주실 줄 믿는다. 인간의 끝이 하나님의 새로운 시작일 줄 믿는다. '주여, 한국 교회를 회복시켜주소서! 교회가 교회답게 하소서! 목사는 목사답게 하소서! 장로는 장로답게 하소서! 기독교인은 기독교인답게 하소서! 초창기 한국교회의 DNA가 회복되게 하소서!'

다 아시겠지만 다시 한번 초창기 한국 교회의 주기철 목사님과 고당 조만식 장로님의 일화를 같이 나누고자 한다. 주기철 목사님은 일제의 신사참배를 거부하여 순교하신 분이고, 조만식 장로님은 나라의 독립운동을 하신 애국자로 기독교의 지도자이다. 조 장로님과 주 목사님의 관계는 사제지간(師弟之間)이다. 조 장로님이 오산학교 교장으로 재직할 때, 주 목사님은 그 학교의 학생이었다. 초창기 한국교회는 목사다운 목사, 장로다운 장로의 영적

DNA를 보유하고 있었다.

하루는 조 장로님께서 마산에 있는 문창교회를 찾아갔다. 그 당시 그 교회를 담임하고 계시던 주기철 목사님을 자기 교회로 청빙하기 위해서였다. 노(老) 장로님은 젊은 목사님 앞에서 무릎을 꿇고 앉았다. "장로님, 편히 앉으십시오". 목사님의 말에 장로님은 이렇게 대답했다. "당치도 않으신 말씀입니다. 전에는 목사님이 학생이셨고 제가 교장이었습니다. 그러나 지금은 목사님께서는 하나님의 귀하신 종이 되었고, 저는 그 종을 받들어 섬기는 장로에 불과할 뿐입니다. 그러니 편좌(便坐)하라 말씀하지 마십시오." 끝까지 무릎을 꿇고 앉았다. 노 장로님의 믿음에서 나오는 겸손이었다. 목사님은 장로님의 겸손에 너무나도 깊은 감명을 받았다. 그래서 장로님의 권유에 따라서 평양 산정현교회를 담임하게 되었다.

조만식 장로님이 어느 주일 아침 예배에 늦게 참석하셨다. 예배에 참석하려는 조 장로님에게 손님이 찾아와서 얘기하다가 제시간에 못 온 것이었다. 설교하던 주 목사는 늦게 들어오는 조 장로님에게, "장로님, 오늘은 의자에 앉지 말고 서서 예배를 드리십시오"라고 했다. 모든 교인이 다 보고 있는데 옛 스승이요 연세가 높으신 노(老) 장로님에게 너무나 가혹한 처사였지만 조 장로님은 그대로 순종했다.

주 목사님은 설교를 마치고 나서 조 장로님에게 기도를 부탁했다. 그 때 조 장로님은 이렇게 기도를 했다. "하나님 아버지! 이 죄인을 용서하여 주옵소서. 애국 운동한다고 사람을 만나다가 하나님 만나는 예배 시간에 늦었습니다. 목사님이 얼마나 마음 아프시면 설교하다 말고 이토록 책망하셨겠습니까? 하나님의 종을 마음 아프게 한 죄를 사하여 주옵소서. 은혜로운 설교를 듣던 성도들이 은혜받는 것을 방해한 죄를 용서하여 주옵소서."

조 장로님이 눈물로 기도하자, 주 목사님과 온 교우들이 함께 울었다. 사람들은 "과연 그 스승에 그 제자요, 그 목사에 그 장로"라며 칭송했다. 예수님의 마음으로 나라를 사랑하고 주의 종을 섬기신 정치 선교사인 조 장로님, 일사각오(ready to die for)의 신앙으로 목회하신 순교자 주기철 목사님이 그리운 것은 욕심일까? 주여! 우리에게 다시 한번 기회를 주세요. 우리도 이런 목회자 이런 정치 선교사(장로)가 많이 배양되게 하소서! 할 수만 있다면 나부터 그런 사람 되게 하소서!

한국교회 방조죄

Holistic Life　40

하나님의 절대 은혜와 함께 한국 교회 선교의 길을 열고 선교의 세계화에 불을 지폈던 선교 거성(巨星)들을 생각해 본다. 한국 교회는 1907년 독노회를 설립하면서 7명의 목사를 세우고 그중 한 사람인 이기풍 목사를 이듬해인 1908년에 제주도에 선교사로 파송하였다. 이어 한국 장로교회는 1912년 장로교 총회를 창립하면서 이를 기념하기 위해 중국 산동에 선교사를 파송할 것을 만장일치로 결의하고 이듬해인 1913년 총회에서 김영훈, 박태로, 사병순 목사를 첫 해외 선교사로 파송하였다. 독노회가 설립된 지 불과 5년, 그리고 총회를 설립한 첫해, 한국 교회는 선교사를 파송한 것이다. 그동안 해외교회의 후원과 기도지원을 받아왔던 한국 교회는 해외 교회에서 보내준 사랑을 선교사를 파송함으로 되갚아 나갔다. 한국 교회는 세계 교회사에서 보기 드물게 복음을 받아들이면서부터 선교적인 교회(Missional Church)로 출발하였다. 우리는 이러한 선교 DNA를 물려받았다.

실제적인 타문화권 선교사역의 선두주자인 방지일 목사(1911-2014)는 한 세기를 넘게 사신 한국 교회와 선교역사의 산증인이다. 그는 평안북도 선천에서 태어났다. 그는 조선예수교장로회신학교 신학생 시절에 평양 대부흥 운동의 진원지였던 장대현교회 전도사로 시무하며 당시 원로목사였던 길선주 목사와 동역하였다. 그 후 총회 파송선교사로 임명되어 1937년 26세의 나이에 중국 산동성으로 파송되었다. 산동성에서 21년간 선교사로 일하다가 1957년 중국 공산당의 추방으로 홍콩을 경유하여 귀국하였다. 귀국한 그해 그는 영등포장로교회에 부임하였다. 그후 그는 대한예수교장로회(통합) 총회장과 대한성서공회 이사장을 역임하셨다. 그는 향년 103세로 2014년 소천 받을 때까지 선교적인 삶을 살았다.

방지일 목사에 이어 한국 선교계의 대부인 조동진 선교사는 서구 중심의 선교를 제3세계(아프리카와 아시아) 특히 한국 중심의 선교로 선교의 패러다임을 바꾸는 등 세계선교의 새로운 길을 여신 분이다. 그는 1924년 평안북도 용천에서 태어났다. 후에 월남하여 후암장로교회 담임목사로 사역하던 중 선교사로 헌신하였다. 그는 선교학의 거성 랄프 윈터가 설립한 윌리암케리 국제대학교(WCIU)에서 한국인으로서는 처음으로 박사학위(Ph.D)를 취득하셨다. 그는 1974년 스위스 로잔에서 열린 세계 복음화 대회의 주력 강사였으며, 국제선교협력기구(KIM)와 동서선교연구개발원(EWC)을 설립했다. 아시아 선교협의회(AMA)를 창립하고 초대 사무총장과 회장으로 섬겼으며, 제3세계 선교협의회(EWC)의 창립 회장으로 섬겼다.

또한 김일성종합대학교 종교학과의 설립과 더불어 초빙교수로 북한을 수차례 왕래하였다. 더불어 평양신학원 초빙교수와 함께 빌리 그래함 평양집회의 산파역할을 했다. 조 선교사는 어느누구 보다도 더 열심히 평화통일과 민족교회 운동에 힘썼다. 그리고 말년에 '조동진선교학연구소'를 설립했다. 한국 선교계의 큰 별 조동진 목사는 2020년 6월 19일 향년 97세로 소천했다. 풀러신학교에서 선교학을 연구할 때 조 선교사님의 삶을 본받고 그분의 선교사역을 계승하신 풀러신학교의 선교학 교수인 P 선교사와 그의 제자들을 볼 때 감사할 따름이다. 조 선교사는 '20세기 비서구 선교운동의 창시자'로 1,500명 이상의 아시아 선교사를 길러냈다. 이러한 그의 삶에 걸맞게 그의 별명은 'Mr. Mission'이다. 서구 선교전략과 동원 그리고 실천에 랄프 윈터 박사가 있다면, 비서구권에는 조동진 선교사가 있다. 공교롭게 둘은 1924년 동갑내기이다. 조 선교사가 남긴 선교의 족적은 우리 한국교회의 귀한 유산이다.

해방 이후 한국교회 1호 선교사는 최찬영 선교사이다. 1926년 평양에서 태어난 최 선교사는 기독교 집안에서 자랐다. 1948년 장로회신학교에 재입학하여 졸업했고, 6·25전쟁 중엔 통역장교와 군목으로 사역했다. 1955년 영락교회 후원과 장로교총회 선교부 파송을 받아 태국 선교사로 파송받았다. 그는 '아시아인 최초의 태국과 라오스 성서공회 대표'와 '아시아인 최초의 세계성서공회 아시아태평양지역 대표'로 섬기면서 약15억권의 성경을 배포하셨다. 특히 감사한 것은 중국의 남경에 위치한 애덕기금회를 통해 성경을 2억권 이상 인쇄하여 현지에 배포하였다. 이로 인해 이제 중국은 세계 각국에 성경을 수출하는 나라가 되었다.

은퇴 후에도 여전히 선교사의 삶을 사시며 미국 풀러신학교에서 5년간 연봉 1달러 교수로 후학을 양성했다. 2009년엔 미국 LA 또감사선교교회를 통해 한국 선교사로 파송받아 부산 해운대에 터를 잡고 전 세계에서 활동 중인 선교사들을 돌봤다. 일생을 선교적 삶을 사시다가 2021년 10월 19일 향년 96세로 LA 굿사마리탄병원에서 소천하였다. LA에 있을 때 가끔 보았던 그분의 해맑은 미소를 지금도 잊을 수 없다. 최선교사는 한국교회의 세계선교 역사에 큰 족적을 남기신 선교의 거인이다.

온몸을 불살라 하나님 나라의 확장에 헌신한 한국 교회 선교사들은 위에 언급한 세분뿐만 아니라 수없이 많다. 선교사역이 힘들고 가족이 병들고 단명

(短命)한 경우도 많지만, 위의 3분의 공통점 중에 하나는 오랫 동안 선교사역을 하면서 모두 장수했다는 것이다. 방지일 선교사는 103세, 조동진 선교사는 97세, 최찬영 선교사는 96세를 향수하였다. 장수하려면 선교사가 되어야 하는가? 선교사의 삶을 살면 장수(長壽)하는가? 선교사의 삶이라고 반드시 단명하고 순교하는 것만은 아니다. 어떻게 살든 선교적인 인생을 살면 가치 있는 인생이 된다. 한국교회에 방지일 선교사, 조동진 선교사, 최찬영 선교사와 같은 선교의 거성들이 계속해서 배출되기를 소망한다.

> "지혜있는 자는 궁창의 빛과 같이 빛날 것이요. 많은 사람을 옳은 데로 돌아오게 한 자는 별과 같이 영원토록 빛나리라"(단12:3).

한민족의 선교 DNA

Holistic Life 41

2016년 7월 8일 중앙일보에 나온 기사 내용이다. 한국에 와서 공부하는 외국인 유학생 355명을 대상으로 설문 조사를 하였다. 설문조사의 항목 중 '한국을 대표하는 형용사는?'이었다. 이 질문에 대해 유학생들은 1)전통을 따르는 2)모던한 3)역사적인 4)선진적인 순으로 답을 하였다. 전통과 현대를 지그재그로 넘나드는 결과가 나왔다. 외국 학생들이 강하게 받은 인상은 전통과 현대의 모습이 교묘하게 어우러진 한국의 모습이다.

때로 우리가 누구인지, 어떤 사람인지 잘 모른다. 어떨 때는 다른 사람들이 객관적으로 보는 우리들의 모습이 정확할 때가 많다. 다른 나라에서 한국으로 공부하러 온 젊은 학생들의 눈에 비치는 모습이 우리가 알고 있는 우리들의 모습보다 더 객관적일 수 있다. 저는 이 설문 조사의 결과에 우리 민족이 선교적으로 매우 훌륭한 DNA를 가지고 있다는 생각이 들었다. 한국은 예전의 전통을 중시하면서도 새로운 것에 대한 수용성이 있다. 이러한 민족성은 한국에 들어 온 것마다 발전하고 꽃을 피웠다.

한민족의 또 다른 DNA는 개척과 돌파의 기질이다. 김석동에 의하면 한

민족은 경쟁을 두려워하지 않고 시장경제를 빠르게 체득한 승부사 기질을 가지고 있다고 한다. 또한 고난과 역경 속에서도 '하면 된다'는 신념으로 무장한 끈질긴 생존 본능을 소유하고 있다. 그리고 리더를 중심으로 목표를 쟁취하려는 강한 집단 의지와 세계를 무대로 승부하는 개척자 근성을 가지고 있다고 말한다.

옛것을 지키며 새것에 대해 수용성을 가진 우리 민족이 복음을 받아들인 것은 하나님의 절대 은혜이고 우리 민족이 받은 최고의 복이다. 온고지신의 마인드가 있는 민족이다. 물론 적지 않은 단점들이 있지만, 이 모든 것을 가리고도 남을 만큼 큰 은혜를 받은 민족이다. 이렇게 복음을 받아들인 한(韓)민족이 개척과 돌파의 기질을 가지고 세계 유래에 찾아보기 힘든 교회 부흥을 이루었고 세계 선교의 중심국가로 우뚝 서게 되었다.

이제는 세계 선교의 축이 서구 중심에서 제3세계로 넘어가고 있는데 그 중심에 한국교회와 해외에 주재하는 한인교회가 있다. 한국세계선교협의회(KWMC)의 조사에 의하면, 2015년 말 한국교회와 한인교회에서 파송한 선교사가 2만 7천여명에 이른다고 한다. 미국에 이어 두 번째 선교 강국(a missionary power)이 되었다.

역사 이래 복음을 받아들인 나라는 영적인 부흥은 물론 도덕과 경제 부흥을 이루었다. 복음이 가는 곳에 변화가 일어난다. 우리가 계속해서 복을 받고 살아가는 비결은 값없이 받은 복음을 값없이 전해주는 것이다. 복음이 흐를 때 생명이 살아난다. 생명이 살아날 때 사회도 국가도 변한다. 복음은 생명을 낳는다. 생명은 영향력을 낳는다. 영향력은 변화를 낳는다. 지구촌이 한 가족이 된 이 시대에 우리 민족이 살아갈 길은 복음을 수출하는 것이다. 그리하면 한민족을 통해 만민이 살 것이다. 주여, 계속해서 겸손히 주님 앞에 쓰임

받는 한민족이 되게 하소서!

"또 이르시되 너희는 온 천하에 다니며 만민에게 복음을 전파하라"
(막16:15).
"오직 성령이 너희에게 임하시면 너희가 권능을 받고 예루살렘과 온 유대와
사마리아와 땅 끝까지 이르러 내 증인이 되리라 하시니라"(행1:8).
"우리는 우리를 전파하는 것이 아니라 오직 그리스도 예수의 주 되신 것과
또 예수를 위하여 우리가 너희의 종 된 것을 전파함이라"(고후4:5).

제3부 / 선교적 인생
Our Life is a Mission Life

42. 통섭과 융합의 시대····*211* / 43. 인공지능(AI)과 성령····*215* /
44. 교회와 선교····*219* / 45. 중어권 한인 선교사 협회····*222* /
46. 일 보 후퇴····*227* / 47. 마가와 누가····*230* / 48. 이쪽이 닫히
면····*235* / 49. 중남미 화인을 향해····*238* / 50. 나 아파요!····*245*
/ 51. 주책 선교사····*248* / 52. 우리의 장막 집····*252* / 53. 자식
농사····*256* / 54. 머니해도 머니?····*261* / 55. 화인교회 목회선교사
····*265* / 56. 화인 목회 사역과 동역····*269* / 57. 다름이 좋아?····
273 / 58. 길을 내는 자····*278* / 59. 다양함과 온유함····*281* /
60. 저평가 우량주····*284* / 61. 한자(漢字) 한 자로 인해····*288* /
62. 부흥을 갈망····*292* / 63. 망중한(忙中閑)····*295*

신학과 성경 속에만 하나님이 존재하지 않는다.
교회 안에만 하나님이 머물러 계시지 않는다.
하나님은 온 우주를 통치하시며, 모든 학문과
모든 영역에 계신다. 우리가 통섭의 마인드 속에
성경을 가지고 모든 영역과 교류해야 한다
〈3부 42장 '통섭과 융합의 시대'에서〉.

통섭과 융합의 시대

Holistic Life　42

현시대를 한마디로 정의하면 '급변하는 시대'(undergo a sudden change)이다. 또한 급변하는 시대의 특성은 다음과 같다. 2016년에〈4차 산업혁명시대〉가 공식화되고, 2018년에 〈포노사피언스〉가 명명되었으며, 2020년에 〈포스트 코로나19시대〉의 전망이 예고되었다. 우리는 이러한 시대적인 특성과 함께 이미 오래 전에 절대 진리를 거부하는 인본주의의 첨단인 포스트모더니즘(후기 현대화) 시대를 살아가고 있다. 최근에 두드러지게 나타나는 이념의 문제는 표면에 드러난 일부분의 현상에 불과하다. 우리가 생각할 수 없는 많은 요인이 복잡하게 얽혀있는 시대에 단순하고 명쾌하게 답을 찾기가 쉽지 않다.

이러한 시대 상황 속에서 우리 기독교인이 세상을 이기며 살아가기는 결코 녹녹치 않다. 우리가 어떠한 시대를 살아가든지 기도와 성경 공부가 기본적으로 필요하다. 시대마다 상황이 다르지만 이 시대만큼 빠르게 변화하는 시대는 지금까지 없었다. 앞으로 더 빠르게 변화할 것으로 생각된다. 이러한 변화무쌍한 시대를 먼저 잘 알고, 이끌어갈 수 있는 실력을 가진 크리스천 리더들이 많이 나오기를 기대한다. 교회와 목회 그리고 선교사역에도 이러한 변화무쌍한 상황에 대응할 수 있는 대책이 필요하다. 그중에 하나는 이 시대에는 각자가 연구하는 학문과 전문 영역들이 서로 교류하며 융합하고 통섭할 때 변화에 발 빠르게 대응할 수 있다.

이 시대에는 목회자도 신학과 성경 외에 일반 학문의 흐름을 알 필요가 있다. 일반 성도들도 자신의 전문 분야와 학문을 어떻게 하나님과 신앙으로 접목시킬 것인가를 고민해야 한다. 우리가 알고 있는 지식은 너무 미미하다. 너무 협소한 자신만이 알고 있는 지식의 관점으로 세상을 바라보게 되면 편협한 세상을 볼 수밖에 없다. 통섭적인 관점으로 모든 학문과 영역을 융합하여 세상을 보면 확연하게 다른 세상을 볼 수 있다. 이제는 전문화를 넘어서 예수 안에서 새로운 통섭(統攝, consilience)으로 가야 한다.

간단하게 연예계를 일례로 들어보면 예전에는 가수는 가수로서, 배우는 배우로서의 실력만 가지면 되었다. 그런데 이 시대는 가수 따로 배우 따로가 아닌 동일한 사람이 가수 겸 배우를 하며 한 사람이 두 영역 혹은 서너 영역을 넘나들며 자신의 역할을 수행하고 있다. 세상은 이렇게 무섭게 빨리 변하고 있다. 적절한 비유는 아닐지라도 그만큼 살기 어려운 무한경쟁시대를 살아가고 있다는 의미이다. 전통적인 교회나 크리스천 지도자들이 이러한 변화무쌍한 시대를 이끌어 가며 하나님의 나라를 확장한다는 것이 쉽지 않다.

이러한 시대에 우리 교회나 크리스천 지도자가 통섭의 마인드(the mind of consilience)를 가지고 시대를 바라보면서 고민을 해야 한다. 쉽게 말하면 변화무쌍한 시대 상황(Context)에 불변의 진리(Text)인 복음을 전하는 것이 만만치 않다는 의미이다. 그럼에도 불구하고 세상을 이기고 이끌어 갈 수 있는 통섭적인 마인드를 가진 지도자가 많이 필요하고 그런 차세대 지도자들을 많이 배출해야 한다. 이제는 신학 따로 자연과학 따로 인문과학 따로가 아닌 통섭과 융합의 학문 연구가 이루어져야 급변하는 세상을 올바르게 보고 알 수 있으며, 또한 정확하게 이 시대의 상황을 알아야 세상을 이길 수 있는 방안도 찾게 된다. 자연과학과 인문학이 만나야 한다. 원자력도 신학과 만나야 한다. 사회복지도 원자력과 만나야 한다. 한국사와 세계사도 자연과학 그리고 신학과 만나야 한다.

세상을 이기는 것이 그리 간단하지 않다. 실력을 갖추는 자가 이 세상을 승리한다. 신학과 성경 속에만 하나님이 존재하지 않는다. 교회 안에만 하나님이 머물러 계시지 않는다. 하나님은 온 우주를 통치하시며, 모든 학문과 모든 영역에 계신다. 우리가 통섭의 마인드 속에 성경을 가지고 모든 영역과 교류해야 한다. 그리고 신학과 선교학도 일반상식과 과학 그리고 철학과의 만남 속에서 연구가 이루어져야 한다. 이러한 융합과 통섭의 마인드를 가질 때 하나님을 더 폭넓게 알 수 있고, 복음의 핵심인 예수 그리스도를 깊게 이해할 수 있고, 이러한 예수의 생명을 가진 자들이 세상을 하나님과 화해시키는 동역자로 쓰임받을 수 있다.

하나님의 말씀은 살아 있다. 살아 있는 것은 생명이 있다. 생명이 있으면 영향을 미친다. 하나님의 말씀은 생명이 되어 먼저 개인의 삶을 송두리째 바꾸어 놓는다(히4:12). 살아 있는 말씀은 개인의 삶을 넘어 가정과 직장 그리고 사회에 소속되어 있는 모든 공동체에 영향을 미치는 온전한 생명으로 역사한다. 통섭과 융합의 변화무쌍한 시대에 유일하게 필요한 진리는 살아 있는 말씀이다. 말씀이 온전한 생명으로 변화될 때 이 시대는 소망이 있다.

"그는 보이지 아니하는 하나님의 형상이시오, 모든 피조물보다 먼저 나신이시니 만물이 그에게서 창조되되 하늘과 땅에 보이는 것들과 보이지 않는 것들과 혹은 왕권들이나 주권들이나 통치자들이나 권세들이나 만물이 다 그로 말미암고 그를 위해 창조되었고, 또한 그가 만물보다 먼저 계시고 만물이 그 안에서 함께 하셨느니라. 그는 몸인 교회의 머리시라. 그가 근본이시요. 죽은 자들 가운데서 먼저 나신이시니 이는 친히 만물의 으뜸이 되려 하심이요 아버지께서는 모든 충만으로 예수 안에 거하게 하시고 그의 십자가의 피로 화평을 이루사 만물 곧 땅에 있는 것들이나 하늘에 있는 것들이 그로 말미암아 자기와 화목하게 되기를 기뻐하심이라"(골1:15-20).

인공지능(AI)과 성령

Holistic Life 43

최근 중어권 한인동역자 단톡방에 올라온 공지 중에 하나가 AI목회활용세미나(ChatGPT를 활용한 설교세미나)이다. 또한 캐나다의 화인목회자 그룹채팅방에 성경연구관련 자료찾기를 AI를 이용하여 찾은 내용과 이러한 현상이 목회자와 신학생들에게는 긴장이 되고 도전이라는 내용의 글이 올라왔다. 마침 매주 금요일 저녁 저자가 시무하는 교회 '학생학자모임'(学生学者团契)에서 진행하고 있는 세미나의 이번 주 주제가 '하나님과 인공지능'(God and AI)이다. 인공지능(AI)은 보는 관점에 따라 다를 수 있지만 제가 볼 때는 누가 어떻게 이용하느냐에 따라 '양날의 검'이 될 수 있다.

우리는 현재 과학의 발전과 더불어 교통과 통신의 발달로 인해 유비쿼터스(통신이 가능한 컴퓨터가 어디든지 존재하는 세상) 시대가 이미 이루어졌고 계속해서 업그레이드되어 가는 첨단과학의 시대를 살고 있다. 유비쿼터스(ubiquitous) 시대는 한 마디로 무소부재하신 하나님을 설명할 수 있는 인간적인 좋은 실례(물론 불완전하지만)이다. 불과 20-30년 전에는 상상할 수조차 없는 편리한 시대를 살고 있다. 좀 과장되게 표현하면 인간의 지식이나 과학이 하나님 자리를 차지해 가는 시도로 보인다.

특히 요즈음에 핫이슈가 되는 인공지능(AI)에 대해 성경적, 신학적, 선교학적, 목회학적 연구가 절실하다고 본다. 어쩌면 머지않은 미래에 AI가 하는 설교에 이어 AI 목사도 등장하지 않을까 싶다. 저희 교회 성도 중에 인공지능을 전공하며 공부하고 있는 연구원도 있다. 목회자나 신학자에게 조금은 생소한 AI(인공지능) 분야는 신실하게 하나님을 믿는 인공지능 전공자와 협력해서 종합적으로 연구할 과제 중의 하나이다. 이 분야에 대한 연구 전문가가 속히 나오기를 기도한다.

중국인(화인)교회를 근 20년간 섬기면서 쉽게 관찰할 수 있는 것은 중국인(화인)들의 민족성 중에 하나가 이성(理性)을 매우 중요시한다. 중화(中華)민족은 한(韓)민족에 비해 비교적 정적인 것 같다. 이성을 중시하는 그들은 성경공부(査経)를 좋아하고 성경연구를 즐긴다. 저희 교회 성도들도 성경을 공부하고 나눔 시간을 가질 때 보면 어떻게 그렇게 말들을 잘하는지 늘 감탄한다.

복음주의 화인교회 안에 웃지 못할 유머가 있다. 그 유머는 "화인교회의 삼위일체는 성부, 성자, 성경"이다. 그만큼 성경공부를 좋아하고 중요시 한다는 의미이다. 성도들이 성경공부를 많이 한다고 해서 그에 비례하여 반드시 결단하고 헌신하지는 않는다. 복음주의 화인교회 내에 어떤 목회자가 '성령'에 대해 강조하면 혹시 은사주의(靈恩派)가 아닌가 의심의 눈초리로 본다. 조금 과장되게 표현하면 성령이 역사할 공간이 그리 크지않다. 개혁신학을 공부한 저자로서 이러한 그들이 충분히 이해가 간다.

화인교회를 섬기면서 내게 주신 복 중에 하나는 신학교 다닐 때 배웠던 '개혁주의 성령론'을 다시 한번 정독하게 되었다. 그리고 이에 걸맞는 성경공부 교재(성령충만한 생활)를 만들어 교회 제자훈련 교재로 사용하고 있다. 성경공부에 은혜를 받고 감동을 받았다고 하는데 그에 걸맞는 행동과 결단을 하지 않은 성도들을 보면서 전적으로 성령의 역사에 대한 결핍 현상이 아닌가 생각된다. 사람은 인격체로 '지정의'가 균형 있게 나타나야 하는데 개인마다 민족마다 조금은 차이가 있다. 한 사람이 변화되고 교회가 부흥되는 요소는 단순하고 명확하게 설명되지 않는다.

이성(理性)을 중시하고 지식(知識)을 추구하는 화인교회에 AI의 등장은 긍정적인 요인도 있지만 염려되는 부분 또한 존재한다. 그렇지 않아도 성령의 역사가 제한되고 감성이 약한 화인교회에 지식을 더 추구하게 되면 목회자를 비롯한 성도들의 영적 성장과 영성에 방해 요소로도 작용하지 않을까 노파심이 생긴다.

AI를 잘못 이용하면 에덴동산에서 지식나무(선악을 알게 하는 나무)의 실과를 먹었던 아담의 후예들이 마지막 시대에 지식나무의 열매와 더불어 지식나무 전체를 통째로 삼키는 현상이 될 수도 있다. 이 시대는 다른 어떤 때보다 영성(Spirituality)이 회복되어야 한다. 특히 포스트 코로나 시대에는 절대 영성이 필요하다. AI가 절대로 제공해줄 수 없는 것이 바로 '영성'이다. 영성의 회복과 갱신 그리고 부흥은 성령이 역사할 때 가능하다. 영성의 회복은 지성과 감성 그리고 사회성까지 회복되어 개인의 회개와 갱신을 넘어 소속된 공동체의 부흥과 사회 개혁까지 이루어진다.

> "우리가 육체에 있어 행하나 육체대로 싸우지 아니하노니 우리의 싸우는 병기는 육체에 속한 것이 아니요. 오직 하나님 앞에서 견고한 진을 파하는 강력이라 모든 이론을 파하며 하나님 아는 것을 대적하여 높아진 것을 다 파하고 모든 생각을 사로잡아 그리스도에게 복종케 하니, 너희의 복종이 온전히 될 때에 모든 복종치 않는 것을 벌하려고 예비하는 중에 있노라"(KRV고후 10:3-6).

그가 내게 이렇게 말해 주었다. 이것은 주님께서 스룹바벨을 두고 하신 말씀이다.

"힘으로도 되지 않고, 권력으로도 되지 않으며, 오직 나의 영(성령)으로만 될 것이다. 만군의 주님께서 말씀하신다"(새번역 슥4:6).

주여! 혼잡한 이 시대에 강력한 성령의 기름 부음이 있게 하소서! 인공지능 (AI)의 지식을 넘어서는 하나님의 영(Holy Spirit)으로 충만하게 하소서!

교회와 선교

Holistic Life   44

선교사라는 호칭을 들으며 살아 온 세월이 적지 않다. 오늘 아침 불현듯 '교회와 선교'에 관해 묵상하게 되었다. 선교학의 거성 랄프 윈터의 두 선교 구조 이론에 의하면 '모달리티 구조인 지역 교회'와 '소달리티 구조인 선교 단체' 간의 긴장과 협력 속에 지난 2000년간 하나님의 선교가 진행되었다. 우리가 가지고 있는 교회와 선교에 대한 생각이 사역의 방향을 결정한다. 다음의 네 가지 질문에 대한 답을 하면서 같이 교회와 선교에 대하여 같이 고민해보면 좋겠다.

첫째, 교회가 우선일까 아니면 선교가 우선일까? 이 질문은 나에게 많은 것을 생각하게 한다. 어느덧 선교현장에서 사역한지 20년이 넘었다. 돌이켜 생각해 보니 모든 것이 하나님의 은혜이다. 교회와 선교는 동전의 양면과 같이 분리해서 생각할 수 없다. 교회를 통해서 선교가 시작되었고, 선교를 통해서 교회가 개척되었기 때문이다. 따라서 교회와 선교의 우선순위를 논하는 것 자체가 무의미하다. 우선순위를 논하기보다는 내가 현재 섬겼던 교회와 수행했던 선교사역을 돌이켜보니 내가 한 것이 아니라 모든 것을 주님이 하셨다. 하나님께서 때로는 개인을 통해서 선교와 교회를 세워가시고, 때로는 교회를 통해서 선교를 이루어가시고 계신다. 닭이 먼저인가 아니면 계란이 먼저인가? 와 같은 식의 이원론적인 접근은 피하는 것이 좋을 것 같다. 제가 생각하는 답은 선교는 "하나님이 하신다"(Missio Dei)이다.

둘째, 교회가 선교를 할까? 아니면 선교를 위해 교회가 필요할까? 참으로 중요한 질문이다. 먼저 답을 하기 전에 교회 사역과 선교 사역에서 필요한 한 가지는 성령의 인도하심에 순종하는 것이다. 우리가 알다시피 초대교회는 마가의 다락방에서 약속하신 성령을 기다리며 기도하는 가운데 오순절의 성령 강림으로 시작되었다. 그리고 지난 2000년의 교회 역사 또한 성령님의 인도하심 속에 진행되었고 오늘에 이르렀다. 사도행전은 성령행전이며 교회를 통한 선교행전이다. 교회의 본질은 선교이다. 선교적 교회론의 대가인 레슬리 뉴비긴은 "선교로부터 교회가 나왔다"고 말한다. 저자는 개인적으로 교회는 반드시 선교를 해야 하며, 선교를 위해 더 많은 교회가 개척되어야 한다고 생각한다. 현대 교회의 위기 중에 하나가 선교의 Spirit를 잃어 가고 있다는 것이다. 선교의 Spirit 회복은 성령으로 충만할 때 가능하다. 성령 충만을 위해 반드시 기도해야 한다. 기도 충만은 성령 충만을 낳고 성령 충만은 말씀 충만을 낳고 말씀 충만은 선교 충만을 낳고 선교충만을 통해 하나님의 나라는 확장된다(행4:31).

셋째, 바울은 신학자인가? 아니면 목회자인가? 아니면 선교사인가? 바울은 도대체 누구인가라고 물을 때 선교사들 대부분 바울을 선교사라고 답을 한다. 적지 않은 목회자들은 바울을 목회자라고 생각한다. 신학을 연구하는 학자들은 바울을 신학자라고 생각한다. 누구의 답이 맞을까? 저는 개인적으로 모두 맞다고 본다. 바울은 선교사이며, 목회자이며 동시에 훌륭한 신학자이다. 바울은 선교사와 목회자 그리고 신학자로서의 균형을 가지고 사역을 하였기에 많은 교회를 설립하였고, 설립된 교회를 목회하였다. 그리고 많은 리더십을 배양하였으며, 교회에서 발생한 문제들을 명확한 신학을 가지고 해결하였다. 또한 선교사로 탁월한 선교전략을 세워 관문 도시(대도시)를 거점으로 교회를 세워 그 교회를 중심으로 선교를 해 나갔다. 나는 이러한 바울을 닮고 싶어 영어이름을 '바울'-Paul로 사용하고 있다. 존경하는 바울을 생각하면 너무 부족하지만 오늘도 바울을 본받으며 내게 주어진 일에 최선을 다하려고 한다.

넷째, 내가 섬기는 교회와 수행하는 선교사역의 가장 큰 문제점 (혹은 어려운 점)은 무엇이라 생각하는가? 사도행전 1:8절에 보면 오직 성령이 너희에게 임하시면, 권능을 받아 주님의 증인이 되리라고 기록하고 있다. 나의 목회 현장과 선교사역에 무엇보다도 성령 충만이 필요하다. 성령의 인도하심에 순종할 때 강력한 성령의 역사가 교회와 선교지에 일어난다. 무엇보다 내가 성령으로 충만해야 하는데 때로는 그러지 못해서 답답하고, 때로는 하나님께 죄송하고, 성도들에게 미안할 뿐이다. 목회자이며 선교사인 내가 성령 충만하지 못하고 성경대로 살지 못한 것이 가장 큰 문제이다. 더불어 영성 (spirituality) 지성(intelligence)을 겸비한 사역자가 되어야 하는데 늘 부족하다. 교회 성도의 문제도, 선교 사역지의 문제도 아닌 바로 나 자신이 가장 큰 문제이다. 하나님의 절대 은혜가 필요하다.

중어권(中語圈) 한인 선교사 협회

Holistic Life 45

그동안 여러 가지 이유로 섬기는 교회의 모임이나 집회 외에는 거의 참석하지 못하고 있었다. 그 이유 중 하나는 내게 주어진 작은 일에 집중하기에도 부족한 시간 때문이다. 그런데 항상 느끼는 것이지만 시간은 여전히 부족하다. 그래서 생각을 바꾸기로 했다. 부족하기에 다른 모임이나 집회를 참석하기로 마음먹었다. 다른 중어권 동역자들은 어떻게 사역하는지, 그들의 고민은 무엇인지, 그리고 나는 현재 사역을 잘하고 있는지 점검하고 배우려는 마음을 가졌다. 올해 진행되었던 전 세계화인고난주간 연합기도회와 북미권역의 사역 나눔을 통해 직간접적으로 KMAC(중어권 한인선교사협회, Korean Missionary Association for Chinese))이라는 단체를 알게 되었다. 매월 KMAC가 정기적으로 개최하는 예배와 권역별 사역 나눔 등을 통해 중어권 동역자들의 사역과 생각을 알아가고 있다. 각자 위치에서 수고하는 동역자들에게 위로와 격려를 보낸다. 자발적이든, 비자발적이든 중국 안(수면 아래)에 있다가 때가 되어 중국 밖으로 나온 동역자들의 사역들이 차차 수면 위로 부상하고 있다. 앞으로 하나님께서 중어권 한인 동역자들의 사역을 어떻게 인도하실지 궁금하고 기대가 된다.

한국의 카카오톡 단체방 등에서 쉽게 볼 수 있는 현상은, '정치적인 문제혹은 생각'의 차이로 단체방에서 논쟁을 하고 빠져나가기도 한다는 것이다. 심지어 목회나 사역자들의 모임에서도 비슷한 현상을 목격한다. 한국을 떠난 지 오래되어 처음에는 이러한 현상이 이해되지 않았으나 차차 이해가 된다. 그래서 저자는 단톡방에 초청되면 그 모임이나 단체의 공지사항을 먼저본다. 최근 중어권한인선교사협의회(KMAC) 단체방을 통해 좋은 정보를 많이 얻는다. 단톡방을 만드신 분의 취지대로 준수사항만 잘 지키면 문제가 없을 것 같다. 단톡방에 올려진 많은 중국과 중어권 관련 정보들을 보면서 감사할 따름이다. KMAC에서 주최한 6월 정기모임의 사역 나눔 시간에 성령께서 P 선교사의 발제를 통하여 우리가 나아가야 할 방향을 명확히 가이드 해주셨다고 저는 개인적으로 생각한다. 물론 저의 생각에 동의하지 않으시는분도 있을 것이다. 그 의견을 존중하며 정리한 내용을 적어 본다.

첫째, 중어권 사역은 '동시다발적'으로 진행되어야 한다.

쉽게 말하면 '중국선교'와 '선교중국사역'을 같이 진행해야 한다는 의미이다. 우리는 순차적으로 생각하여 중국선교를 하고 나서 선교중국을 해야 한다고 주장한다. '나'라는 개인의 개념으로 보면, 예루살렘 -> 온 유대 -> 사마리아 -> 땅 끝의 순서로 복음을 전해야 함을 말하고 있다. 그런데 '나'라는개념에서 '우리'라는 개념으로 바꾸면 예루살렘 = 온 유대 = 사마리아 = 땅끝의 동시다발적 전방위 개념이 된다. 행1:8의 말씀의 원문의 의미를 자세히살펴보면, '예루살렘과 온 유대와 사마리아'를 연결해주는 '과'와 '와'(and)는헬라어로 '카이'인데 '동시다발적'(at the same time, simultaneously)이라는의미이다. 예루살렘에 먼저 복음을 전하고 나서 다음에 유다 그리고 사마리아를 이어 마지막으로 땅끝으로 나가기보다는 선교는 전방위(동시다발적)로진행되어야 함을 의미한다. 중어권 선교도 동일하게 적용된다. 중국과 해외 중국인 그리고 중국인을 통한 타문화 선교는 동시다발적으로 진행돼야 한다.

둘째, 중어권 사역은 '협력과 연합'으로 나아가야 한다.

그 간 여건과 환경으로 인해 각자 사역을 할 수밖에 없는 상황이었다. 원하였든 원하지 아니하였든 보안으로 인해 사역을 공개할 수도, 공유하기도 쉽지 않은 상황 속에 그 동안 각자가 혹은 일부 단체만의 사역을 진행할 수밖에 없었다. 서로 사역이 공유되지 않은 상황에 자신이 하고 있는 사역에 해당하는 한 조각의 퍼즐만을 붙잡을 수밖에 없는 상황이었다. 중국 내부의 정치 상황등으로 인해 하나님의 때가 되어 중국으로부터 자발적, 비자발적으로 철수하는 동역자들이 더 많아지게 되었다. 이곳저곳에서 개최되는 선교대회나 포럼 등을 통해 그간 각자가 하고 있었던 사역의 퍼즐들이 하나 둘 씩 공유되면서 중어권 선교에 대한 하나님이 그리고 계시는 그림이 점차 맞추어지고 있다. 이에 부합하여 KMAC도 '재중 한인 선교사협의회(Korean Missionary Association in China)에서 중어권 한인 선교사 협의회(Korean Missionary Association for Chinese)가 된 것으로 알고 있다.

이제는 보안을 고려하여 은밀하게 숨어서 진행하는 사역(물론 아직도 보안을 고려하여 공개할 수 없는 사역이 많음)에서 사역을 서로 공유하며 협력과 연합의 사역으로 나갈 때가 이르렀다. 하나님의 나라 관점으로 공동체가 함께 선교 사역을 수행할 때 개인이 하는 것보다 훨씬 효과적이고 큰 사역을 감당할 수 있을 것으로 사료된다.

마지막으로 중어권 사역은 '각자의 사역지를 거점'으로 다시 시작한다.

일부 동역자들은 여전히 중국에서 사역을 하고 있다. 저를 포함한 훨씬 많은 동역자들이 중국에서 철수하였지만 우리 앞에는 중국보다 더 큰 '중화권'과 '세계'라는 어장이 있다. 각자가 소속되어 있는 총회 선교본부나 선교단체들도 중어권 한인 선교사들의 재배치를 논하고 있는 것으로 알고 있다. 사역지가 어디로 정해지든, 그 곳을 새로운 사역의 거점으로 하여 하나님이 그리시는 전체적인 방향을 보고 나아가면 좋겠다. 현재 각자가 하고 있는 사역을 미시적(Micro)인 나무(Wood)로 비유하자면 중어권 한인 선교사 공동체를 통해 하나님이 그리시는 그림은 거시적(Macro)인 숲(Forest)이라고 할 수 있겠다. 우리 각자는 중어권 한인선교사 공동체(KMAC)라는 숲 속에 있는 한 나무로, 전체 그림 속에서 나의 퍼즐(puzzle)조각은 어떤 부분인가를 아는 것이 중요하다. 하나님의 그리시는 전체 그림을 볼 수 있도록 KMAC을 우리에게 주셨다고 생각한다. 그러므로 우리 각자는 할 수만 있다면 KMAC에서 주관하고 진행하는 모임이나 포럼 등의 행사에 적극적으로 참여하여 전체의 그림도 알고, 그 그림 속에 포함된 자신의 위치도 알아가면 좋을 것 같다. 상호 관계성 속에 자신도 커나가고 전체 중어권 한인 선교사 공동체(KMAC)도 더 건강하게 발전하기를 기도한다.

각자가 파송받은 교회나 교단 혹은 선교단체의 배경은 다르지만 하나님이 부여하신 목표는 같다. 물론 KMAC이 협의회(Association)이기에 강제성도 행정적인 구속력도 없다. 그러나 반대로 생각하면 강제성이나 구속력이 없기에 훨씬 자유롭게 참여가 가능하다. 더불어 운영의 묘를 잘 살리면 자발적이면서도 모두에게 도움이 되는 방향으로 갈 수 있을 것 같다. 어찌되었든 현재 중어권 한인 선교사들을 대표하는 단체는 KMAC이다. KMAC이라는 단체 안에 여전히 중국에서 선교를 하는 동역자, 한국에서 중국인 사역을 하는 동역자, 해외에서 화인 사역을 하는 동역자등 다양한 부류가 존재한다. 각자의 상황이 다르고, 서로의 이해 관계가 달려있기에 전체 사역의 방향을 논하기가 쉽지 않을 것이다. 그럼에도 불구하고 KMAC은 중어권 한인 동역자

전체를 아우를 수 있는 '엄브렐러'(Umbrella)이다. 그리고 KMAC의 단톡방은 중어권 사역에 관한 정보와 사역들을 공유하는 '플랫폼'(Platform)이다.

현재 북미에서 화인 목회를 하고 있는 저자는 '섬김'과 '섬김 받음'에 대해 누구보다도 피부로 느끼고 있다. 알다시피 섬김을 받는 것은 쉬워도 누구를 섬긴다는 것은 결코 쉽지 않다. 누가 KMAC의 임원이 되든 섬김 사역은 쉽지 않다. 수고하는 KMAC의 임원들에게 다시 한번 감사를 드리며 응원한다. KMAC 임원들의 섬김 속에 KMAC이 잘되는 것이 종국적으로 내가 잘되는 것이 아닐까?

> "두 사람이 한 사람보다 나음은 그들이 수고함으로 좋은 상을 얻을 것임이라. 혹시 그들이 넘어지면 하나가 그 동무를 붙들어 일으키려니와 홀로 있어 넘어지고 붙들어 일으킬 자가 없는 자에게는 화가 있으리라. 또 두 사람이 함께 누우면 따뜻하거니와 한 사람이면 어찌 따뜻하랴. 한 사람이면 패하겠거니와 두 사람이면 맞설 수 있나니 세 겹 줄은 쉽게 끊어지지 아니하느니라"(전4:9-12).
> "보라 형제가 연합하여 동거함이 어찌 그리 선하고 아름다운고"(시133:1).

제3부

일 보 후퇴

Holistic Life 46

가끔 전화하며 교제하는 좋은 동역자가 있다. 그분은 북미에서 화인교회를 목회하는 귀한 동역자이다. 같은 상황에서 화인 목회를 하는 동역자라 대화를 나눌 때 공통되는 화제가 많다. 그리고 대화를 나누다 보면 서로 위로를 받는다. 그분은 목회에 전념하며 매주 중국어로 설교 준비를 하다가 쉼이 필요하면 취미로 바이올린을 제작한다고 한다. 중국에서 선교사역을 할 때 유명한 중국인 사부에게 배웠다고 한다. 제작하는 바이올린이 찍힌 사진을 보내주었는데 수준급이다. 2011년부터 제작하여 13개를 제작했다고 한다. 제작해서 몇 개는 팔고 몇 개는 지인에게 선물로 주었다고 한다. 그 동역자와 교제를 하면서 '참 좋은 취미를 가지셨구나'하는 생각이 들면서 동역자의 휴식과 쉼에 대해서 생각해 본다.

일보후퇴이보전진(一步後退二步前進)이라는 고사성어가 있다. 이보 전진을 위한 일보 후퇴를 의미한다. 개구리가 움츠렸다가 더 멀리 뛰며, 자벌레가 한번 움츠렸다가 움츠린 만큼 나아간다. 인생에 승리하는 사람은 말처럼 초반에 무리해서 달리다가 나중에 주저앉는 것이 아니라 소처럼 뚜벅뚜벅 천천히 그리고 끝까지 가는 사람이다. 새도 날기 전에 뒤로 물러났다가 앞으로 날아가고, 자동차도 출발하기 전에 약간 뒤로 멈칫 밀렸다가 앞으로 나아간다.

우리들의 인생에 때로는 쉼이 필요하다. 나무꾼이 쉬면서 도끼날을 날카롭게 갈아야 많은 장작을 팰 수 있다. 쉼표가 없는 음표는 존재할 수 없다. 진정한 음악을 즐기기 위해서는 음표 못지않게 쉼표도 중요하다. 휴가(休暇), 휴식(休息)이라는 단어에 쓰이는 쉼이라는 뜻의 休(휴)는 사람(人)과 나무(木)의 합성어이다. 사람이 복잡한 도시를 떠나 나무가 많은 자연의 숲에 들어가 있는 것이 진정한 휴식이라는 의미가 아닐까? 뒤로 물러나 휴식을 취하다 보면 정신이 맑아지고 충전이 되며 회복이 된다. 그러다 보면 앞으로 어떻게 해야 할지를 알 수 있다.

"여호수아와 온 이스라엘이 그들 앞에서 거짓으로 패한 척하여 광야 길로 도망하매"(수8:15). 이 말씀은 하나님이 아이 성 싸움을 하는 중 여호수아와 이스라엘 백성에게 내리신 명령이고 전술이다. 앞선 여리고 성 싸움과는 사뭇 다른 양상으로 전개된다. 우리가 이 땅에 살아가면서 더 큰 일을 위해 작전상 한발 물러날 때가 있다. 확실한 승리를 위해 일보후퇴(一步後退)하는 전술을 사용할 경우가 있다는 말이다. 그 당시 상황으로 보면 그 일은 비겁한 일처럼 보인다. '아니 내가 누군데 내가 지금까지 어떻게 살아왔는데… 나는 절대로 물러설 수 없지' 그러나 이러한 마음과 행동은 자기가 내세우는 의(義)로움이고 고집일 수 있다. 혹은 남을 의식한 객기(客氣)일 수도 있다.

우리들의 마음 속에 더 좋은 계획이 있어도 당장 말하지 못하고 숨겨야 할 때가 있다. 이러한 행동은 정직하지 못한 것이 아니라 삶의 지혜로 작용한다. 괜히 미리 발설했다가 반대 세력을 양산하기도 하고 장애물을 만나기도 하여 일이 성사되기 전에 그르칠 수 있다. 이리저리 떠벌리는 것보다 묵묵히 기도하며 하나님의 뜻이 이루어진 후에 말하는 것이 나을 때가 있다는 말이다. 지금은 계속해서 전진할 때인가? 아니면 작전상 이보전진(二步前進)을 위한 일보후퇴(一步後退) 할 때인가?

> "너는 가서 기쁨으로 네 음식물을 먹고 즐거운 마음으로 네 포도주를 마실지어다 이는 하나님이 네가 하는 일들을 벌써 기쁘게 받으셨음이니라 네 의복을 항상 희게 하며 네 머리에 향 기름을 그치지 아니하도록 할지니라 네 헛된 평생의 모든 날 곧 하나님이 해 아래에서 네게 주신 모든 헛된 날에 네가 사랑하는 아내와 함께 즐겁게 살지어다 그것이 네가 평생에 해 아래에서 수고하고 얻은 네 몫이니라"(전9:10).

마가와 누가

Holistic Life   47

최근 중국에서 사역하던 한인 동역자들이 자발적 또는 비자발적으로 철수하였다. 일부는 철수 후 한국에 정착하였으며, 일부는 해외로 흩어져 계속해서 화인사역을 하고 있다. 앞으로 하나님이 어떻게 한인 동역자들을 쓰실지 사뭇 기대가 된다. 사역을 하다 보면 서로의 생각이나 성격의 차이로 다투기도 하고 헤어지기도 한다. 그런데 세월이라는 보약을 먹으면서 서로가 원숙해 지고 성숙해 간다. 그 동안 보안 때문에 서로 만나지 못한 동역자들이 코로나 팬더믹으로 20년이 훌쩍 지난 상태에서 다시 만나는 장이 마련되었다. 하나님이 하신 일이라 생각된다.

누구보다는 중국에서 일어난 TEE(신학연장교육, Theological Educa-tion by Extension)운동에 대해 직간접적으로 잘 알고 있는 저자(관련 논문을 작성한 연고)는 최근 개최된 글로벌 티이이 네트웍(GTN) 세미나를 참석하였다. 두 번째 세미나에서 중국에서 TEE를 처음으로 시작하여 20년 이상 사역을 하셨던 S 선교사님 부부를 보는 순간 감회가 새로웠다. 예전 미국 LA에 있을 때, S 선교사님 부부 그리고 화인 TEE사역을 동역한 郑 목사와 李 목사 부부와 만나 교제했던 장면이 떠오른다. 줌 화면에 비친 S 선교사님 부부는 나이가 드셨지만 아직도 정정한 청년의 마음으로 여전히 사역을 열심히 감당하고 계시는 모습에 감동과 함께 격려가 되었다. 그리고 그 노(老) 선교사 부부를 생각하면서 성경에 나오는 바울의 동역자 누가와 마가가 오버–랩되는 이유는 무엇일까?

베드로에게 마가가 있었다면 바울에게는 누가가 있다. 마가는 베드로의 동역자이며 마가복음의 저자이다. 마가복음은 복음서 중에 가장 먼저 쓰인 성경으로 베드로를 통해 들었던 생생한 예수님의 생애 관련 내용을 기록한 복음서이다. 마가는 바울과 바나바가 이끄는 선교팀에도 합류하였으나 자신의 미숙한 행동 때문에 바울과 바나바 선교팀이 분열되었다. 담즙질 기질의 바울에게는 마가의 행동이 못마땅했을 것이다. 추측컨데 당시 마가도 바울도 덜 성숙되지 않았나 생각이 든다.

누가는 누구인가? 바울의 선교 사역의 동역자로 주치의(主治醫)이자, 누가복음서의 저자이다. 누가가 쓴 성경은 누가복음과 사도행전으로 신약 성경의 1/4 분량에 해당한다. 구약이 쓰여진 히브리어 중에 가장 아름다운 문체로 쓰여진 성경은 이사야서이다. 이어 헬라어로 쓰여진 신약 중에 가장 아름다운 문체로 쓰여진 성경이 누가복음이다. 세계의 수많은 사람에게 소개된 예수님의 생애를 다룬 예수 영화(Jesus Film)는 누가복음을 기초로 하였다. 누가는 안디옥 출신으로 의사이며 역사의식이 있는 이방인이다. 누가가 바울을 어디에서 만났는지 성경은 자세히 기록하고 있지 않다. 2차 선교여행을 하던 중 버가모에서 만났을 것으로 추정된다. 그리스의 도시인 버가모는 당시 의과대학이 가장 발전한 곳이다. 아마 선교여행 중에 바울이 몸이 불편함으로 의사를 찾았을 가능성이 크다. 그래서 그곳에서 누가를 만난 것으로 추측된다.

바울이 디모데후서를 쓸 당시 그의 마음을 외롭게 한 것은 그가 단순히 감옥에 갇혀 있었기 때문만은 아니었다. 한때 복음을 위해 그와 함께 하였던 수 많은 동역자가 그의 곁을 떠났기 때문이다. 디모데후서 4:10에 "데마는 이 세상을 사랑하여 나를 버리고 데살로니가로 갔고 그레스게는 갈라디아로, 디도는 달마디아로 갔고"라고 기록되어 있다. 데마는 한때 바울 곁에서 선교 사역을 돕던 조력자였다. 바울이 로마 감옥에 처음 투옥 되었을 때 바울 곁에 남아 있을 정도로 바울에게는 둘도 없는 동역자였다. 그러나 데마는 바울을 위해 조력하기도 했지만, 복음을 위해 고난을 당하는 삶보다는 이 세상을 더 사랑했다. 그래서 결국 두 번째로 감옥에 갇힌 바울을 버리고 데살로니가로 떠났다. 이것은 데마가 인간적인 차원에서 바울과의 의리를 버렸을 뿐만 아니라, 신앙적인 차원에서도 하나님을 떠난 것이다.

그레스게나 디도는 앞서 나온 데마 처럼 세상을 사랑하여 바울을 버리고 간 사람들은 아니고, 바울이 사역을 위해서 파송한 사람들이다. 물론 그레스게란 이름은 오늘 본문 외에는 성경에서 등장하지 않기 때문에 어떤 사람이 었는지 정확하게 알 수는 없다. 그러나 디도는 우리가 잘 안다. 그레스게와 디도는 둘도 없는 바울의 조력자들이었다. 이들도 지금 사역을 위해 바울 곁을 떠났으니 추운 겨울 로마 감옥에 갇혀 있던 바울의 외로움은 매우 컸을 것이다. 디모데후서 4:12절을 보니, 두기고도 에베소로 떠났다.

선교사 중에 선교사, 목회자 중에 목회자, 신학자 중에 신학자인 사도 바울에게는 복음 사역을 위한 많은 동역자가 있었다. 핵심 동역자 명단을 열거하면 수도 없이 많다. 특히 로마서 16장에 바울의 동역자 명단이 기록되어 있다. 바울의 동역자이며 주치의로 끝까지 바울과 함께하며 의리를 지킨 사람은 누가이다. 모든 동역자가 다 떠났지만 누가는 연로한 바울 곁에 여전히 남아 있다. 바울이 디모데후서를 작성할 때(AD66-67)이다.

골로새서 4:10과 빌립보서 1:24 말씀을 통해 우리는 바울이 1차로 로마 감옥에 수감되어 있을 때 마가와 감옥에 같이 있었음을 알 수 있다. 또한 성경에 기록되어 있지는 않지만, 베드로가 로마에서 순교한 이후, 바울과 마가는 이전의 반목(反目)을 털어버렸다. 그리고 마가는 다시 바울의 동역자가 되었다고 전해지고 있다. 바울이 마가를 향하여 "저가 나의 일에 유익하니라"(딤후4:11)고 말한 것 역시 한때는 선교사역을 중간에 포기할 정도로 연약하고 미숙했던 마가가 이제는 하나님 나라를 세우는 사역에 절실히 필요한 일꾼으로 성장했음을 보여주고 있다. 바울은 디모데에게 올 때 혼자 오지 말고 꼭 마가를 데려와 줄 것을 부탁했다.

노(老) 사도 바울의 마음은 몹시 외롭고, 몸은 추위에 떨고 있다. 디모데후서 4:13절에서 디모데에게 드로아에 있는 가보의 집에 둔 '겉옷'을 꼭 가지고 와 달라고 부탁한 것을 보면, 그가 감옥에서 얼마나 극심한 추위에 떨고 있었는지 잘 알 수 있다. 이러한 상황에 유일하게 바울 곁에 남아 있는 자가 바로 누가이다. 누가는 단순히 바울 곁에 있던 사람이 아니다. 팔레스타인 지역부터 로마까지 멀고도 험난한 바울의 선교 여정에 생명의 위협을 무릅쓰고 바울을 수행했던 사람이다. 또한 바울과 같이 복음을 전파하는 선교사였다. 그는 끝까지 감옥에 갇혀 있는 노사도 바울의 건강과 안위를 돌보기 위해 그의 곁에 머물렀던 것으로 보인다. 누가는 바울의 제1차, 2차 로마 수감생활 동안 그와 함께 했으며, 때로는 바울 대신 서신을 대필하기도 한 개인 비서이고, 누구보다 가까운 바울의 신실한 친구였다.

나는 디모데후서 4:9-13에 등장하는 사람들 가운데 어떤 부류의 사람인가? 그리고 나의 주위에 어떠한 동역자들이 있는가? 한때는 잘 섬겼으나 고난 때문에 복음을 등지고 세상을 사랑하여 떠난 데마와 같은 자들이 많은가? 아니면 끝까지 묵묵히 맡은 자리에서 함께해 준 누가와 같은 동역자가 아직도 곁에 있는가? 예전에는 미성숙하여 서로 헤어졌지만 이제는 성숙하여 예전의 원한이나 상처는 훌훌 털어버리고 다시 만나 주께서 배푸신 사랑을 이야기하고 같이 사역을 논할 수 있는 마가와 같은 사람은 있는가? 더 세월이 흐르기 전에 나에게 마가와 같은 사람이 있다면 불러서 대화도 하고 식사를 하면 어떨까? 그리고 지금의 내가 있기까지 수고하고 멘토링을 해준 은사나 선배 사역자가 있다면 그들을 찾아뵙고 인사를 드리는 누가와 같은 사람이 되면 어떨까?

> "너는 어서 속히 내게로 오라. 데마는 이 세상을 사랑하여 나를 버리고 데살로니가로 갔고 그레스게는 갈라디아로, 디도는 달마디아로 갔고, 누가만 나와 함께 있느니라. 네가 올 때에 마가를 데리고 오라. 그가 나의 일에 유익하니라. 두기고는 에베소로 보내었노라. 네가 올 때에 내가 드로아가보의 집에 둔 겉옷을 가지고 오고, 또 책은 특별히 가죽 종이에 쓴 것을 가져오라" (딤후4:9-13).

이쪽이 닫히면…

Holistic Life 48

팬데믹 전(2019년) 12월 초(겨울)에 일주일 동안 멕시코 시티 단기선교를 다녀왔다. 캐나다의 추운 겨울 날씨에서 지내다가 비행기를 5시간 타고 갔더니 여름 날씨의 멕시코에 도착하였다. 교회가 설립되고 나서 첫 번째 단기선교이다. 교회는 전통이 중요하다. 교회 설립부터 선교하는 교회(Missional Church)가 되겠다고 다짐하고 기도하였다. 교회 설립 1년 반이 지나 선교위원들과 함께 단기선교를 다녀온 것은 은혜 중에 은혜이다. 하나님의 절대 은혜라고 간증한다.

선교 목회(华人教会牧会)를 하는 것 자체가 이미 선교를 하는 것인데, 섬기는 성도들과 함께 또 다른 나라에 살고 있는 사람들에게 선교한다는 것은 생각만 해도 감개무량하다. 선교하는 인생만큼 복 받은 인생이 있을까? 오직 하나님의 나라만이 소망이다. 멕시코는 미국과 캐나다와는 비교할 수 없을 정도로 낙후된 지역이다. 수도인 멕시코 시티의 국제 공항 직원들도 영어를 구사하는 사람들이 많지 않다. 스페인어를 하지 못하는 우리는 현지 선교사님의 안내가 없으면 한 발짝도 움직일 수가 없다. 그곳의 치안도 안전하지 않다. 불편한 것이 한두 가지가 아니다. 영적 어두움이 짙게 깔려 있음을 느낀다. 정말로 복음이 필요한 지역이다.

중국 대륙을 향한 복음의 문이 닫혀가면서 해외에 있는 중국인(华人)들을 향한 문이 곳곳에 열리고 있다. 멕시코시티도 그중에 한 곳이다. 홍콩(광동인)인들이 북미와 남미에 먼저 와서 교회를 세웠다. 이어 대만 사람들이 뒤를 이어 유학과 사업차 정착하며 교회의 리더십들이 세워졌다. 최근에는 중국대륙에서 남미에 이민 온 자들이 많아지고 있다. 남미에서도 맨더린 미니스트리(Mandarin Ministry)가 필요하다. 첫 번째 단기선교는 멕시코 비젼트립 겸 아웃리치로 다녀왔다. 물론 멕시코도 북미주이지만 캐나다와 미국과 달리 스페인어를 사용한다. 그래서 같은 스페인어권인 중남미의 많은 국가의 상황을 이해하는데 큰 도움이 되었다. 하나님의 계획은 오묘하다. 유대인에게 복음 전하는 길이 막히니 도리어 이방인을 향한 복음의 문이 활짝 열리게 되었다. 비슷한 원리로 중국 대륙을 향한 복음의 문이 닫히면서 해외의 중국인(화인)들에게 복음의 문이 활짝 열렸다.

희어져 추수할 때가 되었다. 때를 얻든지 못 얻든지 복음 전하는 일에 전무하기를 원한다. 남미에 있는 중국인 사역을 시작으로 남미 현지인 선교사역을 어떻게 효과적으로 할 것인지 기도하면서 돌아왔다. 하나님이 어떻게 인도하실지 기대가 된다. 미주를 비롯해 동남아, 유럽, 아프리카 등 5대양 6대주에 흩어져 살고 있는 디아스포라 중국인(화인, 华人)들이 현재 우리 중어권 한인 선교사들이 섬겨야 할 대상이며 우리에게 주어진 황금어장이다. 전 세계적으로 흩어져 있는 6,000만명 이상의 디아스포라 중국인에 의해 세워진 10,000곳 정도의 중국인 교회들(华人教会)이 부흥되기를 기도한다. 그리하여 이들이 세계 선교에 동참하여 21세기에 새로운 사도행전 29장을 써나가기를 소망한다.

"무리를 보시고 불쌍히 여기시니 이는 그들이 목자 없는 양과 같이 고생하며 기진함이라. 이에 제자들에게 이르시되 추수할 것은 많되 일꾼이 적으니 그러므로 추수하는 주인에게 청하여 추수할 일꾼들을 보내주소서 하라 하시니라"(마9:36-38).

"추수할 때가 지나고 여름이 다하였으나 우리는 구원을 얻지 못한다 하는도다"(렘8:20).

중남미 화인을 향해

Holistic Life   49

　코로나 팬더믹이 아직 끝나지 않았다. 교회가 이 땅에 설립된 이래 하나님의 복음 전도사역은 멈추지 않았고 지금도 계속해서 진행되고 있다. "하나님의 나라를 전파하며 주 예수 그리스도에 관한 모든 것을 담대하게 거침없이 가르치더라"(행28:31). 사도행전 마지막 장 마지막 절이다. 현재 시대와 상황이 어떠하든지 우리들 또한 하나님의 나라의 왕이신 예수 그리스도를 담대하게 거침없이 전파해야 할 사명이 있다. 사도행전 28장까지는 '누가'가 썼지만, 사도행전은 28장으로 끝나지 않고 계속해서 29장을 써 내려가야 한다. '누군가'에 의해 계속해서 29장을 써나가야 하는데 그 '누군가'가 바로 이 글을 쓰고, 읽고 있는 저와 여러분이 되기를 기도한다.

　지난 2년 이상의 코로나 팬더믹 기간에 제자훈련을 비롯한 대부분의 모임을 온라인(비대면)으로 진행하였다. 그러다가 올 5월을 기점(2022년 5월)으로 교회 모임을 하나씩 하나씩 대면모임으로 회복하면서 현재는 하이브리드 방식으로 진행하고 있다. 교회의 단기선교(STM) 또한 예외는 아니다. 지난 11월 1일부터 12일까지 12일 동안 남미 페루의 수도인 리마에 단기선교를 다녀왔다. 국제 선교단체인 월드팀(World Team)의 캐나다 화인교회 선교동원 책임자인 쥐핑(炬平) 전도사와 은퇴 후 선교사의 삶을 꿈꾸는 밴쿠버에 사는 이에(마) 형제 부부가 한 팀이 되었다.

지난 2018년 5월 캐나다에 와서 열 가정과 함께 워털루 새생명얼라이언스교회(Waterloo New Life Alliance Church)를 시작하였다. 교회 설립 후 다음 해인 2019년 11월에 교회 선교위원들과 함께 멕시코시티(Mexico City)에 이어 올해 11월에 두 번째로 단기선교를 다녀왔다. 그동안 간접적으로 중남미의 화인교회와 선교 상황에 대해서 많이 들었고, 그곳에 많은 사역자가 필요함을 익히 알고 있었다. 그래서인지 직접 가서 눈으로 확인해보고, 내가 할 수 있는 일은 무엇인가를 찾고 싶었다.

네 명으로 구성된 단기 선교팀이 도착한 페루(Peru)의 수도 리마(Lima)의 화인 상황은 다음과 같다. 페루에 살고 있는 화인들은 대부분 수도인 리마에 살고 있으며, 화인 인구는 대략 20만 명이다. 페루에서 태어나 이미 페루 문화에 동화되고 중국어를 잘하지 못하는 중국인 혈통(中国血统的土生)까지 포함하면 페루의 화인은 200-300만으로 추정된다. 리마에 살고 있는 화인들의 주요 직업은 치파(Chifa)라고 하는 중국인 식당업에 종사한다. 리마(Lima) 시에만 약7,000개 정도의 Chifa가 있다. 치파(Chifa)는 중국어로 '밥을 먹는다'는 '츠판'(Chifan)에서 유래된 말로 이곳에서 '중국인 식당'을 의미한다.

리마 화인교회와 그곳의 선교 상황은 다음과 같다. 리마 화인교회는 코로나 팬더믹 전에는 자체 예배당을 가진 C&MA(宣道会) 교단의 두 교회(利玛堂: 광동화 위주, 宝华堂: 맨더린 위주)와 본토인인 페루인 C&MA(宣道会) 교회를 임대하여 예배를 드리는 두 교회(橄榄堂, 조华堂)로 총 네 개의 교회가 있었다. 그런데 코로나 팬더믹을 거치면서 임대하여 예배를 드린 한 교회(조华堂)가 문을 닫아 현재는 3개의 교회가 존재한다. 2019년 코로나 팬더믹

전의 조사(근거: World Team 张炬平)에 의하면 리마의 화인 성도가 500명으로 알려졌다. 그런데 이번에 와서 직접 보니 현재 세 교회에 참석하는 성도들을 수는 100여명이 채 안 됐다.

리마 화인 선교사역은 1979년 한 홍콩 선교사에 의해 시작되었으며, 1995년까지 광동화(켄터니스) 사역자 외에 맨더린(国语) 사역자는 없었다. 이러한 상황에 광동에서 이민 온 사람들이 주축이 된 리마 화인교회(利马堂)가 제일 먼저 세워졌다. 본격적인 화인 선교 활동은 2003년 8월에 대만 출신으로 미국 C&MA 교단에서 파송받은 장(张) 목사에 의해 시작되었다. 2006년에는 중국인 식당인 Chifa 종사자들을 위한 복음 전도사역(餐福事工혹은 餐饮事工)을 시작하여 오늘에 이르고 있다. 이들은 하루 종일 식당 영업을 하고 나서 식당 문을 닫은 후 밤 11시부터 12시 반까지 모임을 할 때도 있었다.

2018년 장 목사가 은퇴하면서 페루에서 출생한 2세 화인인 마이(麦嗣勇) 목사와 일본인 사모가 리마 화인교회와 선교사역을 이어받았다. 마이 목사는 페루에서 태어난 목회자로 스페인어가 훨씬 편안하며, 중국어(맨더린)는 대만에 가서 1년 동안 배웠다고 한다. 일본인인 마이 사모는 한국을 비롯한 대만 등 선교사역을 하다가 페루에 와서 마이 목사를 만나 결혼하였다. 마이 목사 부부 사이에 자녀는 없으며 교회와 선교사역에 올인하고 있었다. 그러나 마이 목사 부부로만 현재의 세개의 교회와 Chifa사역 그리고 20만의 화인 복음 전도사역을 감당하기에는 역부족이었다.

이러한 상황에 캐나다 토론토에서 화인 침례교회를 신실하게 섬기며 자주 리마에 단기선교를 다녔던 한 부부가 있었다. 그들은 홍콩 출신의 토니(Tony)와 피요나(Fiona)로 리마 화인 선교사역에 사역자가 부족함을 알고 은퇴 후 선교사로 파송 받아 마이 목사 부부를 돕고 있었다. 마침 우리 팀의 단기선교 기간에 토니 선교사 부부의 광동화 위주인 리마 화인교회(利玛堂) 취임예배(installation service)가 있어 우리도 자연스럽게 참석하게 되었다. 취임예배에 남미 C&MA의 총회장과 월드팀 선교단체의 남미 교회 개척 사역의 책임자인 마르코(Marco) 부부도 참석하여 새롭게 사역을 시작하는 토니 선교사 부부를 축하해 주었다.

현재 리마에 살고 있는 20만 화인들의 선교사역을 위해서는 우선적으로 주로 화인들이 밀집해서 거주하고 있는 다음의 여섯 곳에 교회 개척이 필요하다. 리마시 중심지역, Callao지역, Comas지역, Miraflores지역, Surco지역, San Juan de Lurigancho지역이다. 현재 리마에서 사역을 하고 있는 마이 목사 부부와 토니선교사 부부만으로는 역부족이다. 이번에 방문한 페루의 리마뿐만 아니라 중남미 전역에 화인 선교사(사역자)가 턱없이 부족한 현실이다.

남미에서 비교적 화인이 많이 살고 있는 페루의 리마를 방문하면서 미주 전체의 화인교회와 선교상황에 대한 통계를 자연스럽게 알아보았다. 2019년 미주 선교대회 통계(코로나 팬더믹 전)에 의하면 미주의 인구는 약10억 천만 명, 화인 인구는 760만 명, 화인 성도는 34만 명, 화인교회는 1,930개이다. 이중 북미에 속한 캐나다의 인구는 3,765만 명, 화인 인구는 약180만 명, 화인 성도는 약11만 명, 화인교회는 500개 정도이다. 또 다른 북미지역인 미국의 인구는 3억 2천 9백만 명, 화인 인구는 약380만 명, 화인 성도는 약22만 명, 화인 교회는 1,330개이다. 미주에 있는 화인 성도의 95% 이상(34만명 중 33만명)이 북미인 미국과 캐나다에 살고 있으며, 미주의 화인 교회 또한 97% (1,930개 중에 1830개)가 북미인 미국과 캐나다에 있다.

북미를 제외한 중남미의 인구는 6억 4천 5백만 명, 화인 인구는 약197만 명, 화인 성도는 약7천 명, 화인교회는 69개이다. 통계가 보여주듯이 중남미 전체 화인 인구 중에 화인 성도는 약7천 명에 불과하다. 더 구체적으로 중남미 국가 중에 화인이 많은 남미 13개 국가의 통계를 보면 인구는 4억 4천만 명, 화인 인구는 약115만 명, 화인 성도는 5,350명, 화인 교회는 41개이다. 중남미에서 사역하는 화인 선교사들의 숫자는 40명에 불과하며, 현지 목회 사역자는 69명에 불과하다.

이번 단기선교에서 특히 인상이 깊었던 일은 월드팀(World Team) 선교단체 교회개척 사역 책임자인 마르코 부부와의 만남이다. 그들은 현재 수리남의 정글에서 사역하고 있으며, 네덜란드인으로 사역에 대한 열정이 남달랐다. 같이 기도할 기회가 있었는데 얼마나 간절히 그리고 열정적으로 큰 소리로 기도하던지 그 기도 소리가 나의 마음에 공명이 되어 더 큰 기도 합주곡이 되었다. 그들은 대화 중에 자연스럽게 자신들을 '미친 사람들'이라고 소개하였다. 자신들은 'CC'로 'Crazy for Christ'(예수를 위해 미친 자들)라고 스스로 거리낌 없이 자랑한다. 이러한 미치광이(?) 선교사 부부를 보면서 얼마나 위로와 격려가 되었는지 지금도 같이 남미의 복음화를 위해 뜨겁게 기도하던 장면이 눈에 선하다.

단기선교를 마치고 캐나다로 돌아왔을 때 현재 캐나다의 생활이 얼마나 안일한지 그리고 이곳 캐나다가 얼마나 안정된 곳(Comfort Zone)인지 새삼스럽게 느꼈다. 그리고 이미 편리하고 풍요로운 곳에서 오랫동안 살다 보면 낙후된 선교지역에 가고 싶지 않은 것은 어찌보면 당연한 일이다. 이런 면에서 단기선교는 선교지의 영혼을 돕기도 하지만 단기선교에 참여한 당사자에게 더 큰 하나님 축복의 시간이다. 단기선교를 통하여 현재 주어진 생활을 돌이켜보고 어떻게 살아야 할지 마음을 가다듬는 시간을 가질 수 있다.

중남미 화인 선교사역에 정말로 많은 선교사가 필요하다. 북미에 살고 있는 화인교회 지도자들이나 목회자들이 중남미 화인 선교에 보다 열심을 내기를 기도한다. 중장기 선교사로 헌신하기 전에 당장 할 수 있는 단기선교에 참여하여 남미의 화인교회 상황을 직접 눈으로 보면 생각이 달라질 것이다. 북미 화인교회가 어떻게 중남미 화인 선교에 참여하고, 중남미 현지 교회와 사역자를 도와야 할지 마음에 거룩한 부담으로 남는다.

이와 더불어 중국에서 20년 이상 사역을 하다가 자발적/비자발적으로 철수한 한인 동역자들이 생각났다. 기도를 많이 하고 돌파력과 선교 영성의 DNA를 소유한 중어권 한인 동역자들이 머리에 떠오른다. 중국에서 오랫 동안 사역을 하여 중국어가 능통하고 선교 경험이 풍부한 동역자들이 중남미에 가서 마음껏 화인들에게 복음을 전할 뿐 아니라 많은 화인교회가 개척되면 좋겠다는 바램이 있다. 그러나 모든 것이 하나님의 영역이다. 현실은 이미 중국에서 철수한 동역자들의 나이가 대부분 50대, 60대이다. 이제 사역을 정리하며 은퇴하고 안정을 추구하는 연령대에 중남미로의 재배치되는 것은 현실적으로 어려움이 있는 것 또한 사실이다.

하나님은 하나님의 방법으로 하나님의 사람을 부르셔서 하나님의 나라를 전파하고 확장 시켜 나가신다. 하나님의 선교에 사용하여 주심에 그저 감사할 따름이다. 거룩한 하나님의 영광에 참여할 수 있는 특권은 아무에게나 주어지지 않는다. 어떠한 상황이든 하나님의 선교는 멈추지 않는다. 하나님은 선교하시는 하나님이다. 하나님은 불가능을 가능케 하시는 분이다. 하나님은 누구보다도 중남미의 화인 선교 상황을 잘 알고 계신다.

추수할 것은 많은데 일꾼이 심히 부족한 지역이 중남미의 화인이 거주하는 곳이다. 추수하는 주인에게 청하여 추수할 일꾼을 보내달라는 간절한 기도가 필요하다(마9:37-38). 잃어버린 자들을 찾아 구원하기 위해 이 땅에 오신 분이 '예수 선교사(The missionary of Jesus)이다. 내년에 개최되는 전 세계 화인교회 고난 주간 기도회에 중남미 화인교회 지도자를 강사로 초청하여 중남미의 상황을 전 세계 화인 성도들에게 직접 알리고 같이 기도하는 시간을 가졌으면 하는 것이 저자의 바램이다.

"이에 제자들에게 이르시되 추수할 것은 많되 일꾼이 적으니"(마9:37).
"이르시되 추수할 것은 많되 일꾼이 적으니 그러므로 추수하는 주인에게 청하여 추수할 일꾼들을 보내 주소서 하라"(눅10:2).
"충성된 사자는 그를 보낸 이에게 마치 추수하는 날에 얼음 냉수 같아서 능히 그 주인의 마음을 시원하게 하느니라"(잠25:13).

나 아파요!

사역자마다 하나님의 부르심이 다르다. 한국에서 목회를 하신 분도 계시고, 해외에 살고 있는 한인들을 섬기는 한인(디아스포라) 교회 목회자도 있다. 또한 한국 교회 혹은 한인 교회에서 파송받아 선교지의 현지인을 섬기는 선교사도 있다. 다 특별한 부르심이지만 그 중에 특이한 부르심이 있다. 한국 교회(혹은 한인교회)에서 파송한 27,000여 명의 선교사 중에 중국으로 파송된 선교사들이 국가 단위로 볼 때 4,000-5,000명으로 가장 많다. 여러 가지 요인으로 인해 중국에서 철수하고 재배치되어 각 나라로 흩어져 그 나라 사람이 아닌 여전히 중국인(화인) 사역을 하고 있는 부류가 있다. 그리고 그들은 먼저 자신이 살고 있는 나라나 지역의 화인들을 섬기고 있다. 그리고 그들이 섬기고 있는 화인들로 하여금 그 지역이나 국가에 살고 있는 현지인을 선교하게 하는 전략을 가지고 있다. 북미에서 화인을 섬기는 저자 또한 그중에 한 사람이다.

선교에 있어서 극복해야 할 과제가 많지만, 그중에 중요한 요소는 언어(Language)와 문화(Culture)이다. 북미문화 속에서 살아가고 있는 화인들을 섬기는 일이 그리 만만하지 않다. 이제 되었나 싶으면 또 새로운 일에 직면

한다. 양파 껍질을 벗기는 것과 같다. 다 벗겼나 싶으면 또 다른 새로운 껍질이 나타난다. 어떨 때는 화인 성도들이 무슨 생각을 하는지 모르겠다. 말이 통한다고 해서 기저(基底)에 흐르는 감정까지 통하는 것은 아닌 것 같다. 대화를 하면서 '好'라고 답을 하는데, 진짜 좋아서 '好'인지 아니면 말로만 '好'인지…, 화인교회 목회를 하면서 화인 성도가 성숙되고 교회가 변화되는 것보다 이러한 목회 현장을 통해 목회자가 변화되는 것이 훨씬 빠른 것 같다.

캐나다로 와서 지난 4년간 교회 개척에 집중하다가 최근 몇 군데 화인교회의 초청을 받아 설교를 하였다. 주목적이 선교에 대한 동기부여이다. 교회마다 분위기와 문화가 다르다. 북미지역으로 이민 온 사람들의 삶이 그리 녹록치 않은 상황에 목회 사역 또한 쉽지 않음을 갈수록 더 알게 된다. 북미의 상황을 모른다면 용감하게 하고 싶은 말 다 하겠는데 갈수록 성도들의 삶을 이해하는지라 하고 싶은 이야기를 다 할 수가 없다. 어느 교회는 강대상에 서자마자 '선교'라는 말을 꺼내기조차 힘들 정도로 성도들의 표정이 '목사님, 나 아파요!'라고 절규하는 것 같다. 목사님 또한 피곤에 지쳐있는 모습이 역력히 보인다. 이들을 향해 선교하라고 하는 말은 마치 힘이 없어 걷기도 힘든 사람에게 힘차게 뛰라고 외치는 것과 같다.

내가 할 수 있는 일이 아무것도 없다. 그냥 마음껏 위로해주고 싶었다. 그러나 내면의 또 다른 음성이 들렸다. '아무리 힘들고 어렵게 살아도 유일한 답은 복음이다'(No matter how hard life is, the only answer is the gospel). 준비한 대로 마음껏 복음을 전하였다. 예수님의 십자가와 부활의 복음이 처음 예수님을 영접할 때만 필요한 것이 아니라 예수를 믿고 나서 더 필요하다. 우리에게 매일 복음이 필요하다. 특히 목회자에게 복음이 절실하다. '나는 날마다 죽노라!'고 고백한 사도 바울처럼 나의 자아(自我)가 죽어야 성령이 역사한다. 성령이 역사해야 부활의 능력이 나온다. 교회를 건강하게 하고 성도들을 변화시키는 것은 복음이다. 아픈 사람에게 복음이 필요하다. 건강하지 못한 교회에 예수가 필요하다.

복음을 제대로 이해하고 복음대로 사는 사람이 영적으로 건강하다. 교회도 마찬가지이다. 건강한 교회는 반드시 선교하게 된다. 반대로 선교하는 교회는 건강한 교회이다. 선교적 마인드가 있는 건강한 목회자가 있을 때 건강한 선교적 교회가 가능하다. 성도들에게 충분한 꼴이 공급되어야 양들에게서 젖이 나온다. 건강하지 못한 성도나 교회를 향하여 선교하라고 하면 마치 젖이 나오지 않아 피골이 상접한 양에게서 젖을 억지로 짜내는 것과 같다. 젖이 나와야 할 양에게서 피고름이 나온다.

지금까지 목회와 선교 사역을 하면서 내린 결론은 건강한 선교적 교회이다. 양들에게 풍성하게 꼴을 먹이고 마음껏 푸른 초장에서 뛰놀게 하는 것이다. 목회자가 일단은 건강한 양을 키워내는 것이 중요하다. 양이 건강하면 자연스럽게 젖이 나온다. 젖이 나오는데 젖을 짜주지 않으면 젖 몸살이 난다. 젖을 짜는 것이 바로 선교이다. 선교적인 마인드가 있는 건강한 목회자가 건강한 교회를 만들고 건강한 교회가 선교적 교회를 이룬다. 선교적 교회가 되었을 때 주님이 부탁하신 대 사명을 수행하며 하나님의 나라를 거침없이 확장시킨다. 목회자의 건강이 중요하다. 영혼뿐만 아니라 육체의 건강도 중요하다는 것을 항상 기억하여 삶의 현장에 옮기는 믿음의 용기가 필요하다.

제**3**부

주책 선교사

Holistic Life　51

　한 사람의 인생이 주님께 쓰임 받는 데에는 엄청난 시간이 필요할 뿐 아니라 수 많은 사람의 직간접적인 헌신과 희생이 필요하다. 한 번밖에 없는 인생이다. 모세는 고백한다. "우리의 연수가 칠십이요 강건하면 팔십이라도 그 연수의 자랑은 수고와 슬픔뿐이요. 신속히 가니 우리가 날아가나이다"(시 90:10). 현재는 수명이 조금 더 늘어 100세를 산다고 해도 영원의 관점으로 보면 짧은 인생이다. 사람이 나이가 들어가면서 세상적인 관점으로 볼 때 미모의 평준화, 체력의 평준화, 지성의 평준화 등 모든 면이 평준화된다. 그리고 늘 자신의 젊은 시절을 회고하며 말한다. '왕년에 나는…'하면서 늘 과거를 그리워하며 산다.

　그러나 하나님의 관점을 가지고 선교적인 삶을 사는 사람은 과거의 행적보다는 미래에 다시 오실 주님을 바라보며 현재의 삶을 하나님의 나라를 확장하는데 집중하여 오늘을 충실하게 살아간다. 우리 각자의 삶에 영향을 끼친 예수님을 비롯한 성경 속의 인물 그리고 주위에 헤아릴 수도 없는 많은 신앙의 선진이 있다. 우리들의 삶에 영향을 끼친 복음의 생명력을 가진 '주책 선교사들'은 늘 존재하였고, 지금도 우리의 주위에서 묵묵히 선교사역을 감당하고 있다. 그들은 늘 후회 없이 최선을 다해 한 번 밖에 없는 인생을 가치 있게 살아간다.

부족하지만 선교사로 살았고 현재 여전히 선교적인 삶을 살려고 몸부림치고 있다. 나 자신을 점검하며 '선교사'에 대해 진솔하게 한 번 생각해 본다. 먼저 개신교 현대 선교의 아버지인 윌리엄 캐리(William Carrey 1761-1834)가 생각이 난다. 그는 인도에서 활동한 영국 침례교 선교사였다. 그는 또한 번역가이며 사회개혁가 그리고 문화 인류학자이다. 그를 통하여 개신교의 선교 역사의 물고가 터졌다. 현대 선교 역사에 지대한 영향을 끼친 또 한 사람은 허드슨 테일러이다. 그는 중국에 들어가 실제 중국인처럼 입고 먹으며 중국인을 사랑하며 선교하였다. 그의 전기를 읽으면 작은 가슴에 선교의 불이 질러져 스스로를 주체할 수 없게 만든다.

그리고 [All for Jesus]라는 책을 읽다 보면 4중 복음(四重福音)을 외치며 평생 선교에 목숨을 걸었던 C&MA(Christian & Missionary Alliance)의 창립자 A.B. 심슨 목사님의 열정이 느껴진다. 주님을 사랑하여 열심히 복음을 전하고 선교하다 보니 수없이 많은 교회가 생겨났다. C&MA에 속한 또 한 분의 영향력 있는 목회자는 A.W. 토저 목사이다. 그는 10대 시절 오하이오 아콘에서 회심을 한다. 회심한 5년 뒤인 1891년에 그는 신학교육을 받지 않고 성령의 은혜로 그의 첫 번째 교회에서 목사로 추대받아 섬기기로 수락한다. 이것이 그의 44년 간의 목회사역을 시작한 계기가 되었다. 후에 그의 설교와 그가 쓴 많은 책이 얼마나 많은 선교사와 그리스도인들의 의식을 깨우고 주님께 헌신하게 하였는지 가히 상상할 수도 없다.

이들의 모습에서 예수님이 보이고, '믿음'이라는 추상명사가 눈앞에 선명하게 그려지는 실체로 나타나 보인다. '무식하면 용감하다'는 말이 있다. 그렇다. 자세한 상황을 알면 쉽게 뛰어들지 못한다. 어쩌면 나의 인생도 무식해서 (?) 선교에 뛰어들었다고 볼 수 있다. 부족하지만 대륙을 넘어 몇 나라에서 20여 년 동안 선교사라는 타이틀을 가지고 살아가고 있다. 하나님의 영광스러운 선교사역에 불러주심에 감사할 따름이다. 겉으로 볼 때 미국이나 캐나다 생활의 모습이 우아하며 아주 평화로워 보인다. 아니 그런 면이 많이 있다. 상대방을 배려하며 미리 예약을 해서 만나야 하고 치밀하게 계획을 짜서 움직이는 문화에 적응하기가 쉽지 않을 것 같았는데 나도 점차 적응이 되고 있다.

그런데 요즈음 왠지 마음 한구석에 있는 이 씁쓸함은 무엇인지 물론 나이가 들고 원숙해지는 것도 있겠지만 무언가(?) 퇴보하고 복음의 야성(野性)도 약화되는 것 같고…, 이러한 문화와 환경이 모든 것에 '대책'을 세워서 생활하게 만든다. 대책을 세운다는 것이 물론 잘못된 것은 아니지만 무언가 답답함을 느끼게 됨은 어떠한 이유일까? 당연히 나름대로 계획과 대책을 세워 놓고 살아야 함인데도 말이다. 그럼에도 불구하고 '복음의 야성에 불타는 믿음의 사람이 그립다'(I miss the man of faith burning in the wildness of the gospel).

선교의 야성 즉 복음의 생명력이 사라지면 교회나 국가는 소망이 없다. 간절한 소망이 있다면 자신뿐 아니라 다음 세대의 젊은이들에게 불타는 선교의 DNA가 전수되는 것이다. 우리 민족과 한국이 살아갈 길은 '선교 한국'의 비전을 붙잡고 그 비전대로 살아가는 것이다. 어떠한 형편에 처하든지 우리 크리스천 모두가 선교적인 삶을 살아야 한다. 팬더믹의 상황에 모든 것이 '위대한 재설정'(great reset)이 되는 시점에 우리가 처음 복음을 받아들일 때처럼 순수해지고 열정을 회복하여 복음을 전하는 사람이 되기를 소망한다.

왜 마음 한구석에서 이런 생각이 드는지 모르겠다. '아 그립다! 주책 선교사가! 거룩한 자존심을 버리지 않는 선교사, 하나님이 자신을 친히 보냈다는 확신으로 가득 찬 선교사, 선교 후원금보다 예수 생명에 목숨을 거는 당당한 선교사, 사람의 눈치를 보지 않고 그저 복음에 미친 선교사가 그립다'. 자신 스스로 대책을 세우지 않고 주님이 전적으로 책임진다는 믿음을 가지고 살아가는 선교사들이 새롭게 일어나기를 바란다.

오직 주님만이 나를 책임진다는 믿음을 가지고 나가는 선교사 그 이름하여 '주책' 선교사이다. 사람들의 눈으로 볼 때 참으로 '대책' 없는 '주책' 바가 지이지만, '주'님이 친히 '책'임진다는 믿음을 가지고 앞을 향해 나가는 선교사, 왜 그런 선교사가 그리울까? 윌리암 케리처럼, 허드슨 테일러처럼, A.B 심슨, A.W 토저 처럼 말이다. 교회사(教会史)를 보면 이러한 '주책' 선교사들에 의해 복음이 전해졌고 하나님의 나라가 확장되었다. 지금도 주책 선교사들에 의해 히브리서 11장 후속편이 계속 쓰여지기를 간절히 기도하며 나도 그 한 사람이 되기를 간절히 기도한다.

"믿음은 바라는 것들의 실상이요 보이지 않는 것들의 증거니, 그들은 믿음으로 나라들을 이기기도 하며 의를 행하기도 하며 약속을 받기도 하며 사자들의 입을 막기도 하며 불의 세력을 멸하기도 하며 칼날을 피하기도 하며 연약한 가운데서 강하게 되기도 하며 전쟁에 용감하게 되어 이방 사람들의 진을 물리치기도하며… 이런 사람은 세상이 감당하지 못하느니라"(히11:1, 33-38).

제**3**부

우리의 장막 집

Holistic Life 52

어제는 오래 전 대만에서 캐나다로 이민 와서 워털루에 살다가 하나님의 부름을 받은 한 자매의 장례식을 인도하였다. 캐나다에 온 후 집례한 세 번째 장례예배였다. 주님의 품에 안긴 자매는 2014년 그녀의 남편(이미 고인이 되심)과 함께 예수님을 영접하고 세례를 받았다. 그리고 오랫 동안 투병생활을 하여 교회에 출석하지 못하였다. 부부가 대만에서 교육계(교장과 교사)에 종사하다가 은퇴하고 캐나다로 이민 와서 예수를 만난 것이다. 슬하에 효심이 지극한 무남독녀가 있다. 장기간 교회에 나오지 못해서인지 전체 교회 성도들에게는 알리지 않고 지인들 몇 분과 함께 공동묘지에서 간단하게 장례예배를 드렸다.

2018년 4월 캐나다에 와서 목회를 시작하고 나서 오늘(2022년 8월)까지 세 차례의 장례예배를 집례하는데, 첫 번째는 2018년 모(某) 교회에서 분립 개척된 새생명교회에 부임한 첫해 워털루 대학 박사과정을 공부하고 있던 장래가 촉망되는 학생의 장례식이었다. 그 학생은 세미나에 참석하고 밤늦게 귀가하던 중 교통사고를 당하였다. 장례식 때 중국에서 온 부모의 하염없는 눈물과 억장이 무너진 듯한 표정이 지금도 눈에 선하다. 부모들이 중국에서 자식 하나 잘 되기를 바라고 온갖 허드렛일을 하면서 뒷바라지하여 캐나다에 유학을 보낸 것이다. 아무리 힘들고 어려워도 캐나다에서 박사과정을 공부하는 자식을 생각하면 모든 고생을 이길 수 있었을 것이다. 인생이라는 것은 자신이 원하는 계획대로 되지 않은 경우가 많다.

두 번째 장례식 집례는 올해 6월이다. 이 자매 또한 중국에 있을 때 열성 공산당원으로 살다가 캐나다에 와서 예수를 만났다. 암으로 판정받고 2년 이상 투병 생활을 하다가 호스피스 병동으로 옮기기로 결정한 날 주님의 품에 안기었다. 이 자매가 호스피스 병동으로 옮긴다는 말을 듣고 아내와 함께 그 집으로 심방을 가서 그 자매를 위해 기도를 하였었다. 그런데 그날 심방이 임종 심방과 더불어 그 자매를 위한 마지막 기도가 될 줄은 정말로 몰랐다. 그 자매는 임종 직전에 천국에 대한 확신이 있었으며 환하게 웃으며 짜이찌엔(굿빠이 인사)을 하여 그 모습에 감사가 절로 나왔다. 목회자에게 성령의 감동이 올 때 즉각 순종하는 것이 얼마나 중요한지 새삼 느꼈다. 병이 나으면 남은 생애 복음 전하면서 살겠다는 자매님에게 하나님은 장례예배를 집례하는 목사의 설교(동영상)를 통하여 장례식에 참석한 성도들은 물론 장례식에 참석하지 못한 중국에 살고 있는 수많은 친척과 친구들에게 담대하게 복음이 선포되었다.

보통 장례예배를 '천국환송예배'라고 부른다. 유가족을 위로하고 그들에게 고인이 천국에 갔음을 확신시키기 위해 사용할 수 있는 최상의 단어이다. '천국환송예배'라는 말은 별세한 분의 영혼이 천국에 입성한 것을 전제로 붙여진 말인 것은 분명하다. 하긴 슬픔을 당한 가정에 '천국환송예배'라는 표현만큼 더 위로가 될 만한 단어도 찾기는 쉽지 않다. 그러나 듣기 좋다고 사실도 아닌 것을 사실처럼 공식화하여 사용하는 것은 한 번 생각해 볼 필요가 있다. 천국환송예배는 원래의 곳으로 도로 돌려보낸다는 뜻으로 떠나는 사람을 기쁜 마음으로 축복된 마음으로 환송한다는 의미이다. 그러나 주체가 하나님이 아닌 사람이 돌려보내는 천국환송이라는 용어는 한 번 생각해 볼 일이다. 물론 천국환송예배의 주체가 하나님이라면 문제가 되지 않는다.

보통 크리스천이 하늘의 부름을 받아 이 땅을 떠났을 때 '소천하였다'라는 말을 많이 사용한다. 그런데 사람이 죽을 때 인간이 주체가 되는 '소천하였다'라는 말보다는 '소천 받았다'라고 표현하는 것이 더 정확하다고 생각한다. 왜냐하면 인간의 생사화복(生死禍福)을 주관하시는 분은 하나님이기 때문이다. 화인교회에서는 성도가 죽으면 '安息主懷'라는 표현을 사용한다. 그 의미는 '주님의 품에 안겨 안식하였다'이며, 서구 문화에서는 'R.I.P'로 'Rest in peace'이다. 아주 적절한 표현이라고 생각한다.

북미 교회에서는 장례식 또는 장례예배를 'funeral Service' 혹 'burial service'라는 단어를 쓴다. 대체로 '관'을 앞에 놓고 예식을 행하는 경우에는 주로 'funeral service'란 용어를 사용하고, 시신 없이 장례를 치를 경우는 주로 'memorial Service'라는 용어를 쓴다. 화인교회에서는 '安息礼拜'라는 용어를 많이 사용한다. 미국연합감리교회는 예배 규범에서 'Service of Death and Resurrection'(죽음과 부활의 예배)라는 용어를 사용하고 있는 것으로 알고 있다.

목사로서 최고의 복(福) 중 하나는 결혼식 혹은 장례식을 집례하는 것이다. 특히 장례예배 집례는 장례예배에 참석하는 조객들에게 공식적으로 복음을 전할 수 있는 절호의 찬스이다. 장례예배를 통해 우리는 인생을 배울 수 있고 그 깊이를 깨닫게 된다. 이 세상에 모든 것을 다 경험해 보았던 솔로몬은 말한다.

"아름다운 이름이 보배로운 기름보다 낫고 죽는 날이 출생하는 날보다 나으며, 초상집에 가는 것이 잔치집에 가는 것보다 나으니라. 산 자가 이것에 유심하리로다. 슬픔이 웃음보다 나음은 얼굴에 근심함으로 마음이 좋게 됨이니라. 지혜자의 마음은 초상집에 있으되 우매자의 마음은 연락하는 집에 있느니라"(전7:1-4).

나는 지혜 자인가 아니면 우매 자인가? 우리도 언젠가 이 땅에 있는 육신의 장막을 벗을 때가 온다. 우리의 겉사람은 후패하나 우리의 속은 날로 새로워지길 원한다. 이 땅에 잠시 받은 환난의 경한 것이 지극히 크고 영원한 영광의 중한 것을 이루게 한다(고후4:16-17). 모든 사람에게 피할 수 없는 큰 일은 하나님의 때가 되었을 때 하나님의 부르심을 받아 이 땅을 떠나는 것이다. 사도 바울은 말한다.

"만일 땅에 있는 우리의 장막 집이 무너지면 하나님께서 지으신 집 곧 손으로 지은 것이 아니요. 하늘에 있는 영원한 집이 우리에게 있어 탄식하며 하늘로부터 오는 우리 처소를 덧입기를 간절히 사모하노니 이렇게 입음은 벗은 자들로 발견되지 않으려 함이라"(고후4:1-2).

자식 농사

Holistic Life **53**

　며칠 전 한 성도 부부의 상담 요청에 그들과 만나 예배를 드리고 나서 그 가정의 직면한 문제들을 나누고 같이 기도하였다. 목회사역을 하다 보면 다양한 성도들을 만난다. 어떤 성도는 직장에 다니고, 어떤 성도는 개인 사업을, 어떤 성도는 큰 기업을 운영하기도 한다. 모두가 각자의 분야에서 쉽지 않은 갈등과 긴장 속에 하나님을 의지하며 살아간다. 다 어렵겠지만 그중에 특히 기업을 하시는 분은 정말 쉽지 않다. 이 세상에 가장 어렵고 힘든 '기업' 그러나 가장 고귀하고 값진 '기업'은 어떤 기업일까? 바로 자식 농사이다.

　성경은 '자식들을 여호와의 기업'(시121:3)이라고 말하고 있다. 하나님이 주신 최고의 기업인 자식 농사만큼 어려운 일은 없다. 하나님의 절대 도움과 긍휼이 필요하다. 자식 농사가 얼마나 힘들고 어려우면 '무자식 상팔자'라는 말이 생겨났을까? 많은 사람이 자식 때문에 울고, 자식 때문에 기도하고, 자식 때문에 겸손할 때가 많다. 이 글을 쓰고 있는 저자도 자식을 둔 부모이기에 하나님 앞에 늘 겸손할 수밖에 없다. 세상만사가 자신의 마음대로 되지 않지만 자식 농사만큼 부모 마음대로 되지 않는다.

여호와의 기업인 자식 농사와 관련하여 Albert E. Winship는 '죽스와 에드워즈: 교육과 유전에 관한 연구'(Jukes-Edwards: A Study In Education and Heredity)라는 책을 썼다. 이 책은 18세기 미국에서 상반되는 삶을 살았던 두 인물의 후손들을 추적하여 어떤 차이가 나는지를 연구하여 그 결과를 보여준 서적이다. 연구대상 중 한 사람인 맥스 죽스(Max Jukes)는 술집을 운영하여 자수성가하여 거부가 된 사람이고, 또 다른 한 사람은 조나단 에드워드(Jonathan Edwards)로 청교도 신앙을 가지고 당대에 회개와 부흥 운동을 주도했던 경건한 목사이다.

연구 결과가 참으로 흥미롭다. 죽스의 5대 후손 560명 중에 거지 310명, 범죄자 150명, 살인자 7명, 술주정뱅이 100명, 창녀, 상당수 문맹자는 후손의 절반 이상, 미국 사회에 끼친 손실은 19세기 당시 달러 가치로 125만 달러이다. 또 다른 연구 대상인 조나단 에드워즈의 5대 후손 1,394명 중에는 대학 총장 13명, 대학 교수 65명, 연방 상원의원 3명, 주지사 3명, 판사 39명, 변호사 100명(한 명은 유명 법과대학의 학장), 외과 의사 56명(한 명은 의과대학 학장), 군대 장교 75명, 선교사와 목사와 작가 100명, 공직자 80명(3명 대도시 시장, 1명 재무성 감사관, 1명 미국의 부통령), 미국 사회에 끼친 이익은 너무 커서 계산이 불가능하다.

두 가계 후손들의 비교자료는 한 가문이 사회에 미치는 영향력이 얼마나 절대적인가 하는 점을 보여주면서, 또 한 편으로는 자녀에게 미치는 부모의 영향이 얼마나 지대한가를 극명하게 보여주는 좋은 예이다. 그럼 이 차이는 어디에서 왔는가? 바로 부모에게서 온 것이다. "스스로 속이지 말라 하나님은 만홀히 여김을 받지 아니하시나니 사람이 무엇으로 심든지 그대로 거두리라"(갈6:7). 한 가정에서 부모가 자녀에게 무엇을 심는가가 무척 중요하다. 이 땅에 자녀들에게 신앙을 전수하는 일보다 더 중요한 일이 있을까? 이 땅에 인류의 조상인 아담과 하와를 시작으로 두 가계가 흐르고 있다. 똑같은 아담의 후손인데 하나님을 경외한 '셋'의 가문과 하나님을 떠나 자신의 왕국을 건설한 '가인'의 가문이다. '죽스'의 가문(家門)이 가인의 후손이라면, '조나단 에드워드' 가문(家門)은 '셋'의 후손이라고 말할 수 있다.

'조나단 에드워드'는 사랑으로 자녀를 기르면서 가정을 최상의 학교라고 생각했고, '죽스'는 가정을 의식주의 기능만을 갖춘 곳으로 생각했던 사람이다. 즉 에드워즈는 집을 Home으로, 죽스는 가정을 House로 생각했다. 가정에서 가장 중요한 것은 가족들 간에 어떤 관계를 맺고 있느냐이다. 가족이 집에서 살았느냐? 가정에서 살았느냐가 이 두 사람의 후대에 이렇게 큰 차이를 가져왔다. 에드워드의 가족들과 후손들은 하나님이 만드신 가정에서 FAMILY(Father And Mother, L Love You)로 살았고, 죽스의 가족과 후손들은 그렇지 못한 단지 의식주를 해결하는 House에서 살았다.

죽스와 에드워드 가문에 이어 자식 농사가 우리에게 중요한 교훈을 주는 또 다른 가문이 하나 있다. 외면적으로 볼 때 세상 사람들로부터 찬사를 받으며 성공한 것처럼 보이는 미국의 정치 명문가 케네디 가문이다. 케네디가(家)는 미국의 왕실이라 불리는 명문가 중의 명문가로 꼽힌다. 케네디가는 아일랜드 출신으로 케네디 대통령의 증조부인 패트릭 케네디가 굶어 죽지 않기 위해서 1848년에 미국으로 이민을 온 것이다. 그는 미국에서 위스키 통을 만드는 사업을 했다. 그러나 그는 부자가 되지 못하고 일찍 죽었다.

그의 아들 조지프 패트릭 케네디는 가난을 이겨내려고 억척스럽게 돈을 모아서 술집을 차렸다. 금주령이 내렸던 시절에 영국의 술을 밀반입해서 떼돈을 벌었다. 그리고 그는 주의회 하원의원에 당선되었으며 그의 아들을 열심히 공부시켰다. 그래서 케네디의 아버지인 조지프 케네디는 하버드대학을 졸업하고 은행장이 되었고, 증권거래위원장을 지냈다. 그는 유리회사 주가 조작과 영화사업과 경마장사업으로 재벌이 되었고, 영국 대사가 되었다.

그리고 그의 아들 J. F. 케네디는 미국의 최연소 대통령이 되었다. 케네디 가의 형제들은 승승장구했다. 상원의원도 되었고, 법무장관도 했다. 하원의원도 2명이나 배출했다. 여기까지 보면 케네디 가문은 분명 성공한 가문이다. 그런데 그 뒤에 문제가 생기기 시작한다. J. F. 케네디의 형 조지프 케네디는 1944년에 공군 조종사로 베를린 공습에 참여했다가 격추당해서 죽었다. J. F. 케네디는 대통령으로 당선한 지 2년 만인 1963년에 45세로의 나이로 암살을 당했다.

케네디 전 대통령의 죽음에 대한 슬픔이 채 가시기도 전인 1968년 동생 로버트 케네디가 민주당 대통령 후보 지명을 위한 예비 선거운동 도중 로스 앤젤레스에서 피살되었다. 당시 그의 나이 42세였다. 케네디 전 대통령의 누이동생 캐슬린도 1948년 프랑스에서 비행기 추락사고로 28세의 짧은 생을 마감했다. 또 다른 여동생 로즈 메리는 어린 시절 받은 뇌수술이 잘못되어 평생 장애인으로 살고 있다. 막내 에드워드 케네디 상원의원의 장남인 케네디 2세는 1973년 암으로 절명했다.

로버트 케네디의 아들 데이비드는 28세 때인 1984년 플로리다주 팜비치의 휴양지 호텔에서 약물 과다 복용으로 숨졌다. 데이비드의 동생 마이클(당시 39세)도 1997년 콜로라도의 한 스키장에서 가족들과 스키를 즐기던 중 사고로 숨졌다. 케네디 대통령의 외아들 존 F. 케네디 2세는 부인과 함께 1999년 7월 16일 사촌 여동생의 결혼식에 참석하기 위해 새로 구입한 단발 비행기를 직접 몰고 가다가 비행기 고장으로 추락 사망했다. 국민일보는 이 사건을 "비운의 케네디 가(家) 사실상 대 끊겨"라고 보도하였다. 동아일보는 요한 바오로 2세 로마교황이 "이것이 케네디 가의 마지막 비극이 되기를 바란다"는 말을 보도했다. 하나님을 섬긴 나라 미국의 공립학교에서 성경교육과 주기도문 암송을 금지하는 특명을 내린 케네디 대통령 가문의 계속되었던 비운이 우연일까? 하나님 없이 승승장구하며 출세를 향해 질주하였던 케네디 가의 비운은 결코 우연이 아니다.

증조 할아버지는 위스키 통을 제조, 할아버지는 술집과 술 도매상을 해서 돈을 벌고, 아버지는 은행업과 주식과 영화사업과 경마장으로 돈을 벌었다. 그의 아들들은 늘 1등이 되라는 가르침을 받고 1등이 되었다. 그러나 그의 아들들은 그보다 먼저 세상을 떠났고, 손자들도 다 죽었다. 지금은 막내 아들인 에드워드 케네디만 살아남아 있다. 도대체 이런 상태라면 명문가라는 것이 무슨 의미가 있을까?

예수 없는 성공한 가문이란 것이 의미가 있을까? "술 취하지 말라 이는 방탕한 것이니 오직 성령의 충만함을 받으라"(엡5:18). "여호와를 경외하는 것이 지식의 근본이어늘 미련한 자는 지혜와 훈계를 멸시하느니라"(잠1:7). "일의 결국을 다 들었으니 하나님을 경외하고 그 명령을 지킬지어다 이것이 사람의 본분이니라" 주께서 내게 맡긴 기업(자식농사)은 어떤 기업이 되길 원하는가?

제**3**부

머니해도 머니?

Holistic Life 　54

　　제2회 전 세계 화인고난주간 연합기도회를 순조롭게 마쳤다. 마치 한 바탕 영적 전쟁을 치르고 승전한 다국적군(?)이 연상된다. 기도회 후 평가모임을 통해 다국적군을 해체하지 않고 잔류시켜 교제하다가 자연스럽게 내년 기도회를 준비하기로 하였다. 중국에서 사역을 하다가 자발적/비자발적으로 철수하여 세계 각지로 흩어져 화인 사역을 하고 있는 다국적군(?)의 중어권 한인 동역자모임이 兴起发光团契이다. 兴起发光团契의 정기모임은 두달에 한번 줌미팅으로 모인다. 펠로우십 중심의 모임 속에 각자의 상황과 사역을 자연스럽게 나누며 기도로 모임을 마무리한다.

　　이번 달 정기모임에서는 네 분이 발제를 하였다. 네 분의 나눔이 모두 은혜가 되었다. 그중에 대만에서 사역하고 계시는 K 동역자의 짧은 나눔이 특히 신선하게 다가와 여운이 오늘까지 남는다. K 는 침례교 배경으로 한국교회에서 파송을 받아 대만에서 중국어를 공부하고 대륙의 S시로 가서 그곳을 중심으로 선교사역을 하였다. 평소 기도를 중시하고 우직하며 말이 없으신 K 는 제가 알고 교제하는 귀한 중어권 동역자 중에 한 분이다. 대륙에 계실 때 가정교회지도자를 양성하고, 가정교회들의 연합으로 FT 그룹을 조직하여 자체적으로 선교사를 파송할 정도로 많은 열매를 맺었고, 철수한 지금도 그의 동역자들에 의해 여전히 많은 열매를 맺고 있다.

한 번도 아닌 두 번의 비자발적인 철수에도 여전히 중국 영혼을 사랑하는 그의 마음이 느껴진다. 대만에서 언어를 공부할 때 대만의 침례교회와 좋은 관계를 맺으면서 대만에서 관계를 맺은 그 교회에서 대륙으로 단기선교도 여러 차례 왔다고 한다. 두 번째의 비자발적인 철수로 최근까지 자신을 파송하였던 대만의 JM침례교회에서 제공하는 집에서 다음 사역을 준비하며 그 교회를 도왔다. 하나님의 인도로 대만침례교신학교 기숙사에서 만난 대만인 신학교 졸업생을 만나 그를 멘토링하였다. 그리고 그 전도사님 가정과 함께 대만 JY시의 교회개척 소명을 받았다. 대만인 전도사님이 JY에 위치한 기독병원 원목으로 부임하여 자연스럽게 그 가정과 함께 JY에 교회를 개척하기로 결정한 것이다.

지금까지 한인 동역자들이 한국교회 혹은 한인교회에서 파송 받아 대륙을 비롯한 여러 사역 장소로 갔다는 이야기는 많이 들었다. 그런데 K 동역자는 대만 교회와 좋은 관계를 맺게 되어 대륙으로 파송받을 때도 그리고 이번 대만 JY지역에 교회를 개척할 때도, 대만 JM교회에서 모든 성도들의 축하와 한호 속에 파송받은 것이다. 대만교회에서 한인 동역자를 파송한 것도 신선한 일이지만, 파송예배와 함께 상당한 금액(?)의 파송헌금을 지원해주어 사역에 필요한 차량까지 구입해 주었다고 한다. 그 사례 발표를 듣는데 참으로 고무적이었고 감동으로 다가왔다. 또한 이 신실한 동역자와 같이 교제하는 것도 큰 위로가 되었다.

저자 또한 4년 동안의 짧은 대륙 사역을 정리하고 미국으로 갔을 때 중국 대륙 성도들이 성심껏 헌금을 해주었다. 그리고 그 헌금의 일부를 미국에 출석하는 화인교회에 헌금을 하게 되었고, 풀러 신학교를 졸업할 때까지 그 교회에서 도움을 받을 수 있었고 결국 목회까지 하게 되었다. 이어 WCIU(윌리엄 캐리 국제 대학교, William Carey International University)에서 선교학을 연구할 때도 화인교회와 성도들로부터 도움을 받았으며, 딸 아이 대학 학비를 포함하여 말로 할 수 없는 많은 도움을 받았다. 화인교회와 성도들의 도움으로 공부를 함과 동시에 화인교회를 섬기면서 자연스럽게 '대륙 선교사'에서 '화인 교회 목회자'로 전환되었다.

화인교회에서 받은 은혜는 헤아릴 수 없을 정도로 크다. 심지어 한 장로님은 주유비를 포함하여 필요할 때 얼마든지 쓰라고 하며 크레딧 카드를 만들어 주었다. 그 장로님의 마음을 알지만 매달 일정액의 주유비 외에는 그 카드를 쓸 수 없었다. 돈보다 나를 사랑하고 신뢰하는 그 장로님과의 관계가 더 중요했기 때문이다. 얼마나 목회자를 신뢰했으면 제한 없이 쓸 수 있는 크레딧카드를 만들어 주었을까(?) 생각하니 쓸 수가 없었다. 캐나다에 오면서 감사함으로 그 카드를 돌려주었다. 더한 내용이 많으나 자랑처럼 여겨질까 봐 글로 남길 수 없다.

우리 한인 동역자들이 중국교회나 화인교회로부터 물질적인 지원을 받을 때 참 감사하고 기쁘다. 물질을 받아서 기쁘기도 하지만 한인인 우리와 섬기고 있는 화인교회의 목회자나 성도들과 신뢰의 관계가 형성되었다는 것이 더 기쁜 것이다. 다시 말하면 내가 하고 있는 화인교회 사역이 그들에게 인정받았다는 의미에서 격려가 되는 것이다. 앞으로 이러한 K 동역자와 같은 사례들이 많이 나오기를 기대한다. 물론 물질로부터 자유로운 사람은 없겠지만 내가 아는 범위에서 중국인(화인)들은 참으로 돈을 좋아한다. '머니머니'(money money)해도 '머니'(money)가 최고인 문화가 화인문화이다. 이러한 영향을 받은 화인교회도 결코 '머니'(money)로부터 자유롭지 못하다.

그런데 이러한 화인교회 혹은 성도들로부터 여행할 수 있는 비행기표를 지원받았다거나, 혹은 많은 부분을 도움받았다는 한인 동역자들의 사례를 들으면 힘이 난다. 더불어 화인 기독 실업인이 헌금하여 선교지에 기독교 학교가 세워지는 등…, 이런 이야기를 들으면 왜 흥분이 될까? 단지 도움을 받아서일까? 아니다. 화인 성도들의 지갑이 열리면 우리가 상상할 수 없는 세계 선교사역이 시작되기 때문이다. 8월 정기모임에 들어오셔서 현재 중국상황을 나누어 주셨던 중국인 TM 목사는 우리들의 사역이 당연히 기도부터 시작되지만, 기도는 바로 헌금이라는 말에 절대 공감한다. 중국에서 큰 목회를 하셨던 목회자로 중국 사람들을 누구보다 잘 알기에 그 말씀이 그냥 가볍게 던지는 이야기가 아님을 잘 안다.

세계적으로 많은 디아스포라 공동체가 있다. 그중에 눈에 띄는 3대 공동체가 있다. 하나는 유대인 디아스포라 공동체로 '신앙 공동체'이다. 또 하나는 한인 디아스포라 공동체로 '선교 공동체'이다. 마지막으로 화인 디아스포라 공동체는 '경제 공동체'이다. 동남아를 비롯하여 전 세계에 흩어진 화인의 경제 공동체가 해당 국가와 세계를 움직인다고 해도 틀린 말은 아니다. 그러므로 대륙교회와 화인교회 성도의 지갑이 열릴 때, 비로소 대륙교회와 화인교회가 세계 선교의 주역이 될 수 있다고 본다. 화인 디아스포라 경제 공동체가 신앙과 선교 DNA가 접목된 킹덤(Kingdom) 공동체가 되기를 기도한다.

"마음이 있는 곳에 물질이 있는 것이 아니라 물질이 있는 곳에 마음이 있다"(마6:21)고 주님은 말씀하신다. 맘몬을 섬길 것인가 아니면 주님을 섬길 것인가? 겸손히 우직하게 있는 자리에서 화인을 섬기는 한인 동역자들로 인하여 화인들의 마음의 빗장이 열리기를 소망한다. 한인 동역자들의 희생과 섬김을 통하여 '화인 경제 공동체'가 '신앙 선교 공동체'로 전환되기를 오늘도 간절히 기도한다.

제**3**부

화인교회 목회선교사

Holistic Life 55

　비슷한 사역을 하면서 비슷한 고민을 가지고 비슷한 방향을 향해 살아가는 동역자들이 있다는 것 자체가 저자에게는 큰 위로와 격려가 된다. 하나님의 부름으로 목사가 된 것도 감사한데 그중에서도 선교사로 부름받은 것은 특권 중 특권이다. 그중에서도 중어권 한인 선교사로 살아가고 있는 동역자들을 생각할 때 참으로 귀하고도 귀하다. 중어권 한인 동역자들과 교제할 때 다른 누구보다도 대화의 공통분모가 많다. 비록 각자가 각기 다른 문화와 상황 속에서 쉽지 않은 사역을 감당하고 있지만 교제 자체가 큰 격려가 된다. 다른 사역도 마찬가지이겠지만 화인 사역은 하나님의 절대 은혜가 아니면 감당하기 힘들다.

　중어권 한인 선교사 중에서도 해외에서 화인 목회를 하는 동역자들을 생각해 본다. 이들의 정체성은 무엇인가? 선교사인가? 아니면 목회자인가? 아니면 목회선교사인가? 출신 배경이 선교사이기에 일반 화인목회자와 다르다. 그렇다고 화인교회 목회자가 아닌 것은 아니다. 많은 중어권 한인 선교사가 중국에서 자발적/비자발적으로 철수한 가운데 일부는 해외 화인교회를 개척 혹은 청빙을 받아 목회사역을 하고 있다. 그들이 바로 화인교회 목회선교사들이다.

선교사역도 만만치 않지만 선교목회 사역은 결코 쉽지 않다. 목회라는 것이 본디 쉽지 않다. 그래서 목회를 '종합 예술'이라고 부르기도 한다. 목회는 한 마디로 끝없는 자기와의 싸움이다. 선교사역은 어느 정도 선교사가 자신의 계획에 따라 시간 조정이 가능하나 목회 사역은 본인의 스케줄이나 계획과 관계없이 예측 불허의 상황이 많이 발생한다. 하나님의 은혜와 긍휼이 절대적으로 필요하다. "목회자가 죽어야 교회가 살고, 교회가 죽어야 세상을 살릴 수 있다"는 말이 있다. 부단히 자신을 내려놓고 절제하고 희생하고 헌신해야 함을 의미한다.

목회사역이란 하나님의 부르심을 받은 목회자가 주님이 맡기신 양(성도)들을 돌보는 사역이다. 그런데 목회를 하면서 목회자가 양(성도)을 돌보면서 양을 훈련시키고 변화시키기도 하지만 양(성도)들을 통해 목회자가 변화되는 경우가 더 많다. 주님이 성도들을 통해 목회자를 목양하신다. 목회자가 성도들을 변환시키려고 기도도 하고 노력하는데 잘되지 않는다. 그런데 목회자가 모든 것을 내려놓고 때로는 성도들을 통해 연단 받으면서 목회자가 변화된다. 흥미로운 것은 목회자가 변화되고 성숙되었을 때부터 성도들의 변화가 시작된다는 것이다. 이것이 바로 '목회의 신비'이다.

제가 잘 알고 있는 귀한 C라는 한인 동역자가 있다. 그는 학생 선교 단체를 통해 훈련받고 하나님의 부름을 받아 중국의 선교사로 파송되었다. C는 성격이 차분하고 섬세하여 그에 걸맞게 중국에서 교회를 개척하여 건강한 교회를 이루었다. 늘 성도들과 좋은 관계를 형성하며 부지런히 꼴을 먹이는 성실한 목회선교사이다. 그가 중국을 떠났을 때 성도들이 그의 귀함을 더 체감했다고 한다.

C는 안식년을 맞이하여 쉬지 않고 대만인 신학생들에게도 만만치 않은

대만 CES신학교에 입학하여 목회학(M.Div)을 수학하였다. 힘든 과정을 무사히 마치기까지의 수고와 노력은 말로 다 할 수 없다. 졸업 후에 처음 부름받은 중국으로 다시 돌아가 교회 개척 및 목회 사역을 하다가 현지 선교환경의 변화에 따라 부득이 철수를 준비하던 차에 미국의 A주 T시에 위치한 적지 않은 규모의 독립 교회인 화인교회에 청빙 받아 북미 화인 목회를 시작했다.

겉으로 볼 때는 같은 중국인(화인)처럼 보이지만 북미의 화인은 그가 체험한 대륙과 대만의 화인과는 또 달랐다. 목회자가 성실하게 사역을 한다고 해서 반드시 그에 상응하는 목회 결과가 나오는 것은 아니다. 북미에 건강한 화인교회도 있지만 그가 청빙받은 교회는 생각보다 건강하지 못한 교회였다. 건강하지 못한 북미 화인교회의 목회자의 수명은 3년 정도로 목회자가 자주 바뀐다.

C 는 미국에 와서 북미 화인교회를 체험한 후에 다시 개척을 시작하여 선도회(宣道会, C&MA)에 가입하고 현재의 교회를 새롭게 섬기고 있다. 지난번 코로나 감염병이 완전히 끝나지는 않았을 때 그와 전화 통화를 하면서 교회가 모처럼 활력을 되찾은 것 같아 기쁘다고 한다. 이제 코로나 엔더믹이 되면서 C가 섬기는 교회가 더 활발하게 모임이 진행되기를 기도한다.

지난번 교회 형제들이랑 기존 주차 공간을 다용도실로 개조하는 공사를 하였다. 만만치 않은 물가로 인해 바닥 콘크리트 작업은 외부업체에 맡겼지만 벽과 목공작업은 성도들과 함께 직접 하였다고 한다. 그 현장을 직접 보지 않았지만 보내 준 사진을 보니 상상이 간다. 비록 몸은 힘들어도 성도들과 함께 건물을 지어가면서 주님의 몸 된 교회도 더불어 지어질 것이다. 기쁘게 교회를 섬기는 그들의 모습이 나에게도 전달된다.

'해외 화인 목회'라는 새로운 길을 내는 C 를 마음껏 응원하며 그가 섬기는 교회가 더 부흥되고 건강하게 성장하기를 기도한다. 그의 교회는 미국의 사막(광야) 한가운데 있다. 그를 통해 광야에 길을 내시고 사막에 강을 내시는 하나님을 찬양한다.

"보라 내가 새 일을 행하리니 이제 나타낼 것이라. 너희가 그것을 알지 못하겠느냐? 정녕히 내가 광야에 길과 사막에 강을 내리니, 장차 들짐승 곧 시랑과 및 타조도 나를 존경할 것은 내가 광야에 물들을, 사막에 강들을 내어 내 백성, 나의 택한 자로 마시게 할 것임이라. 이 백성은 내가 나를 위하여 지었나니 나의 찬송을 부르게 하려 함이니라"(사43:19-21).

화인 목회
사역과 동역

Holistic Life **56**

하나님의 예정으로 구원받은 그리스도인으로 불러주셨다. 구원받은 것만도 감사한데 주님이 위탁하신 양을 치는 목사로 불러 주셨다. 그리고 더 나아가 타 문화권의 영혼을 섬길 수 있는 선교목회자로 불러주심에 무한한 감사를 드릴 수밖에 없다. 화인교회 목회선교사로 살면서 때로는 예기치 않은 아픔과 고난이 있지만 영광스러운 선교사역에 동참시켜 주신 하나님께 영광을 돌릴 수밖에 없다.

화인교회 목회선교사로 부름받은 중어권 한인 동역자는 다음과 같이 크게 네 부류로 분류할 수 있다.

첫 번째는 한국교회 선교단체와 화인교회 단체 간의 MOU나 기타 신뢰 관계 속에서 추천을 받아 화인교회로부터 청빙을 받은 경우이다.
두 번째는 한국교회나 한인교회에서 중국 선교사로 파송 받아 일정 기간 중국 사역을 경험한 후 해외에 나와 직접 화인교회를 개척한 경우이다.
세 번째는 해외 화인교회를 직간접으로 경험(청빙 목회 포함)한 후에 다시 화인교회를 개척한 경우이다.

마지막으로 중국 혹은 중어권에서 언어를 배우고 문화에 적응한 후 곧 바로 해외에 나가 화인교회를 개척한 경우이다.

어떤 경우이든 목회와 선교사역을 해 나가면서 해외 화인교회 지도자와 다른 중어권 한인 선교동역자들과 동역이 필요하다.

먼저 화인 목회와 선교사역을 수행하면서 자신의 사역과 함께 동역을 할 때 하나님 앞에 그리고 동역자 앞에 아래와 같이 자신의 동기를 점검해보면 좋겠다.

첫 번째, 사역할 때 나 중심인가 아니면 주님 중심인가? 사역의 목적이 자신의 만족인가 아니면 주님을 위한 거룩인가?
두 번째, 나는 관계 중심인가 아니면 사역 중심인가 아니면 관계와 사역의 균형을 중요시하는가?
세 번째, 동역할 때 자신의 사역 중심인가 아니면 동역자를 세우는가 아니면 사역과 더불어 동역자가 세워지는가?
네 번째, 사역의 결과보다 과정을, 과정보다 동기를 중요 시 하는가 아니면 눈에 보이는 결과만을 중요 시 하는가?
마지막으로 사역이 목적인가 아니면 사역을 통하여 인격 성숙이 더 큰 목적인가 아니면 사역과 더불어 인격이 성숙되어 지는가?

다니엘 리켓(Daniel Rickett)은 "동역은 헌신과 상호 의존을 공유하는 관계"라고 정의한다. 잭 팝지스(Jack Popjes)는 동역을 '둘 이상의 단체가 한 단체로서는 할 수 없는 일을 성취하기 위해 함께 일하는 것'이라고 말한다. 동역을 해야하는 것을 다 아는 사실이지만 이론만큼 쉽지 않다.
우리가 사역해나가는 데 동역이 왜 필요한가? 우리는 그리스도의 몸으로 부르심을 받았기 때문이다(고전4:9-12; 고전12:18-27; 엡4:4-16). 각자는 그리스도의 몸의 일부이다. 다양한 은사를 가진 다른 지체들과 함께 할 때 그리스도의 몸된 교회를 건강하게 이룰 수 있을 뿐 아니라 서로 협력할 때 서로가 유익을 얻을 수 있다. 다른 지체를 인정하지 않거나 동역을 거부하는 것은 자신이 그리스도의 몸의 일부라는 사실을 모르거나 부인하는 것이 된다.

또한 동역이 가장 효과적인 사역의 방법이 된다. 그리스도께서 부여하신 지상명령을 성취하는 공동의 비전을 공유할 때 사역의 시너지가 발생한다. 동역을 통하여 그리스도의 몸이 제대로 자랄 수 있다. 우리의 동역 속에서 각 지체가 그리스도의 분량에 이르기까지 자랄 수 있으며 그리스도께서 영광을 받으실 수 있다.

우리가 효과적인 동역을 위해 기본적으로 다음의 여섯 가지가 필요하다.

첫 번째, 서로 간의 소통이 필요하다. 관계에서 생겨나는 많은 문제는 대화의 부족에서 온다.

두 번째, 서로에 대한 끊임없는 관심이 필요하다. 비록 많은 시간을 같이 할 수는 없다 하더라도 상대방을 향한 지속적인 관심을 기울이는 태도는 동역에 결정적인 영향을 미친다.

세 번째, 서로를 세워주는 자세를 가지고 서로가 도움을 주는 일에 헌신할 때 동역이 가능하다. 서로에게 끊임없는 관용과 용납이 요구된다.

네 번째, 서로를 참아주고 받아주는 태도를 견지하지 않는 한 동역은 이루어질 수 없다. 서로 다르기 때문에 동역이 필요하기도 하지만 다르기 때문에 갈등의 요소도 많을 수밖에 없고, 그렇기 때문에 인내와 기다림이 절대적으로 필요하다.

다섯 번째, 서로에게 폐를 끼치지 않기 위한 세심한 배려가 필요하다. 동역

관계에서는 한 지체의 좋지 않은 평판은 다른 지체에게 부정적인 영향을 끼친다. 반대로 한 지체가 얻는 좋은 이미지는 다른 지체들에게 긍정적인 영향을 끼치게 된다.

마지막으로 협력을 위한 기도가 절실히 요구된다. 하나님의 나라 관점에서 서로를 위한 끊임없는 기도가 있을 때만 동역에 필요한 실제적인 힘을 얻게 될 것이다.

결론적으로 하나님 한 분만 영광 받는 우리들의 사역과 동역이 되길 간절히 기도한다.

> "두 사람이 한 사람보다 나음은 그들이 수고함으로 좋은 상을 얻을 것임이라. 혹시 그들이 넘어지면 하나가 그 동무를 붙들어 일으키려니와 홀로 있어 넘어지고 붙들어 일으킬 자가 없는 자에게는 화가 있으리라. 또 두 사람이 함께 누우면 따뜻하거니와 한 사람이면 어찌 따뜻하랴. 한 사람이면 패하겠거니와 두 사람이면 맞설 수 있나니 세 겹 줄은 쉽게 끊어지지 아니하느니라"(전4:9-12).

다름이 좋아?

Holistic Life   57

자신이 많이 안다고 생각하고 더 이상 배울 것이 없다고 생각하는 순간 넘어지기 쉽다. 사도 바울은 선 줄로 생각하는 자는 넘어질까 조심하라(고전 10:12)고 우리를 일깨운다. 우리 인생은 주님 앞에 설 때까지 끝없이 배움이 필요한 "on the construction"의 인생이다. 특히 나와는 다른 사람과의 관계성 속에서 많은 것을 배울 수 있다. 지식 생태학자 유영민 교수가 쓴 책, '공부가 망치다'에서 공부는 다름을 알게 되고 다름을 인정하는 과정이며, 다름을 인정하는 것의 최고는 나와 다른 것에 대해 자신이 먼저 변화하려는 노력을 시작하는 것이라고 말한다. 우리는 다른 사람을 인정하고 이해하며 끊임없이 변화되고 성숙해야 한다. 그런 의미에서 우리는 평생 공부하는 사람이 되어야 한다.

우리는 다른 사람과의 관계성 속에서 다름을 먼저 인정하고 이해해야 한다. 다름을 '인정'하는 것은 내가 배우고 경험한 나의 입장에서 상대방을 바라보는 것이다. '인정'보다도 더 한 단계 높이 '이해'하는 것은 상대방의 입장에서 상대방을 '이해'하려고 노력하는 행위이다. 정리하자면 다름에 있어 '인정'은 상대적으로 이기적인 성향으로 자신의 관점에서 상대방을 바라보는 것이며, '이해'는 이타적인 성향으로 상대방의 관점에서 상대방을 바라보는 것을 말한다. 내 입장에서 상대방을 보느냐, 아니면 상대방의 입장에서 상대방을 보느냐에 따라 다름을 '인정'하느냐 아니면 다름을 '이해'하느냐로 구별하여 말할 수 있다.

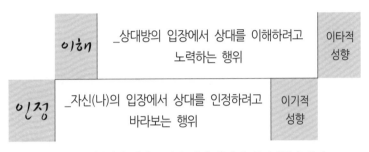

우리가 형제자매와 함께 교회를 섬길 때 혹은 동역자들과 같이
연합 사역을 할 때, 상대방을 알고 이해하는 것은 매우 중요하다.
당연히 연합 사역을 할 때 이해를 통한 섬김은 기본이 된다

〈Table-4〉 다름이 좋아?

우리가 형제자매와 함께 교회를 섬길 때 혹은 동역자들과 같이 연합 사역을 할 때 상대방을 알고 이해하는 것은 매우 중요하다. 당연히 연합 사역을 할 때 섬김은 기본이 된다. 서로가 섬긴다고 해서 문제가 해결되는 것은 아니다. 왜냐하면 자기 방식대로 섬길 수 있기 때문이다. 그래서 서로가 다름을 인정하고 더 나아가 다름을 이해할 때 진정한 동역이 가능하다. 그러한 의미에서 연합 사역을 하는 데 있어 섬김보다도 더 중요한 요소가 서로 '다름'을 인정하고 이해하는 것이다. 서로 다름을 인정하는 것이 말은 쉬운데 실제로는 결코 쉽지 않다.

내가 최근에 알게 된 화인 사역을 하고 있는 한인 동역자 Z가 있다. 그는 현재 내가 사역하고 있는 워털루에서 비교적 가까운 토론토에 거주하며 사역하고 있다. 그와는 개인적으로 두 번 식사했다. 한 번은 그의 부부와 함

께 그가 사는 토론토에서. 또 한 번은 내가 살고 있는 워털루에서 그의 자녀와 함께 하였다. Z를 알수록 나와는 많이 다르다. 비슷한 화인 사역을 하고 있지만 생각하는 방식이 다르고, 성장 배경과 환경 그리고 성격과 기질이 다르다. 나와는 많이 달라서인지 그를 만나면 그의 이야기를 더 듣고 싶고 더 알고 싶고 그가 체험한 세계를 배우고 싶다.

그는 어릴 적 부모님을 따라 캐나다로 이민 와서 해외에서 살았다. 그리고 그는 캐나다의 유명한 T대학과 T신학교를 졸업하였다. 이후 그는 한국으로 돌아와 CS대학교를 다니다가 사모님을 만났다. 졸업 후 광주로 내려와 호남지역 교회의 최초 영어부(EM) 전담 목사가 된다. 그가 섬겼던 D 교회의 담임인 C 목사는 인품이 훌륭하고 많은 사람에게 존경을 받는 분이다. 그는 그 교회를 섬기면서 훌륭한 목회자 롤모델을 보고 배우면서 사역을 하였다. 하나님이 우리를 훈련하고 교육하는데 가장 효과적인 방법은 롤 모델을 보고 배우는 것이다. 예수님이 제자들을 훈련하는 방식이 '도제식 롤모델' 훈련방법이다. 하나님은 그들에게 가장 알맞는 맞춤형(Customize)으로 훈련하고 선교 현장으로 보내신 것이다.

일정 기간 훈련 후 그는 섬기는 교회에서 대륙선교사로 파송받음과 동시에 중국 선교에 가장 권위 있는 국제 선교단체 중에 하나인 O*F 소속 선교사(Dual membership)로도 파송받았다. O*F의 선교단체의 일원으로 자연스럽게 팀 사역과 함께 국제적인 감각을 체득하였다. 더불어 그 선교단체의 공신력을 통하여 다른 동역자에 비해 더 용이하게 중국 가정교회의 리더십을 만날 수 있었으며, 그에 걸맞게 C와 G시에서 효과적인 사역을 하였다. 그와 대화를 하면 할수록 참으로 다른 배경이고 다른 사역 이야기여서 배울 것이 많고 대화에 흥미가 더 생긴다.

Z는 후에 개인적인 이유 등으로 중국에서 캐나다 토론토로 돌아왔다. 선교지에서는 철수하였지만 여전히 하나님은 그를 통해 일하신다. 중어권 한인 동역자들이 중국에서 철수하여 재배치되는 상황에 하나님은 그를 사용하셨다. 한국교회에서 가장 큰 선교단체인 G*S와 화인교회에서 가장 큰 선교단체 중에 하나인 C*CO*E Canada가 MOU를 체결하는데 그가 결정적인 역할을 하였다. 그로 인하여 중국에서 철수한 중어권 한인 동역자 중에 화인 신학교의 교수와 새롭게 개척된 교회의 목회자로 재배치되어 캐나다에서 사역하는 동역자들도 생겨났다.

Z는 슬하에 세 명의 아들을 두었다. 그의 성격은 조용하고 차분하고 매사에 신중하다. 하나님이 새로운 일을 위해 등 떠밀기 전까지는 현재 주어진 일에 충성하는 스타일이다. 현재 그는 사모님과 함께 토론토에 위치한 대만인이 중심이 된 화인교회의 심방 전담 목사이다. 그를 통해 북미 화인교회에 새로운 길을 내시는 하나님을 찬양한다. 이후 시간이 될 때 그 부부를 우리 교회에 초청하여 목양과 심방 사역(Caring Ministry, 关怀事工)에 대한 그들의 사역과 경험을 배우려고 한다.

Z와는 달리 나는 한국 시골에서 태어났고, 하나님의 부름을 받아 사역을 시작할 때 직장생활을 하면서 야간으로 신학교를 2년 동안 다녔다. 그리고 야간 신학교를 다닐 동안 시골 교회 교육 전도사로 섬긴 것이 부 교역자 생활의 전부이다. 전도사 때부터 교회를 개척하여 목회를 시작하면서 롤모델 없이 독립군(?)으로 사역을 감당하였다. 심지어 미국에서도 캐나다에서의 사역에서도 연줄이나 인맥을 통하지 않고 사역을 했고 현재의 교회를 섬기고 있다. Z와는 전혀 다른 배경과 삶의 이력이다. 그래서 더 Z의 삶이 신기하고 나와는 다른 이력이 매력으로 다가온다.

이러한 많은 다름에도 불구하고 그와는 매우 중요한 공통점이 있다. '한인으로 타국에서 화인을 섬긴다'는 것이다. 같은 비전을 가지고 같은 방향으로 나아가는 것만큼 좋은 일이 있을까? 그를 위해 기도하면서 나오는 '다름'이 이렇게 사람에 대한 이해의 폭을 넓혀주고, 사역에 대해 새로운 시야를 가질 수 있게 하신 하나님께 감사드린다. 함께 사역하지 않아도 이렇게 다른 배경의 동역자들이 함께 교제를 하고 있는 것으로도 큰 위로가 된다. Z를 통해 하나님의 나라가 더 멋지게 거침없이 전파되기를 소망한다.

길을 내는 자

Holistic Life 58

어제 단톡방에서 K 선교사가 올린 Y 선교사의 사역 관련 동영상을 보았다. 그 동영상을 보고 나서 잠시 동안 Y 선교사와 그의 사역을 위해 기도하였다. Y 선교사님을 통해 대륙의 다음 세대를 위해 일하셨던 하나님을 찬양하며, 앞으로 인도네시아에서 선교적 교회를 이루는 화인교회와 무슬림 선교 사역에 더 큰 일을 행하실 하나님을 기대하며 하나님께 영광을 돌린다. 할렐루야! 그를 위해 짧게 기도하던 중 동영상을 올린 K 선교사님이 오버-랩되면서 "开路者(카이루저, 길을 내는 자, Way Maker)"라는 중국어 복음성가가 떠올랐다.

현재 한국 인천에서 화교교회를 섬기고 계시는 K는 중어권 한인 동역자들에게 해외 화인교회 사역의 길을 놓으신 카이루저(开路者)이다. 일찍이 미국 사이판을 비롯한 북미의 화인교회와 싱가폴 등 동남아 화인교회를 직간접적으로 경험하시며 많은 자료를 정리하신 동역자이다. 나중에 하나님의 때가 되면 그의 식견을 담은 정보와 자료가 책으로 출판되기를 기도한다. 특히 K는 중어권 한인 선교사들이 재배치되는 상황에 인도네시아 화인교회 사역에 길을 놓은 开路者이다. 그가 놓은 길 위를 걸어가고 있는 동역자들이 한 가정, 두 가정 늘어 현재 다섯 가정을 넘어서고 있는 것으로 알고 있다. Y 선교사 가정도 그중에 한 가정이다. 누군가는 길을 내고 누군가는 내놓은 그 길을 걸어간다.

K 선교사는 다른 동역자들을 위해 해외 화인교회 사역의 카이루저(开路者) 역할을 하고 있다. 동시에 K 선교사를 위한 카이루저(开路者) 역할을 한 믿음의 선배가 있다. 그 선배 목회자가 내어놓은 길을 K는 걸어왔고 지금도 걸어가고 있다. K는 이번 주일 예배 후 남양주 요양원에 계신 94세 원로 목사님을 뵙고 왔다고 한다. 그 원로 목사님은 젊었을 때 고생을 많이 하시면서 한국 H시에서 가장 큰 교회를 설립하셨다. 교회를 섬기는 중 42세에 사모님이 중풍으로 쓰러지셨다. 그 후 그 목사님은 가방에 국수를 담고 다니시면서 점심 때는 교패가 있는 집에 들어가셔서 국수를 삶아 달라고 하실 정도로 열심히 교회를 섬기셨다고 한다. K는 그 교회에서 목회와 선교를 배우면서 그 교회에서 1호 선교사로 파송되었다.

예수님이 이 땅에 오시기 전에 하나님은 먼저 세례 요한을 이 땅에 보내셨다. 구약의 이사야서에는 이미 세례 요한이 먼저 와서 예수님의 길을 예비할 것이라고 예언되어 있다. "외치는 자의 소리여, 이르되 너희는 광야에서 여호와의 길을 예비하라. 사막에서 우리 하나님의 대로를 평탄하게 하라"(사 40:3), 세례 요한은 예수님의 길을 예비한 "开路者"이다. 우리들의 사역도 마찬가지이다. 우리가 잘해서 사역이 시작된 것 같지만 하나님은 미리 开路者를 보내어 길을 내신 다음에 우리로 하여금 그 길을 가게 하신다. 우리 중어권 한인 동역자들의 해외 화인 사역도 마찬가지이다. 하나님의 때가 되어 중국에서 자발적/비자발적 철수를 한 동역자들을 향해 하나님은 미리 开路者를 보내어 그 길을 예비하셨다.

중어권 한인 동역자 중에 다른 동역자들에 비해 먼저 해외(제3국)로 나와 중어권 사역을 시작한 이들이 있다. T국의 왕부장은 대륙 X시에서 다년간 사역을 하다가 다른 동역자들에 비해 비교적 일찍이 T국으로 나와 중국인을 대상으로 타 문화권 선교 동원 사역을 시작하였다. 화인교회 선교동원 사역의 開路者이다. 최근 북미 화인교회 선교동원 사역도 그 연장선상에서 진행되었다. 일부 동역자들이 그와 함께 동역할 수 있는 기반을 닦아 놓은 開路者이다. 중동의 K국에서 중국인 사역을 하는 K선교사 또한 또 다른 開路者이다. 그는 중국에서 언어를 배우고 일찌감치 중동으로 나가 그곳에서 중국인 교회를 개척하여 지금까지 사역하고 있다. 현재 해외 화인 교회를 개척하거나 사역을 시작하려는 동역자들에게 좋은 롤 모델이다. 이들 또한 해외 화인 교회 사역을 하려는 자들에게는 開路者들이다.

나의 인생을 돌이켜 볼 때 현재의 내가 있기까지 나를 위해 길을 놓았던 수많은 開路者들을 생각해 본다. 오늘날 내가 있기까지 하나님은 나를 위해 얼마나 많은 開路者를 보냈는가? 셀 수도 없이 많다. 모두가 하나님의 절대 은혜이다. '開路者'에 대한 중국 찬양의 후렴 가사이다. '祢是開路者, 行神迹的神, 信守应许, 黑暗中光明, 我神 这是祢我主' 가사의 뜻은 다음과 같다. '당신은 길을 내시는 분이시며, 기적을 베푸시는 하나님입니다. 약속을 지키시며, 어둠 속에 빛이신 나의 하나님, 당신은 나의 주님이십니다.' 하나님의 때에 開路者를 보내기도 하시며, 때로는 직접 開路者가 되시어 우리의 길을 인도하시는 분은 바로 주님이다. 그래서 우리는 다시 오실 주님의 길을 예비하는 開路者 세례 요한이 되기를 소망하며, 그의 고백이 나의 고백이 되기를 기도한다.

"그는 흥하여야 하겠고 나는 쇠하여야 하리라"(요3:30).

제3부

다양함과 온유함

Holistic Life 59

며칠 전 KMAC 정기모임에서 발제했던 K 선교사는 현재의 상황을 한 마디로 '급변하는 시대'로 정의하며 그 특성을 다음과 같이 말하고 있다. 2016년에 〈4차 산업혁명시대〉가 공식화되고, 2018년 〈포노사피언스〉가 명명되었고, 2020년 〈포스트 코로나19 시대〉의 전망이 예고되고 있다. 우리는 이러한 시대적인 특성과 함께 이미 오래 전에 절대 진리를 거부하는 인본주의의 첨단인 포스트모더니즘 시대를 살고 있다.

최근 제가 섬기고 있는 교회에서 여름방학기간 동안 청소년들에게 매일 말씀을 읽는 습관을 형성시키기 위해 QT 훈련을 실시하였다. 이 사역을 섬겼던 동역자들에 의하면 이 훈련에 참여하였던 청소년들이 자신들이 생각하는 범위를 넘어서는 기독교에 도전하는 포스트모더니즘 시대 관련 질문을 많이 하였다고 한다. 이러한 질문에 대한 명쾌한 답변이 실린 책 중에 하나가 리베카 멕로린(Rebecca McLaughlin)이 쓴 'Confronting Christianity'(아직 한국어로 번역 안 됨)이다. 이 책은 포스트모더니즘 시대를 살아가고 있는 기독교인들에게 직면한 12가지의 난해한 질문들(12 Hard Questions)에 대한 답변을 명쾌하게 정리한 책이다.

이 책에 나오는 두 번째 질문이 '기독교는 다양성을 해치지 않는가?' (Doesn't Christianity crush diversity?)이다. 이에 대한 답변의 요지는 '사실 기독교는 역사상 가장 다양하고 다민족이며 다문화적인 운동이다'(Actually, Christianity is the most diverse, multiethnic, and multicultural movement in all of history). 인류의 역사 중 서구의 문명과 역사에 기독교를 빼면 내세울 내용이 별로 없다. 기독교와 복음은 다민족, 다문화 사회 속에 다양성을 해치는 것이 아니라 다양성을 더 건강하게 유지하는 원동력이다.

우리는 갈수록 다양화되는 사회 속에서 살고 있다. 우리가 타 문화권 선교사역을 하든, 다음 세대 사역을 하든, 이러한 다양한 상황은 절대로 무시되어서는 안된다. 이러한 상황이 우리 선교 동역자에게는 기도할 수밖에 없는 위기이자 기회임은 틀림없다. 특히 중어권 사역을 하는 동역자에게 중국의 정치적인 상황 등으로 자발적/비자발적으로 철수하여 한국 혹은 제3국으로 나온 후의 현재의 다양한 상황은 결코 녹녹치 않다. 어느 때보다 절대 진리인 기독교의 복음이 필요한 상황이다.

그간 중국에 머물렀던 중어권 선교 한인 동역자들의 연합체의 명칭이 재중한인선교사협회(Korean Missionary Association in China)에서 중어권한인선교사협회(Korean Missionary Association for Chinese)로 바뀌었다. 바뀐 명칭이 중어권 사역 동역자들의 상황을 잘 말해주고 있다. 일부는 아직도 중국에 머물러 있지만 많은 동역자가 한국 혹은 제3국으로 나와서 다양한 문화권에서 다양한 방식으로 화인 사역을 하고 있다. 사도행전 1:8의 말씀에 따라 성령의 능력을 받아 기쁨과 자원함으로 자연스럽게 주님의 증인 된 삶을 살아간다. 그런데 때로는 성경과 교회 역사가 증거하듯이 사도행전 8:1처럼 자발적인 흩어짐이 아니라 핍박으로 인해 어쩔 수 없이 흩어질 수밖에 없는 상황이 때로는 하나님의 나라를 거침없이 그리고 힘차게 전파하게도 한다.

작년 11월부터 제2회 전 세계화인고난주간 연합기도회 준비과정 속에서 저자는 중어권 한인 동역자들과 직간접으로 교류하게 되었다. 공교롭게 당시 교류한 동역자 중에 적지 않은 동역자가 제2기 KAMC 집행부의 임역원으로 선임되었다. 그때 제2기 KMAC 대표회장으로 선임된 H 선교사를 알게 되었다. 그리고 그를 통하여 KMAC의 활동을 접하게 되었다. H는 한국교회 '사중 복음'의 근거지인 성결교 배경의 선교사이다. 또한 그는 원만한 인간관계와 부드러운 리더십으로 성결교단의 선교훈련원 책임자로 섬기기도 하였다.

그는 풍기는 인상이 온유하면서도 충성스러워 보인다. 구약에서 율법을 대표하는 모세에 대하여 성경은 "이 사람 모세는 온유함이 지면의 모든 사람보다 더하더라"(민12:3)고 말한다. 그의 온유함의 리더십은 애굽 생활에 익숙하게 살아가고 있는 완고한 이스라엘 백성의 출애굽과 광야생활을 인도하는데 사용되었다. 또한 신약에서 예수님의 성품은 온유와 겸손이다. 예수님은 온유와 겸손으로 십자가를 지시고 인류를 구속하셨다. 현재 KMAC 구성원들의 각자 다른 교단 배경과 사역을 가진 다양한 중어권 한인 동역자들을 섬기는데 하나님은 그의 온유함이 필요하지 않았을까?

중어권 사역의 중요한 전환점에 하나님은 H 선교사를 중어권 한인 선교사 협회의 리더십으로 세우셨다. 그는 오랫동안 대륙의 우루무치에서 사역을 하였다. 하나님의 때가 되어 중국에서 철수하여 한국에 거주하며 여전히 대륙 사역을 하고 있다. 그리고 2030 선교중국 사역의 일환으로 중국 대륙교회와 한국교회 그리고 화인교회와 단체들이 연합하여 최근 메*트립 사역을 준비하고 있다. 그와 동역자들이 준비하고 있는 메*트립 사역이 풍성한 열매를 맺기를 간절히 기도한다. 그리고 하나님이 그의 리더십을 통해 KMAC의 동역자들과 대륙교회 그리고 화인교회의 지도자들이 연합하여 하나님의 나라가 힘있게 전파되기를 소망한다.

저평가 우량주

Holistic Life 60

눈 덮인 알프스 산을 멀리서 보면 아주 아름답다. 멀리서 보고 아름답다고 해서 그 매력에 빠져 가까이 다가가 보면 멀리서 보는 것 만큼은 아름답지 않다. 실제 그 산에는 들짐승이 싸놓은 배설물을 포함하여 등산객이 버리고 간 휴지 등 온갖 지저분한 것이 많이 있을 것이다. 사람 또한 마찬가지이다. 화려한 이력과 명성으로 많은 사람의 존경을 받은 분들 중에 실제로 가까이 다가가 보면 그의 삶이 알려진 것과 많이 다를 수 있다. 신문 기사나 방송을 통하여 많이 알려져 기대를 가지고 가까이 다가가 보면 실망스럽다는 의미이다.

세상 사람들은 그렇다 치더라도 주의 사역을 감당하는 영적인 지도자나 목회자 심지어 선교사라는 타이틀을 가진 우리도 예외일 수는 없다. 단적으로 표현하면 '고평가 불량주' 사역자들이 의외로 많다는 것이다. 그런 의미에서 유명해지는 것이 영적으로 꼭 좋은 일이라고만 말할 수 없다. 늘 하나님 앞에서 자신을 돌아보는 것이 중요하다.

"그런즉 선 줄로 생각하는 자는 넘어질까 조심하라"(고전10:12).

하나님의 나라를 위해 헌신하며 뛰어든 선교사 중에도 성령으로 시작하였다가 육체로 마치는 경우가 있다. 처음 선교사역을 시작할 때는 겸손하며 순수하게 주님을 의지하다가 시간이 지나면서 사역이 커지고 알려지면서 자신도 모르게 초심을 잃어버리기도 한다. 묵묵히 선교지에서 영혼을 섬기며 사역에 집중하기보다는 마치 시골 처녀 바람나듯이 외부 일에 바빠지기도 한다. 충분히 이해도 간다. 외롭고 고독한 선교지에 써바이벌하는 일이 그리 녹녹치는 않고 쉽지 않기 때문이다.

그러나 한번 초심을 잃으면 자신의 명성이나 물질이 그 사람을 지배하기 쉽다. 사역을 하는 것보다 이곳저곳 다니면 사역을 위한 후원금을 모금하는 것을 더 우선할 수도 있다. 그리고 선교지나 목회지에 하나님의 왕국이 아닌 자신의 왕국을 건설하기도 한다. 물론 전방 사역지에서 행해진 하나님의 위대하심을 묵묵히 후원해주고 기도해 준 파송교회를 비롯한 후원교회에 정기적으로 선교보고 하는 것은 지극히 당연한 일이다.

반대로 겉으로 볼 때는 평범하고 소박해 보이며, 심지어 별 볼일 없어 보이는데 다가가면 다가갈수록 '볼매'(볼수록 매력)인 사람도 있다. 제가 잘아는 B 목사님이 그런 사람이다. 그는 인간적으로는 저의 후배이지만 그를 보면 배울 것이 많다. 그는 현재 부름을 받은 목양지에서 이름도 없이 빛도 없이 최선을 다하고 있다. 현재 목회를 하고 있는 그 교회에 청빙을 받아 위임을 받았기에 그 서약을 지키기 위해 그 교회에서 은퇴할 마음으로 그 교회를 섬긴다고 한다. 성실하게 목회 사역을 감당함으로 인해 목회에 열매도 있고 주위 목회자에게 좋은 평판을 받아 인간적으로 볼 때 지금 섬기고 있는 교회보다 더 좋은 조건의 교회에서 청빙 제안을 몇 번 받았으나 거절하고 여전히 그곳에서 성도들을 섬기고 있다.

제가 한국에서 중국으로 선교를 나갈 때 제가 섬겼던 교회의 후임으로 적합하다고 생각하여 섬기는 교회의 장로님과 상의하여 B 목사를 청빙 요청했으나 당시 그가 섬기고 있는 그 교회와 약속한 기간이 지나지 않았다고 완곡하게 거절당하였다. 답답할 정도로 신실한 목회자이다. 신학교도 우수한 성적으로 졸업했고 재능도 많으나 언제나 자신을 들레지 않는 목회자이다. 온유하고 겸손한 인격을 소유한 '저평가 우량주' 목회자이다. 그를 위해 기도하거나 그를 생각 하면 내 마음이 나도 모르게 깨끗해짐을 느낀다.

보통 이력서가 화려하면 실력이 있고 경험이 풍부한 것으로 보이지만 다른 각도로 보면 한 곳에 집중하지 못하고 이곳저곳 옮겨다닌 결과일 수도 있다. 이력서의 경력이 간단한 몇 줄인 경우가 그 사람의 인격과 크레딧(credit)일 수도 있다. 쉽게 말하면 이력서가 화려한 것으로만 그 사람을 올바르게 평가할 수 없다는 것이다. 나는 개인적으로 이력서가 화려하지 않더라도 한 곳에 집중하며 자신에게 맡겨진 사역을 최선을 다하는 저평가 우량주를 좋아한다.

차를 운전할 때 빨리 달리려면 보통 기어를 3단 이상으로 놓고 달린다. 그러나 기어를 1단을 넣고 달리면 빨리 갈 수 없다. 그런데 기어를 1단으로 하고 달리면 비록 천천히 가지만 가장 강력한 힘을 가지고 있다. 쉽게 표현하면 이것저것 고려하지 않고 앞만 보고 기어를 1단 놓고 거북이처럼 묵묵히 달리는 저평가 우량주 혹은 저평가 성장주 사역자들이 우리들 가운데 그리고 다음세대 가운데 많이 발굴되었으면 좋겠다.

우리가 무시를 당할 때 속으로 이렇게 생각한다. "아니 나를 장기판의 '졸'로 생각하나…" 장기를 두다 보면 '차(車)'나 '포(包)' 그리고 '말(马)'이나 '상(象)'의 역할이 매우 중요하지만 박빙의 승부에서는 장기판의 '졸(卒)'이

승부를 결정하기도 한다. 장기판의 '졸'은 멀리 가지 못하고 한 번에 한 칸씩 움직이지만 꾸준히 그리고 앞만 보고 나간다. 한 치 앞을 내다볼 수 없는 상황에 '졸'이 시간이 지나면 상대방의 '왕(王)'을 잡을 수 있다.

성경의 저평가 우량주로 살았던 인물은 기름 부음 받기 전의 다윗이다. 그는 이새의 막내로 아버지가 맡긴 양들을 쳤다. 그는 형들이나 남들이 볼 때는 별 볼 일 없는 소년에 불과하다. 이러한 남들의 평가에 관계 없이 다윗은 언제나 있는 곳에서 자신에게 주어진 일에 최선을 다했다. 사자나 곰이 양 새끼를 물어가면 다윗은 목숨을 걸고 그것들을 건져내었다(삼상17:34). 어쩌면 블레셋 거인 골리앗을 무너뜨린 다윗은 남들이 볼 때 자신의 주머니 속에 들어 있는 돌맹이 같은 존재 즉 장기판의 '졸'(쭈)에 불과하다. 그러나 그 돌맹이가 하나님이 함께하시면 거인 골리앗을 잡는 가장 강력한 무기로 변모한다.

선교지에도 이런 다윗과 같은 저평가 우량주 혹은 저평가 성장주들이 숨어 있다. 이러한 자들이 하나님의 때에 잘 발굴되고 훈련되고 성숙하여 하나님 앞에 멋지게 쓰임 받기를 기도한다. 오늘도 묵묵히 자신의 자리를 지키며 자신에게 주어진 일에 최선을 다하는 저평가 우량주들이 서로 연결되고 연합하여 하나님의 나라를 위해 같이 손을 잡고 걸어가면 외롭지 않겠다.

> "여호와께서 사무엘에게 이르시되 그의 용모와 키를 보지 말라 내가 이미 그를 버렸노라 내가 보는 것은 사람과 같지 아니하니 사람은 외모를 보거니와 나 여호와는 중심을 보느니라 하시더라"(삼16:7).

제3부

한자(漢字)
한 자로 인해

Holistic Life **61**

"@梁师母 @Celia 这次退休会我没报名, 退休后的敬拜, 我不参加了."위의 글은 오늘 아침 우리 교회의 워십팀의 한 자매가 찬양단을 이끌어 가는 아내(양사모)와 워십팀장(团长) Celia 자매에게 보낸 웨이신 그룹채팅방(微信群, Wechat)의 문자이다. 문자를 보낸 자매가 이번 교회 여름수련회에 등록하지 않았고, 수련회 후에도 찬양단 활동을 할 수 없다는 내용이다. 이 문자를 받고 아내는 갑자기 당황한 기색이 역력했다. 바로 어제까지 부활절 주일 워십 율동 찬양에 가장 적극적으로 참여하며 늘 아내와 함께 워십팀 사역을 해오던 핵심 동역자였는데 갑자기 올 수련회부터 찬양단 활동을 할수 없다니….

순간 아내는 "나 때문에 시험이 들었나… 아니면 자매 집에 갑자기 무슨 일이 발생했나? 어제까지 그렇게 열심히 하고 또한 앞으로도 열심히 하겠다더니…" 그래도 교회 워십팀을 이끌며 열심히 하던 아내를 어떻게 위로해야 할지… 솔직히 그 자매보다 아내가 더 걱정이 되었다. 아내는 나에게 말하기를 "내가 그 자매를 잘못 보았나! 그럴 사람이 아닌데… 도저히 이해가 되지 않아!" 옆에 있던 나는 속으로 "성도는 사랑의 대상이지, 믿음의 대상이 아니지…" 아내는 한참 생각하더니 개인적으로 그 자매에게 문자를 보냈다. 무슨 일이 있나요?

그 자매의 답변은 남편의 직장 출근 시간이 불규칙하여 불가피하게 수련회에는 참석할 수 없다는 내용이다. 그 전에 그 자매가 아내에게 이미 이번 수련회에 참석 못한다는 것은 말했기 때문에 그것은 문제가 되지 않았지만 수련회 끝난 후에 찬양단 활동을 할 수 없다는 말에 아내가 놀란 것이었다. 그 자매는 아내의 문자를 받고 나서, "왜 아내가 자신에게 무슨 일이 있냐?"고 물어 봤는지에 대한 생각을 했는지 조금 후에 워십팀 그룹 채팅방에 다음과 같은 문자를 보냈다. "打错字了：是这次退休会上的敬拜，我不能参加了." 글자를 잘못 썼다는 것이다.

수련회를 참석하지 못하므로 단지 수련회 때 찬양팀에 합류할 수 없다는 것이다. 그 이후에는 지금처럼 열심히 할 수 있다는 의미이다. 글자 한 자의 오타가 엄청난 오해를 불러 일으켰다. "退休会"(수련회를 중국어로 좀 더 정확히 말하면 "退修会"임)를 "退休后"(이 의미는 "퇴직 후"라는 의미이지만 전후 문맥상 "수련회 후"라고 이해하는 것이 맞을 것 같음)고 잘못 쓴 것이다. 글자 한 자 잘못 씀으로 인해 엄청난 오해가 생긴 것이다. 글자 한 자 때문에 속상하고 마음 조리고 때로는 웃기도 한다. 직접 만나서 혹은 전화로 소통하지 않고 SNS의 문자메시지를 활용하여 소통을 하다보면 아무것도 아닌 일에 오해가 생기고 감정이 상하기도 한다.

오늘 아침에 공교롭게 학자모임 WhatsApp 그룹 채팅방에서도 문자에 대한 오해로 인해 소동이 일어났다. "因为学生团契这个月不再聚会了，学者没有多少人。让各个团契休息一个月怎么样？" 이번 달 학생부 모임이 없고(기말 고사 기간으로) 학자부 모임에 참석하는 자들도 많지 않으니 각부 모임을 한 달 동안 방학하면 어떻겠느냐?" 선교부를 책임지고 있는 장로가 학자부 모임 책임자에게 보내는 그룹채팅방의 문자 내용이다. 그 문자를 보는 순간 갑자기 이해가 되지않았다. 그래서 나는 "왜 학자부 모임을 한 달 동안 쉽니까? 모임에 참석하는 숫자가 적어질수록 더 모여서 기도해야지요"라는 코멘트를 달았다.

이러한 나의 코멘트에 학자부 모임 책임자는 "목사님, 학자부 모임을 쉬는 의미가 아닌 것 같은데요. 모임은 정상적으로 하는데 다른 구역모임 식구들이 돌아가면서 학생, 학자부를 위해 식사를 준비해 오는 것을 쉬게 하면 어떻겠냐는 의미로 저는 이해했습니다. 이번 주에 학생부도 기말고사가 있어 모이지 않고, 학자부 모이는 숫자도 많지 않기 때문에 매주 돌아가면서 식사를 준비해 오는 구역 식구들을 쉬게 하고 학자부 자체적으로 해결하면 좋겠다는 의미로 저는 이해 했는데요?" 자세히 전후 문맥을 보니 선교부 장로님의 의도가 학자부 책임자가 이해한 내용이 맞았다.

내가 잘못 이해한 것이다. 그래서 바로 잘못 이해했다고 답 글을 썼다. 그리고 매주 돌아가면서 학생 학자부 모임을 위해 식사를 준비하는 성도들의 수고를 조금이라도 덜어주려는 장로의 마음을 모르고 반대로 조그만 기회가 되면 모이기를 폐하려는 게으른 장로로 생각하였던 것이었다. 물론 유머스럽게 잘 넘어갔지만 열심히 모이며 수고하는 성도들의 마음을 헤아리는 장로를 오해한 것이 부끄러웠다. 교회 안에 수십개 되는 각종 모임의 그룹채팅방을 늘 살펴보면서 바쁘다는 핑계로 그룹 채팅방의 내용을 자세히 보지 않고 대충 보고(전후 문맥을 보지 않고 한 문장만 보다보면) 전혀 엉뚱하게 생각하고 오해한 것이다. SNS을 이용한 소통이 편리하기도 하지만 때로는 오해로 인해 감정이 상하기도 한다.

언어도 다르고 문화도 다른 화인 목회를 하면서 언어로 인해 많은 에피소드들이 생겨난다. 글자 한 자 오타로 인해 울기도 하고 가슴 조이기도 한다. 화인 목회를 하면서 다른 목회자에게 상의할 수 없는 내용들이 많다. 때로는 이러한 어려움이 나만의 애로사항일까? 끝없는 배움 속에 화인교회를 섬기면서 발생하는 문제들이 때로는 당황스럽기도 하다. 그러나 또 다른 각도로 생각하면 하나님을 의지할 수밖에 없는 겸손함(언어의 한계)이 화인교회를 섬기는데 최적의 안전장치로 작용하지 않을까?

부흥을 갈망

Holistic Life 62

중어권 선교 사역자로 부름을 받아 북미 화인 목회를 하면서 중어권 전체 기도회 모임을 시도하는 것이 인간적으로 볼 때 무모한 일이 아닌가 생각한다. 그러나 잃어버린 영혼, 특히 세계에서 가장 많은 인구를 점유하는 중화민족이 주께 돌아오기를 원하는 주님의 마음을 갈수록 체감한다. 새벽에 일어날 때마다 기도하며, 하루 하루을 마지막 순간이라 생각하며 최선을 다하려고 한다. 동역자들과 함께 제3회 전 세계중어권고난주간 연합기도회(2023년 4월2일-8일)를 준비하며 다른 사람의 변화를 바라기 전에 나의 영혼이 소생하고 갱신되며 부흥하기를 사모한다.

1970년 미국 애즈버리에서 일어났던 부흥에 이어 지난 2023년 2월 8일부터 다시 그곳에서 '부흥의 불길'이 점화되었다. 켄터기 주 월모어에 있는 애즈베리신학교에서 시작된 기독교 부흥회이다. 부흥은 켄터키 월모어의 강당인 Hughes Auditorium에서 채플 수업이 끝난 뒤 '사랑을 깨닫지 못한 자는 자리에 남아 기도하자'라는 강사 목사의 말에 자발적으로 20여 명 정도의 학생이 남아 기도를 시작했다. 그리고 2주 이상 쉬지 않고 기도하기 시작하여 미국과 세계 전역으로 전파되었다.

수많은 젊은이의 회개하는 기도회가 끝나고 자리를 떠나지 않고 기도하는 모습이 고난주간 기도회를 준비하고 있는 저를 흥분시킨다. 제 3회 전 세계 화인고난주간 연합기도회를 준비하면서 나에게 부어주신 주님의 은혜을 어찌 말로 표현할 수 있을까? 애즈버리신학교 부흥 운동의 동영상을 보고 실제 라이브스트림으로 진행되는 집회에 들어가 보기도 하였다. 이 부흥으로 인해 북미 화인교회에서도 24시간 기도하는 운동도 생겨났다.

미국 켄터키주의 조그만 도시에 있는 애즈베리신학교에서 드려진 평범한 정규 채플 예배 중 한 학생의 회개로 촉발된 부흥이 불씨가 강력한 성령의 역사가 있는 운동으로 진행 중이다. 이 부흥의 소식을 들은 많은 성도가 몰려와 신학교 예배당이 가득 채워져서, 심지어 예배당 밖에서까지 수천 명이 떠나지 않고 뜨겁게 예배를 드리고 있는 상황이다.

어제 두번째 날 진행된 저희 교회선교대회(差传年会) 강사(중국 대륙 목회자)의 아들이 애즈버리신학교에 다니는데 역사적인 부흥의 현장 속에 있다고 한다. 목회자의 자녀로서 다음 세대를 이끌어 갈 잠재력 있는 지도자에게 최고의 복은 부모의 하나님의 아닌 본인이 직접 부흥을 체험하며 자신의 하나님을 만나는 것이다.

부흥은 회개로부터 시작된다. 회개는 다음의 4단계를 거친다. 먼저 말씀을 통해 죄가 무엇인지를 알아야 한다(知罪). 이어 자신이 죄을 범했음을 철저하게 인식해야 한다(认罪). 그리고 통회자복하며 죄를 범했음에 대해 뉘우침이 있어야 한다(悔罪). 마지막 단계는 다시는 그러한 자는 죄를 짖지 않겠다는 각오로만 그치지 않고 완전히 행동을 바꾸어야 한다((改罪). 이런 회개가 이루어질 때 비로소 진정한 부흥(复兴)이 시작된다.

고난주간 기도회를 준비하면서 내가 부흥의 당사지가 되기를 간절히 기도한다. 부흥은 나 한 사람의 회개로부터 시작된다. 주여! 에즈버리 부흥의 불길이 먼저 나에게 임하게 하소서! 이 부흥의 불길이 고난주간 기도회로 확산되어 종국은 이 시대에 중어권 교회가 부흥되게 하시고 이들이 세계 선교에 적극적으로 참여하게 하소서!

"여호와여! 내가 주께 대한 소문을 듣고 놀랐나이다. 여호와여! 주는 주의 일을 이 수년 내에 부흥하게 하옵소서! 이 수년 내에 나타내시옵소서! 진노 중에라도 긍휼을 잊지 마옵소서!"(합3:2).

망중한(忙中閑)

Holistic Life 63

제3회 전 세계중국인고난주간 연합기도회 준비와 바쁜 목회 일정에서 잠시 탈피하여 머리를 시킬 겸 지난주 금요일부터 어제까지 가족과 함께 휴가를 내어 여행을 하였다. 뉴욕에서 처조카 부부가 여행에 합류하였다. 처조카 B가 숙소를 미리 예약해 놓음에 따라 그에 맞추어 여행을 하였는데 공교롭게도 이승만 박사의 미국 유학의 경로를 따라가는 여행이 되었다. 기독교적인 가치관으로 대한민국을 건국한 대통령인 이 박사의 미국 유학 생활과 당시 미국의 정치상황과 역사를 이해하는데 도움이 되었다.

캐나다 토론토에서 미국 뉴욕으로 입국하여 이 박사가 학사과정을 공부한 조지워싱턴대학이 위치한 워싱턴 디시(DC)로 갔다. 백악관, 국회의사당, 정부 각 청사, FBI 건물 등을 둘러보는 것도 좋았지만, 특히 '바이블 박물관'을 관람하는 것은 기억에 오래 남을 것 같다. 성경적 가치관으로 세워진 미국의 초기 청교도들의 역사를 한눈에 볼 수 있었다. 더불어 성경의 사본들과 번역본 그리고 성경의 역사와 문화를 살펴보았다. 성경의 기초 위에 세워진 나라(미국)의 위대함을 다시 한번 깊게 깨닫는 시간이었다.

워싱턴 디시에 이어 메사추세츠 주의 주도(主都)이며, 하버드대학, MIT공대, 보스톤대학이 있는 보스톤으로 갔다. 이 박사가 이곳에 위치한 하버드대학 석사과정을 공부했다. 하버드대학 캠퍼스를 돌아보면서 그곳에서 공부하는 학생들을 유심히 살펴보면서 또 한편으로 하버드대학에 전 재산을 기부했던 '청교도 존 하버드 목사님'이 대조되어 묵상되었다. 여전히 세계 최고의 하버드대학이지만 설립될 때와는 달리 점점 성경적인 가치관과 멀어진 학자들과 학생들의 학문과 이성은 결국 '인본주의'로….

보스톤을 출발하여 이 박사가 박사과정을 졸업한 프린스턴 대학이 위치한 뉴저지를 경유하였다. 이 박사가 쓴 프린스턴 대학 박사과정 졸업논문 제목은, '미국의 영향을 받은 중립'(Neutrality as Influenced by United States)이다. 중립법의 발전을 미국의 시각에서 정리한 논문이다. 당시 이승만이 박사과정을 공부할 때 프린스톤대학의 총장이 우드로 윌슨(Woodrow Wilson)이며 윌슨은 후에 미국 대통령이 된다. 윌슨은 자신이 주장한 민족자결주의에 이승만이 쓴 논문을 인용하였다. 미국 유학생활을 시작으로 맺은 미국 조야(朝野)의 인맥이 이 박사의 대한민국 건국에 많은 도움을 준다.

뉴저지를 경유하여 뉴욕에서 마지막 밤을 보내고 캐나다 토론토 공항을 거쳐 워털루 집으로 돌아왔다. 이번 여행을 통해 처조카 부부와 더 가까워지고 좋은 추억을 쌓았다. 특히 미국에 홀로 와서 근 20년을 고생하면서 써바 이별하며 뉴욕에 자리 잡은 벨과 모처럼 감사하는 시간을 보냈다. 그리고 시카고에서 일부러 와서 우리를 위해 서빙하며 장거리를 운전해준 에디에게도 감사를 표한다. 이번 여행에서 아쉬웠던 점은 시간이 촉박하여 뉴욕에서 중국인 교회 목회를 하고 계시는 한전 선배인 정요한 목사님을 만나 뵙지 못하고 돌아온 일이다. 다음 기회에 하나님이 더 좋은 기회를 주실 줄 믿는다.

바쁠수록 쉬어가며, 망중한을 즐기자! 여행을 통해 견문이 넓어지며, 생각의 폭이 깊어진다. 여행 중 잠시 하던 사역을 내려놓고 지금까지 진행하고 있는 화인교회 목회와 선교사역을 돌이켜 본다. 선교사를 통해 기독교를 접하고, 미국 유학을 통하여 민족의 나아갈 길을 알고 기독교 입국론을 꿈꾸며, 대한민국을 건국하는데 일조한 이승만과 같은 걸출한 기독교 지도자들이 중화권에 배출되기를 기도한다. 매년 마다 진행되는 전 세계중어권고난주간 연합기도회가 글로벌 선교 마인드를 가진 화인교회 지도자들을 만들어 가는 토양(土壤)이 되기를 기도한다.

■
■
■
■
■
■

글을 맺으면서...
Holistic Life

홀리스틱 라이프의 모델

신앙생활과 목회를 하면서 늘 고민되는 부분 중에 하나가 나를 포함하여 성도들이 잘 변화되지 않는다는 것이다. 성도들이 변화되는 것 같은데 시간이 지나고 나서 보면 다시 원위치로 돌아가는 듯한 느낌을 받는다. 이것이 나만의 생각인가? 제자훈련은 일종의 프로그램에 불과할까? 어떨 때 보면 예수 믿는 사람이나, 믿지 않는 사람이나 그들의 삶을 볼 때 별반 차이가 나지 않아 보인다. 많은 그리스도인을 대하면서 목회자로서 솔직하게 의심이 드는 것은 과연 저 사람이 예수님을 자신의 주님으로 영접하였을까? 그 안에 예수님의 생명(life)이 정말로 있을까? 하나님의 말씀을 있는 그대로 믿는 걸까?

왜 그렇게 오랫 동안 교회에 나오는데 삶(life)이 변화되지 않을까? 고민이 되고 많은 의문이 생길 때마다 목회자로서 지금 내가 하고 있는 일이 올바른 것인가? 그들을 가르치고 인도하기 전에 나를 먼저 점검해본다. 그리고 내가 할 수 있는 일은 그들을 위해 기도하며 성경을 더 깊이 묵상하게 된다. 하나님께 쓰임 받았던 성경의 인물들 또한 우리와 같은 성정(性情)을 가진 사람들, 그들이 하나님 앞에 쓰임 받았으면 우리도 가능하리라 믿는다. 구약성경의 인물 중 예수님처럼 살았던 인물은 누구일까? 하나님의 사람으로 개인의 삶(Life), 가족과 민족 그리고 국가와 세계에 선한 영향력을 끼친 홀리스틱 라이프(holistic Life)의 모델은 누구일까?

최근 창세기를 큐티하면서 요셉의 일생을 묵상하고 있다. 요셉은 야곱의 사랑하는 아내 라헬을 통해 노년에 얻은 귀한 아들이다(창37:3). 요셉은 어렸을 때부터 채색옷을 입으며 다른 형들보다 더 아버지 사랑을 독차지하면서 자랐다. 아버지 사랑을 흠뻑 받은 것은 좋은데 이로 인해 형들의 질투를 받아 겨우 죽음을 모면하고 애굽에 종으로 팔리게 된다(창37장). '아닌 밤중에 홍두깨도 유분수지…' 인간적인 관점을 볼 때, 전혀 예상치 않은 방향으로 인생이 흘러간다. 그러나 하나님은 요셉을 애굽의 선교사로 보내신 것이다.

하루 아침에 아버지 사랑을 받던 귀한 아들의 신분에서, 천한 종의 신분으로 전락한다. 그럼에도 불구하고 그는 애굽 시위대장 보디발 집에서 성실하게 일한다. 엎친 데 덮친 격으로 성실하게 일한 결과, 보디발 아내의 간계로 누명을 쓰고 감옥에 갇히게 된다. 성경은 요셉이 보디발의 집에 있을 때도, 감옥에 있을 때도 형통했다(창39:3,23)고 기록하고 있다. 성경 기자는 어떠한 환경에 처하든지 '하나님이 함께 하심'이 '진정한 형통'(True success with God)이라고 말한다.

성경의 인물 중에 요셉만큼 예수님을 닮은 홀리스틱 라이프 모델이 또 있을까? 그는 늘 하나님을 경외하며 하나님과 동행하는 삶을 살았다. 다시 말하면 하나님이 함께하시는 삶을 살았다. 그는 아버지 집에서도, 종으로 팔려 보디발의 집에서도, 억울한 누명으로 감옥에 있을 때도, 애굽의 총리가 되어서도 늘 '코람데오'-하나님 앞에서의 삶을 살았다. 홀리스틱 라이프(holistic life)의 제일 중요한 관건은 매 순간 '하나님 앞에서'(before God)의 삶이다.

그는 어렸을 때 아버지의 사랑을 받으며 자랐고 나중에 연로한 아버지를 다시 해후(邂逅)하였을 때 누구보다도 정성으로 효도하였다. 아버지가 돌아가셨을 때도 애굽의 국장으로 극진히 아버지의 장례식을 거행했다. 아버지의 유언을 지켜 고인의 시신을 가나안 땅에 매장하였다(창50:2-3). 더불어 자신을 종으로 팔았던 형들을 용서하고 그 가족들의 생계를 책임졌다. 또한 가족 봉양을 넘어 총리로서 가족과 그가 거주하고 있는 국가(애굽)와 세계를 기근으로부터 구원한 선한 영향력을 끼치며 한 인생을 살았다.

그는 늘 겸손하고 신실하게 사람들을 대했으며(창50:4-6), 모든 사람에게 좋은 간증이 되며 주위의 가족, 친구, 동료 심지어 모든 사람 애굽과 가나안 사람에게도 감동을 주는 영향력을 나타내었다(창50:7-11). 그리고 그는 임종할 때 믿음으로 이스라엘 자손들이 애굽을 떠날 것을 말하고 자신의 시신 또한 출애굽할 때 가져갈 것을 명하였다(창50:25;히11:22). 그의 전 인생(his holistic life)은 본향을 향한 나그네의 삶이었다. 한 마디로 요셉은 하나님에 대한 '수직 영성'과 사람들에 대한 '수평 영성'의 균형을 이룬 홀리스틱 라이프(holistic life)의 좋은 모델이다.

그의 홀리스틱 라이프의 클라이막스는 자신을 팔았던 형들을 용서하는 장면이다. 세월이 한참 지나 총리가 된 후 애굽에서 형들을 상봉하였을 때 이렇게 말한다. "당신들이 나를 이곳에 팔았다고 해서 근심하지 마소서! 한탄하지 마소서! 하나님이 생명을 구원하시려고 나를 당신들보다 먼저 보내셨나이다"(창45:45:5). 그리고 아버지 야곱이 죽고 난 후 겁에 질린 형들에게 다음과 같이 말한다. "두려워하지 마소서! 내가 하나님을 대신하리이까? 당신들은 나를 해하려 하였으나 하나님은 그것을 선으로 바꾸사 오늘과 같이 많은 백성의 생명(life)을 구원하게 하시려 하셨나니 당신들은 두려워 마소서!(창 50:19-21).

요셉의 삶(Life)은 여러 가지로 예수님의 삶과 흡사하다. 요셉은 예수님을 예표(typology)한다고 볼 수 있다. 전 생애를 걸쳐 주님이 주신 홀리스틱 라이프를 살았던 모델이 바로 요셉이다. 예수님의 삶과 요셉의 홀리스틱 라이프를 대조해보면 다음과 같다.

첫째, 성부 하나님이 예수님을 이 땅에 보내신 것처럼, 요셉은 아버지의 명을 받아 형들의 상황을 알아보기 위해 집을 떠났다(창37장).

둘째, 예수님이 이 땅에 오셨을 때 자기 백성(유대민족)이 영접하지 않은 것처럼(요1:11), 요셉은 아버지 외에 가족(형들)의 환영을 받지 못했다(창37장).

셋째, 예수님이 동족인 유대인들의 간계에 의해 죽게 된 것처럼, 요셉은 형들의 간계에 의해 고통을 당한다.

넷째, 예수님은 하나님이시지만 이 땅에서 사람을 섬기는 종의 모습이 었던 것처럼, 요셉은 귀한 아들 신분이었지만 애굽에 팔려 종으로 살았다.

다섯째, 예수님이 모든 시험을 이기셨던 것처럼, 요셉 또한 보디발의 아내의 유혹을 물리쳤다.

여섯째, 성부 하나님이 예수님과 항상 함께하셨던 것처럼, 요셉의 삶에도 하나님이 늘 함께하셨다.

일곱째, 예수님은 죄가 없으심에도 고난과 죽임을 당한 것처럼, 요셉 또한 억울하게 고난을 당했다.

여덟째, 예수님이 온 하늘과 땅을 다스리는 권세를 가지진 것처럼, 요셉은 총리로서 애굽(전국)을 다스리는 권세를 가졌다.

아홉째, 예수님이 인류의 유일한 구주가 되신 것처럼, 요셉은 만인들에게 식량을 공급하는 세상의 구원자가 되었다.

마지막으로 예수님이 우리의 모든 죄악을 도말하신 것처럼, 요셉은 형들의 악행을 용서했다.

홀리스틱 라이프의 가장 중요한 포인트는 자신을 향한 하나님의 뜻을 아는 것이다. 자신을 향한 하나님의 큰 그림(God's big picture)을 알 때 비로소 하나님을 더 신뢰하며 하나님의 주권을 신실하게 믿을 수 있다. 그리고 자신의 계획과 생각을 하나님 앞에 내려놓게 되고 자신에게 아픔과 상처를 준 사람들을 향한 용서가 가능한 진정한 홀리스틱 라이프가 된다.

나는 사람을 변화시킬 수 없지만 하나님은 사람을 변화시킨다. 사람을 보면 절망이 되지만 성경을 보고 묵상하면 소망이 생긴다. 우리의 힘으로도 되지 아니하며 우리의 능력으로도 되지 아니하고 오직 성령(하나님의 영)으로 하면 된다(슥4:6). 우리는 기도할 때 성령의 능력을 받는다. 요셉을 사용하신 하나님이 오늘도 나를 변화시키고, 나를 변화시킨 하나님이 성령의 능력으로 하나님의 타이밍에 따라 성도들도 변화시킨다. 하나님의 온전한 생명(holistic life)을 소유한 사람은 전인적인 삶(holistic life)의 변화를 이루어 나가며, 그의 전체 인생(holistic life)은 사명에 충실한 선교적 일생(missional life)이 되게 한다. 진정한 홀리스틱 라이프(holistic life)는 하나님의 온전한 생명으로부터 시작된다.

하나님 시간의 관점으로 볼 때 우리가 살아가는 인생은 한 점(點)에 불과하다. 예수를 처음 믿을 때부터 고민한 부분이었다.

'어떻게 하면 한 번뿐인 인생을 가치 있게 살 수 있을까?'였다. 이에 대한 답은 성경을 통하여 하나님을 올바르게 알 때, 인생의 진정한 목적을 알 수 있다. 이는 '말씀의 생명화'인 '온전한 생명' 단계이다. 말씀을 통하여 인생의 목적을 알고 살아가는 과정이 '신앙의 생활화'인 '전인적인 삶' 단계이다. 매일 매일 그 목적에 따라 살아가다 보면 우리의 한 번 밖에 없는 인생이 가장 가치 있는 인생으로 우리들의 일생이 주님이 맡기신 사명을 수행하는 인생으로 '일생의 사명화'인 '사명 인생'을 살아간다.

〈Table-5〉 우리가 살아가는 인생의 한 점

다시 말하면 예수 그리스도를 영접하여 새생명을 얻은 후 영적인 양식인 말씀을 통하여 우리들의 생명이 자라간다. 다음 단계는 온전한 생명을 얻고 영적으로 성장하는 전인적인 삶을 살아간다. 구원받아 얻게 된 온전한 생명이 예수님을 의지하고 말씀을 통하여 이 세상을 이기며 매일 매일 승리하는 생활을 한다. 그리고 하나님의 시간이 되었을 때 영원히 주님의 품으로 들어간다. 이러한 인생이 바로, 하나님께 영광을 돌리는 영화로운 사명 인생이다.

다음은 사도 바울이 로마서에서 [홀리스틱 라이프의 3단계]를 말한다.

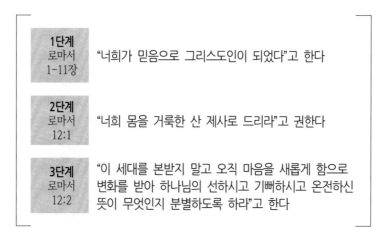

1단계 로마서 1-11장	"너희가 믿음으로 그리스도인이 되었다"고 한다
2단계 로마서 12:1	"너희 몸을 거룩한 산 제사로 드리라"고 권한다
3단계 로마서 12:2	"이 세대를 본받지 말고 오직 마음을 새롭게 함으로 변화를 받아 하나님의 선하시고 기뻐하시고 온전하신 뜻이 무엇인지 분별하도록 하라"고 한다

〈Table-6〉 홀리스틱 라이프의 3단계

여기서 '이 세대'는 타락한 문화를 의미한다. 우리 크리스천은 세상에 살고 있으나 세상에 속하지 않고, 이 세상에서 하나님의 나라를 확장하며 하나님께 영광을 돌리는 가치 있는 일생을 살아야 한다.

정리하자면, 말씀의 생명화를 이룬 온전한 생명은 전인적인 삶을 살아야 한다. 그리고 그 삶은 개인은 물론 가정, 교회, 그리고 직장과 사회 전반적인 영역에 하나님의 통치를 이루어 간다. 그리하여 하나님의 나라가 이 땅에 임하며, 하나님의 뜻이 하늘에서 이루어진 것 같이 이 땅에서도 이루어진다(마 6:9).

홀리스틱 라이프
H o l i s t i c L i f e

2023. 06. 19 초판 1쇄 인쇄
2022. 06. 28 초판 1쇄 발행

지은이 양홍엽
펴낸이 배수영

발행처 도서출판 러빙터치
출판등록 제25100-000073(2014.2.25)
서울 도봉구 덕릉로66길 17, #1709-203
02-745-0190/ 010-3088-0191
E-mail : pjesson02@naver.com

양홍엽
캐나다 워털루새생명교회(중국인교회)
E-mail: yang0807@gmail.com

지은이 : 양홍엽(PAUL HONG YEOP YANG)

1982년 한국대학생선교회(KCCC)를 통하여 예수님을 인격적으로 만났다. 대학 졸업 후 영광원자력(현 한빛원자력)에 11년 동안 근무하면서 직장선교를 했다. 직장 선교의 열매로 무의탁 노인과 불우 청소년을 위한 사랑의 집을 건립하였다. 그 후 직장을 사임하고 사랑의 집을 섬기며 사랑의 교회를 개척하여 담임 목회를 하였다. 전문적인 사역을 수행하기 위해 사랑의 집(무의탁 노인), 사랑의 마을(현 새생명 마을, 불우 청소년), 기쁨 홈스쿨(장애우)를 설립했다. 2002년 섬기던 사랑의교회를 사임하고 중국 선교사로 파송되었다. 중국에서 4년의 사역을 하고 나서, 2006년 도미하여 선교학을 연구하면서 중국인 교회 선교 목사로 섬겼다. 2018년 부터 현재까지 캐나다 워털루새생명교회(중국인 교회) 담임목회를 하고 있다.

울산과학대에서 원자력, 광주대학교에서 전자공학, 개혁신학연구원(현 개혁신학 대학원 대학교)에서 목회학 석사(M.Div.), 광주개혁신학대학원(현 광신대학교)에서 신학석사(Th.M.), 서울 한양대학교에서 사회사업정책(M.P.A)을 공부했다. 그리고 미국 풀러신학교 선교대학원에서 선교목회학 박사과정(D.Min.GA), 윌리암케리 국제대학교에서 선교학(Ph.D)을 연구했다.

_저 서_
[큰 아픔 깊은 사랑] (시와 사람사, 1997)
[하이브리드 미션] : 한국 교회의 영성을 북미시스템에 담은 중국인 교회의 융합 선교 (CLC, 2022)

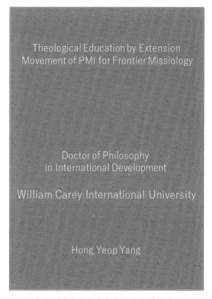

Theological Education by Extension
Movement of PMI for Frontier Missiology

Doctor of Philosophy
in International Development

William Carey International University

Hong Yeop Yang

▲ 저자가 미,'윌리암캐리선교대학원'에서
  선교학 Ph.D.를 취득한 학위논문집

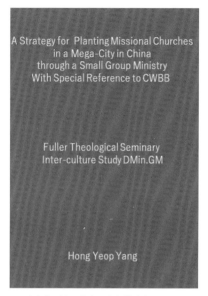

A Strategy for Planting Missional Churches
in a Mega-City in China
through a Small Group Ministry
With Special Reference to CWBB

Fuller Theological Seminary
Inter-culture Study DMin.GM

Hong Yeop Yang

▲ 저자가 미,'풀러선교대학원'에서
  선교목회학 D.Min.GA을 취득한 학위논문집

▲ 저자가 집필한 한국교회의 영성을 담은
  중국인교회 융합선교를 위한 영성서

▲ 저자가 집필한 영성을 깨우는
  신앙컬럼집, '큰 아픔 깊은 사랑'